宰相教科书

体会百官之长、群僚之首的悲喜人生；回味运筹帷幄、扭转乾坤的权力角逐；
感悟叱咤风云、治国理政的雄韬伟略；学习为人处世、审时度势的生存智慧！

司徒司空◎著

中国历史上
最著名的10大宰相

台海出版社

图书在版编目(CIP)数据

宰相教科书：中国历史上最著名的 10 大宰相 / 司徒司空著.--北京：台海出版社,2015.3

ISBN 978-7-5168-0592-3

Ⅰ.①宰… Ⅱ.①司… Ⅲ.①政治家-生平事迹-中国-古代 Ⅳ.①K827=2

中国版本图书馆 CIP 数据核字 (2015) 第051576号

宰相教科书：中国历史上最著名的 10 大宰相

著　　者:司徒司空

责任编辑:侯　玢

装帧设计:天下书装　　　　　版式设计:通联图文

责任校对:晁　凡　　　　　　责任印制:蔡　旭

出版发行:台海出版社

地　址:北京市朝阳区劲松南路 1 号，　邮政编码：100021

电　话:010-64041652(发行,邮购)

传　真:010-84045799(总编室)

网　址:www.taimeng.org.cn/thcbs/default.htm

E-mail:thcbs@126.com

经　销:全国各地新华书店

印　刷:北京高岭印刷有限公司

本书如有破损、缺页、装订错误,请与本社联系调换

开　本:710mm×1000 mm　　　　1/16

字　数:180 千字　　　　　　　印　张:15.5

版　次:2015 年 4 月第 1 版　　　印　次:2015 年 4 月第 1 次印刷

书　号:ISBN 978-7-5168-0592-3

定　价:35.00 元

1

历史上,宰相联称,始见于《韩非子·显学》,《韩非子·显学》中说:"明主之吏,宰相必起于州郡,猛将必起于卒伍。"《六韬》中说:"屈一人下,伸万人上,惟圣人能行之。"所谓一人之下,万人之上,一人,指天子;万人,指百官,那么,历史上,能够地位崇高、权势显赫到如此地步的大臣,通常就是宰相。

历史上,每一个胸怀大志、热血沸腾的男儿,都渴望着能够建功立业,加官进爵,这既是他们最大的人生梦想,也是实现生命价值的重要途径。那么,能够官至宰相,就是为人臣者最大的荣耀了。

例如,秦国的吕不韦、李斯,唐朝的房玄龄……都是有勇有谋,功劳显赫的开国功臣,所以,他们才能够位尊职重,辅助国君处理政务。正如陈平所说:"宰相者,上佐天子,理阴阳,顺四时,下遂万物之宜,外镇抚四夷诸侯,内亲附百姓,使卿大夫各得任其职也。"那些对当时的社会做过杰出贡献的名相,他们的功绩几千年受到后人的交口称赞,他们的志气对后人鼓舞非常,他们的才华为中华民族的智慧加入了不容怀疑的注解。

2

随着朝代的更替,宰相的正式官名先后出现过:相国、丞相、大司徒、侍中、中书令、尚书令、同平章事、内阁大学士、军机大臣等多达几十种官

名。可以说，在所有的官职中，宰相的变化最多。

这背后的原因就是，君主既需要宰相帮助办理政事，又担心宰相的权位过重，危及自身的权力。

所以，历史上，宰相的处境十分尴尬，既有数不尽的荣华富贵，又如履薄冰，随时都有杀身之祸。

例如，1380年，明太祖朱元璋以"图谋不轨"之名诛杀了丞相胡惟庸，并下令撤中书省，废除丞相，由皇帝亲自掌管六部，直接管理国家政事，宰相制度也就宣告结束了。后来，皇帝设内阁大学士协理文书，大学士成为事实上的宰相，称辅臣，居首者为首辅，明、清习惯上都称授大学士为拜相，再后来，及至雍正设军机处，军机大臣又成为事实上的宰相，但是，这已经没有正式的宰相名分了。

由此可见，在皇权与相权的斗争中，皇权总是在限制相权、打压相权。那么，在荣与辱之间，宰相应该如何生存，如何施展才能呢？

3

风云变幻，朝代兴替。本书以正史为资料，从历代难计其数的宰相中遴选出这十位名相，对他们的生平详细记述，并对其是非功过略加评点。以还原十段永世鲜活感人的传奇。重现十大名相灿烂的人格光辉，更为了让读者以历史为鉴，以古人旧事为鉴，为今日的修身明志与施展抱负起到一定的借鉴、启示作用。

近年来，关于宰相的戏说历史充斥于影视，固然使历史学家不无忧虑，但另一方面也正说明民众对历史有十分浓厚的兴趣。绝大多数历史爱好者了解和学习历史的目的不是为了研究历史，而是为了获得信念、知识、智慧和乐趣。鉴于此，我们根据读者的需要，提供他们便于接受、乐意接受的读物，在本着还原历史的基础上，力求文字的趣味性，语言的生动性。翻开本书，徜徉历史的长河，将使读者欲罢不能，拍案叫绝！

目录

第一章

管 仲
——成就春秋霸业的贤相

　　管仲(约公元前725-645年),春秋时齐国颍上人,名夷吾,又名敬仲,是我国春秋时期伟大的政治家、军事家、思想家和经济学家。少时贫困,曾和鲍叔牙合伙经商。在齐桓公与其兄弟公子纠争夺王位时助公子纠争位,失败后经鲍叔牙推荐被齐桓公任为卿,尊称"仲父"。他帮助齐桓公以"尊王攘夷"相号召,使之成为春秋时第一霸主。他在齐国实行改革,分国都为十五士乡和六工商乡,分鄙野为五属,设各级官吏管理;并以士乡的乡里组织为军事编制;主张按土地好坏分等征税,适当征发力役,禁止掠夺家畜;用官府力量发展冶铁、铸造和渔盐及商业,调剂物价,促进经济增长。特许在民众中选士,予以破格提升。孔子称之以"仁",梁启超誉之为"中国之最大的政治家"、"学术思想界一巨子"。著有《管子》一书,有丰富的经济思想。

1.管鲍之交,情同手足

管仲,又名夷吾,也称敬仲,颍上(今安徽颍上县)人,其祖先为姬姓之后,与周王室同宗。其父管庄是齐国的大夫,后家道中衰,到管仲时已相当贫困。为求谋生,管仲曾做过当时被认为身份微贱的商人。因此,管仲曾到过许多地方,接触过各式各样的人物和纷乱的场面,从而积累了丰富的社会经验。他屡次做官的打算最后都没有成功。

鲍叔牙是管仲的好朋友,两人友情相当深厚。他俩在一起经商时赚到了钱,管仲总是多分给自己,少分给鲍叔牙,但鲍叔牙并不与管仲计较。对此,人们背地常议论说,管仲贪财,不够义气。鲍叔牙得知后,主动替管仲解释说:"管仲不是不够义气,只贪图金钱的那种人,他这样做,是由于家道贫困,多分给他钱,我一点怨言也没有过。"管仲曾三次参加战斗,但三次都从阵上逃跑了。因此,人们就讥笑他,说他贪生怕死,没有勇敢牺牲的精神。听到了这样的讥笑,鲍叔牙深知这不符合管仲的实情,就四处向人们解释说,管仲并不怕死,只因他家中有年迈的母亲,全靠他一人供养,所以他不得不那样做。

管仲与鲍叔牙友谊十分诚挚,他也多次想为鲍叔牙办一些好事,不过都没有办成,即使办成,反面会给鲍叔牙造成很多新困难,还不如不办的好。因为这个,人们都认为管仲没有办事的本领,只有鲍叔牙不这样认为。他深深明白,管仲是个很有本领的人,事情之所以没有办成,只由于机会没有来到罢了。

在长期交往的过程中,他们俩结下了深厚的情谊,管仲无数次对人这样讲过:"生我者父母,知我者鲍叔牙。"

　　公元前674年，齐僖公驾崩，留下了三个儿子：太子诸儿、公子纠和小白。齐僖公驾崩以后，太子诸儿即位，是为齐襄公。太子诸儿虽能居长即位，但品质卑劣，齐国前途令国中负责的老臣们深为忧虑。那时候，管仲和鲍叔牙分别辅佐公子纠和公子小白，一双好友，给两个公子当师傅，实为传世的美谈。只不过，鲍叔牙当初对齐僖公令其辅佐公子小白很不满意，常常称病不出，因为他认为"知子莫若父，知臣莫若君"。国君知公子小白将来没希望继承君位，又以为他没有才能，才让他辅佐公子小白的。而管仲则不以为然，当他了解内情以后，劝导鲍叔牙说："国内诸人只因为厌恶公子纠的母亲，以至于不喜欢公子纠本人，反而都同情公子小白没有母亲。将来统治齐国的，非纠即白。公子小白虽然没有公子纠聪明，性格还急躁，但是尚有远虑。若非我管仲，无人能理解公子小白。公子纠日后即使能废兄立君，也必将一事无成。到时候不是你鲍叔牙来安定国家，还能有谁呢？"如此细细地说来，鲍叔牙听从了管仲的意见，出来接受任命，竭力尽心教导公子小白。

　　不久之后，齐襄公与其妹鲁桓公夫人文姜密谋私通，醉杀了鲁桓公。对此，具有政治远见的管仲和鲍叔牙都预感到齐国将会发生大乱，他们都竭力替自己的主子想方设法谋求出路。公子纠的母亲是鲁君的女儿，管仲和召忽就保护公子纠潜逃至鲁国躲避；公子小白的母亲是卫君的女儿，卫国离齐国太远，鲍叔牙就只好同公子小白跑到齐国的南邻莒国以求安身。公子纠和公子小白去的地方虽然一南一西，心里的打算却都只有一个，那就是静观事态的发展，等待着回归的佳期。

　　到公元前686年，齐国内乱终于爆发了。齐襄公叔伯兄弟公孙无知因齐襄公即位后废除了他原本享有的特殊权利而恼怒，勾结大夫闯入宫中，杀死齐襄公，自立为国君。公孙无知在执政一年之后，为齐国的贵族所杀。其后，齐国无君，境况一片混乱。于是，两个逃亡在外的公子苦苦守候的时机终于成熟了，他们都想方设法立即回国，以便夺取国君之位。

齐国在公孙无知死后,即商议拥立新君,争论各派中,以正卿高溪的势力最大,他和公子小白自幼私交甚厚。高溪同另一个大夫国氏勾结,暗中派人急去莒国,请公子小白火速回国继位。接信后,公子小白和鲍叔牙仔细分析了国内形势,认为他们等待的时机已然到了,于是向莒国借来兵车,日夜兼程地回国。

同时,鲁庄公得知齐国无君后,万分焦急,立即派遣兵将护送公子纠回国,后来才发现公子小白已经捷足先登,早一步出发回国了。管仲于是自请先行,亲率30乘兵车到莒国通往齐国的路上截击公子小白。人马过即墨30余里,正遇见公子小白的大队车马。管仲非常沉稳,一直等到公子小白的车马走近,才操箭射去,只听"哐啷"一声,一箭射中,公子小白应声倒下。管仲见公子小白已死,就率领人马撤退,但他怎么也没有想到,其实公子小白没有死,管仲一箭射中了他铜制的衣带钩上,公子小白急中生智,顺势装死倒下了。经此一惊,公子小白与鲍叔牙更加警惕,带队飞速向齐国行进。当他们来到临淄时,由鲍叔牙先入城游说,结果齐国正卿高氏和国氏都同意了立公子小白为新国君。于是公子小白得以进城,顺利登上君位,成为历史上赫赫有名的齐桓公。

齐桓公即位后,大量寻找有能者前来辅佐,因此请鲍叔牙出来担任齐相。鲍叔牙诚恳地对齐桓公说:"臣本是平庸之人,现在国君施惠于我,使我如此享受厚遇,那真是国君的恩赐。但是若想让齐国国力富强,我的能力不行,还得去请管仲。"听罢,齐桓公惊讶地反问道:"难道你不知管仲是我的仇人吗?"鲍叔牙当即回答说:"可那又怎么样。客观地说,管仲是天下难得的奇才,英明盖世,才能超众。"齐桓公又问鲍叔牙:"管仲与你比较,结果又如何呢?"鲍叔牙沉静地回答:"管仲有五点比我强。宽以从政,惠以爱民;治理江山,权术安稳;取信于民,深得民心;制订礼仪,风华天下;整治军队,勇敢善战。"鲍叔牙进一步谏请齐桓公消释旧怨,化仇为友,并指出当时管仲射国君,是因为公子纠命令干的,现在如果赦免其负

罪而委之以重任,那么他一定会像忠于公子纠一样为齐国效劳。

另一边,管仲与公子纠等人以为公子小白已死,再没人与他们争夺国君的位置了,也就不急于赶路,六天后才来到齐国。到了齐国,才知道齐国已有国君,而新国君正是公子小白。鲁庄公得知齐国已有新国君后气急败坏,当即派兵进攻齐国,企图通过武力来帮助公子纠夺取君位。齐桓公也不示弱,双方于乾时会战,结果鲁军大败,公子纠和管仲败归鲁国境内。齐桓公为绝后患,遣书鲁庄公,叫鲁国杀了公子纠,交出管仲和召忽,不然齐军将全面进攻鲁国。接信后,鲁庄公请来大夫施伯商量,施伯认为齐国要管仲不是为了报仇雪恨,而是为了任用他,因为管仲的才干世间少有,由他为政,齐国必然能富强称霸。如果管仲被齐国任用,今后一定会成为鲁国的大患。因此,施伯主张杀死管仲,将尸首交还齐国。毫无疑问,施伯的建议大有道理,而当时鲁庄公新败,闻齐国大兵压境,早吓得心颤胆寒,没能够听从施伯的主张,在齐国压力下,只得杀死公子纠,并将管仲和召忽擒住,准备将二人送还齐桓公,以期退兵。召忽为表达对公子纠的忠诚而自杀。死之前,召忽对管仲说:"我死了,公子纠可说是有以死事之的忠臣了;你活着建功立业,使齐国称霸诸侯,公子纠可说是有生臣了。死者完成德行,生者完成功名。死生在我二人是各尽其份,希望你好自为之。"

被擒的管仲怀抱着"定国家,霸诸侯"的远大理想,被装入囚车,随使臣回到齐国。在路上,管仲担心鲁庄公改变主意,为了让役夫加快赶路,他心生一计,即兴编制了一首悠扬激昂的黄鹄之词,以歌声可为他们解除疲劳为名,教他们唱歌。他们边走边唱,越唱越起劲,越唱走得越快,本来须耗费两天时间才能走完的路程,结果只花了一天半时间就赶到了。事后,鲁庄公果然后悔,以管仲的旷世奇才,若大用于齐,齐桓公无疑会如虎添翼,必须得动手先除掉此患。只可惜待他醒悟过来,派兵去追赶时,早已经来不及了。

一路恐慌，一路波折，管仲最后得以平安回到齐国，而这个时候，鲍叔牙已经在齐国边境堂阜处迎接他了。老友相逢，格外亲切。鲍叔牙马上命令下人打开囚车，去掉刑具，又让管仲洗浴更衣，希望管仲能辅助齐桓公治理国家。稍事休息后，管仲对鲍叔牙说："我与召忽共同侍奉公子纠，我既没有辅佐他登上君位，又没有为他死节尽忠，实在惭愧。现在又去侍奉仇人，那该让天下人多么地耻笑呀！"鲍叔牙诚恳地对管仲说："你是个明白人，怎么倒说起这样的糊涂话来了？做大事的人，常常不拘小节；立大功的人，往往不需要他人谅解。你有治国的奇才，桓公有做霸主的远大志愿，如果你能辅佐于他，何愁日后不可以功高天下，德扬四海？"

2.改革制度，强国富邦

做好了管仲的思想工作之后，鲍叔牙匆忙赶回临淄，向齐桓公报告。经鲍叔牙建议，齐桓公同意选择吉祥的日子，以非常隆重的礼节，亲自迎接管仲，以此来表示自己对管仲的重视和信任。同时也让天下人都知道，齐桓公的贤达与大度。

事成之后，齐桓公经常同管仲商谈国家大事。有一次，齐桓公召见管仲，首先把想了很久的问题摆出来，他热切地问道："你认为现在我们的国家可以安定下来了吗？"管仲通过这一阶段的接触，深知齐桓公的政治抱负，但又没有互相深入地谈论过，于是就直截了当地说："如果你决心称霸诸侯，国家就可以安定富强；如果你想安于现状，国家就不能安定富强。"齐桓公听后，走到管仲身边，拍着他的肩膀说道："我现在还不敢说这样的大话，等将来见机行事吧！"管仲被齐桓公的诚恳所打动，他急忙向齐桓公表示："君王免臣死罪,这是我的毕生之幸。臣苟且偷生到今天,不为公子纠而死,就是为富国家、强社稷。如果不是这样,那臣就是贪生怕死,一心想升官发财的小人了。"说罢,管仲告退,齐桓公被管仲的肺腑之言打动,极力挽留,并表示决心以天下之霸业为己任,希望管仲为社稷出力。

后来,齐桓公又问管仲:"若想使我们的国家富强、社稷安定,需要从什么地方开始做起呢?"管仲从容答道:"必须先得民心。""怎样才能得民心呢?"齐桓公接着问。管仲回答说:"要得民心,必须先爱惜百姓。国君能爱惜百姓,百姓自然就愿意为国家出力。要爱惜百姓就得先使百姓富足,百姓富足而后国家得到更好的治理,那是不言而喻的。通常讲,安定的国家常富,混乱的国家常贫,说的就是这个道理。"接着,齐桓公又问:"百姓已富足安乐,只是兵甲不足,这又该如何是好?"管仲答:"兵在精而不在多,士兵的战斗力必须强悍,士气必须旺盛。若士气足够旺盛,这样的军队还愁训练不好吗?"齐桓公又问:"士兵训练好了,如果财力不足,又该怎么办呢?"管仲回答说:"可以开发山林,开发盐业、铁业,发展渔业,发展经济,取天下物产,互相交易,从中获取税收。这样财力自然就可以充足了,军队的开支也自然而然能得到解决。"

一番讨论过后,齐桓公心情兴奋,就问管仲:"兵强、民足、国富,就可以争霸天下了吧?"管仲严肃地回答说:"不要着急,还不可以。争霸天下是件大事,万万不可以轻举妄动。当前紧迫的任务是让百姓得以休养生息,让国家更加富强,社会更加安定,不然是很难实现称霸天下的目的的。"如此,由于管仲系统地论述了治国称霸之道,使萦绕在齐桓公心上的问题全部迎刃而解,政事一片明晰。不久之后,齐桓公就拜管仲为国相,主持政事。为表示对管仲的尊崇,还把他尊称为仲父。

管仲成为齐相之后,根据当时的形势,对齐国进行了一系列改革。

在政务方面:划分和整顿行政区划分及机构,把国都划分为六工商乡和十五士乡,一共二十一乡。其中,十五士乡是齐国的主要兵源,齐桓公自己管理五个乡,上卿国子和高子各管五个乡。把国政分为三个部门,制订了三官制度:官吏有三宰,工业立三族,商业立三乡,每乡设一大夫。全国共有五属,故共设五大夫。每年开春,由五属大夫把属内的情况向齐桓公一一汇报,以便督察其功过……于是,本来显得散乱的齐国形成了统一有序的整体。

军队方面:管仲强调寓兵于农,规定在国都中,五家为一轨设一轨长。十轨为一里,每里设一里有司。四里为一连,每连设一连长。十连为一乡,每乡设一乡良人,主管乡的军令。战时自动组成军队,每户出一人,一轨五人,五人为一伍,由轨长负责。一里五十人,五十人为一小戍,由里有司负责。一连二百人,二百人为一卒,由连长负责。一乡二千人,二千人为一旅,由乡良人负责。五乡一万人,立一元帅,一万人为一军,由五乡元帅负责。齐桓公、国子、高于三人就是军队的元帅。这样把保甲制度与军队组织紧密地结合在一起。每年春秋,通过集体狩猎来达到训练军队的目的,这样就大大提高了军队的战斗力。同时,又规定了全国百姓不准随意迁徙,人们之间团结居住,做到夜间作战,只要听到声音就能辨别出敌我;白天作战,只要看见容貌,大家都可以互相认识。

为解决军队武器的供给不足问题,规定了犯罪者可以用盔甲和武装来赎罪。这样可补充军队的装备。

经济方面:管仲提出了一个"相地而衰"的土地税收制度,也就是说,根据土地的好坏不同来征收数量不等的赋税。在这样的政策下,国民的赋税负担趋于合理,使得国民的生产积极性大为提高。同时又倡导发展经济,积财通货,设"轻重九府",观察年景丰歉,人民的需求,来收散粮食和物品。又做出规定,国家统一铸造钱币,发展渔业、盐业、鼓励与境外通商。这一系列的政策实施之后,齐国经济开始呈现出繁荣的大好态势。

由于管仲推行改革得力,齐国出现了民足国富、社会安定的繁荣局

面。一日，齐桓公提起了旧话题，对管仲说："现在咱们国富民强，可以会盟诸侯了吧？"管仲慌忙谏阻："在当今诸侯国中，比齐国强大的太多了，南方有荆楚，西边有秦晋，然而他们自逞其雄，不知道尊奉周王，所以全部都不能称霸。周王室尽管已经非常衰败了，但它毕竟是天下的共主。东迁以来，诸侯都不去朝拜，全然不知君父。您要是以尊王攘夷的方式去广为号召，海内的诸侯必然能望风而归。"

管仲所说的"尊王攘夷"，就是尊重周朝王室，承认周天子共同领袖的地位，联合各诸侯国，共同抵御戎、狄等部族对中原地区的侵扰。攘夷于外，必须尊王。一时间，尊王成为了一面正义凛然的光辉旗帜。

齐桓公二年，齐桓公以报收纳公子纠之仇为名，出兵伐鲁。当时，鲁国初败于齐，元气远未恢复。齐兵再次压境，鲁国举国上下一片恐慌，群臣无策，幸亏有曹刿出来为鲁庄公献上良策，在长勺打败了齐国。

胜利之后，鲁国又去侵犯宋国，齐国为了报复长勺之败，结盟宋国来攻打鲁国。然而鲁庄公因为采纳了大夫公子偃的建议，在秉丘打败了宋军。宋军一败，齐军只得撤走。次年，宋国为了昭雪秉丘之耻，再一次兴兵攻鲁，鲁庄公发兵抵抗，趁宋军还没站住脚就发动猛攻，宋国于是惨败。宋国连吃败仗，国内又逢内乱——大夫南宫长万杀了新立的宋闵公，不久宋贵族又杀了南宫父子。宋国的内乱，鲁国的战败，使得它们的力量大为削弱。

谭国是齐国西邻的一个小国。齐桓公逃亡时曾经经过那里，当时谭国君对待齐桓公的态度很不礼貌，齐桓公继位之后，谭国也没有派遣使臣送礼祝贺。齐桓公对此极为不满，因此管仲建议出兵问罪。此法正合管仲之意。谭国本来就小，力量十分微弱，怎能经受住齐国大军的进攻呢？结果齐国在没花费多少力气的情况下消灭谭国，扩大了自己的国土。

齐桓公五年，在管仲的策划下，齐国邀请宋、陈、蔡、郑等国在齐国的北杏会盟，共同商讨安定宋国的大计。遂国也在被邀请之列，但它没有参

加。管仲为提高齐国的邦威，出兵灭了遂国。鲁国本来还比较强大，但因为接连被齐国打败，又看到诸侯国都服从于齐国，而不服从齐国的遂、谭两国又连接被消灭，所以也只得屈服于齐国。不久之后，齐国与鲁国握手言和，会盟于柯。这次会盟十分隆重，会场布置庄严，庙坛高筑，两边大旗招展，甲士列士，威武无比，齐桓公和管仲正坐于坛上。正是在这次会盟当中，发生了历史上著名的曹沫结盟事件。会盟规定，只许鲁君一人登坛，其余人在坛下等候。就在鲁庄公与卫士曹沫来到会场，将要升阶入坛之时，会盟宾相告诉他，不准曹沫参与升坛。只见曹沫戴盔披甲，手提短剑紧跟于鲁庄公身后，对宾相瞪大圆眼，怒目而视，眼角几乎都要瞪裂，惊吓得宾相后退几步，鲁庄公与曹沫于是顺阶入坛。鲁庄公与齐桓公经过谈判，最后达成了歃血为盟的协议。

正在这时，曹沫突然拔剑而起，左手抓住了齐桓公的衣袖，右手持短剑直逼齐桓公。齐桓公左右顿时被吓得目瞪口呆，举足无措。而管仲沉着勇敢，急忙插进了齐桓公与曹沫中间，用身体护住齐桓公，问道："将军要干什么？"曹沫凛然回答："齐强而鲁弱，大国侵略鲁国，实在欺人太甚，有失公义。现在鲁国城破墙毁，几乎快要压倒齐国了，请问，该怎么办呢？"齐桓公见势不妙，只得答应了归还占领的鲁国土地。约定草成，曹沫遂收起宝剑，徐步回位，事态平息如初，众人谈笑如故。会盟结束后，鲁国君臣等人胜利回国，齐桓公君臣却愤愤不乐，许多人都想毁约，齐桓公也抱着这样的想法。然而管仲不同意毁约，他劝说齐桓公："毁约是不可以的，贪图眼前的小利，求得一时的痛快，后果是失信于诸侯，失信于天下。权衡利害，不如守约，暂时归还占领的鲁国国土为好。"齐桓公听取了管仲的意见。不久之后，宋国叛齐。次年，齐桓公邀请陈、曹出兵伐宋，又向周王室请求派兵助阵。周王室派遣大臣单伯带领王师，与三国军队共同伐宋，宋国在大兵的威逼之下，只得臣服。

此时，鲁、宋、陈、蔡、卫等国都先后屈服了齐国，谭、遂两国也早已被灭,只有郑国还沉陷在连续不断的内乱之中。因此,管仲建议齐桓公出面调解郑国内乱,以此来提高齐国的地位,加速实现天下霸主的意愿。郑国自厉公回国杀了子仪,又杀了恩人傅瑕,逼死大夫原繁,登位称君之后,为巩固其君位,希望联合齐国。管仲抓住这一时机,建议齐桓公联合宋、卫、郑三国,又邀请周王室参与,于齐桓公六年在鄄会盟。第二年,齐桓公又以自己的名义召集宋、陈、卫、郑又在鄄会盟。这次会盟尤其成功,取得圆满结果。自此,齐桓公已成为公认的霸主。

晋献公十年冬,由于郑国已屈服于齐国,齐桓公召集了鲁、宋、陈、卫、郑、许、滑、滕等国君,又在宋国的幽会盟。周惠王也委派召伯参加。这是一次空前盛会,几乎全部中原的国家都参加了。在这次盟会上,周国的代表召伯以天子的名义,向齐桓公授予了侯伯的头衔。晋献公十五年,鲁国内乱,鲁庄公死后,鲁闵公即位,不久却被庆父杀死。而后,鲁僖公即位,庆父畏罪自杀。鲁僖公为巩固其君位,与齐国会盟于落姑,从此鲁国也安定下来。

这样一来,齐桓公威望遍布于天下,德名远播于诸侯,进一步扩大和巩固了他的霸业。

3.老马识途,病榻论相

正当中原各国逐渐承认齐国的盟主地位之时,边境上少数民族狄人和山戎人也逐渐发展壮大起来。他们屡屡举兵犯境,给中原各国造成了严重的损失。周惠王十四年,山戎统兵万骑,攻打燕国,企图阻止燕国通齐。燕庄公抵挡不住,向齐桓公求援,然而齐桓公为了集中力量对付南方

楚国，不愿意支援燕国。但是管仲认为，当时为患一方的，南有楚国，北有山戎，西有狄人，他们都是中原诸国的祸患。齐桓公若想伐楚，必须先进攻山戎，等北方安定了，才可以专心去征伐南方。如今燕国被犯，又主动求救于齐，此时举兵率先伐夷，必可得到各国的推崇。齐桓公深以为然，遂举兵救燕。山戎军队听闻齐师大队人马将至，掳掠大量财物就急忙解围而去，渴望早日脱离是非，岂知齐军与燕军即刻合兵一处，北出蓟门关火速追击，直杀得山戎兵马落荒而逃。山戎首领带着残兵败将逃入孤竹国，这才得到暂时的喘息机会。

齐军上下振奋，一鼓作气，围困了孤竹国，孤竹国派人诈降，为齐国献上山戎首领首级，谎称孤竹国国君已弃国逃亡沙漠。齐桓公于是以降将为前部，率军追赶。孤竹国降将将齐军诱入荒漠，自己则乘人不备逃之夭夭。是时天色已晚，茫茫的沙漠上平沙万里，举目凄凉，狂风卷地，寒气逼人，齐军前后队彼此失去了联系。忙乱中，齐桓公开始不知所措，急忙向管仲求教解危之计。管仲沉吟片刻，让随行士兵敲锣打鼓，使各队闻声聚集，屯扎一处，总算平安挨到了天明。谁知，天亮之后，沙漠中炎热异常，饮水匮乏，一望无际的沙漠难辨方向，全军将士莫不焦急万分。管仲见状，向齐桓公建议道："臣听闻老马识途，燕军马匹多从沙漠北而来，也许有熟悉此地的，大王不妨令人挑选数匹老马放行，大军随而行之，或许能寻见出路。"齐桓公依言，命人选取了数匹老马，放行在荒芜的沙漠里，军队则紧跟在老马的身后，果然走出了险地。

孤竹国国君见齐燕大军被诱入沙漠，举兵攻进无棣城，赶走了守城的燕兵，躲避在山谷中的百姓也随之回城。管仲见此情形，灵机一动，计上心来，他命令将士数人扮作百姓模样，混入城中，半夜里举火为内应。然后，又分兵三路攻打无棣城的东南西三门，只留下北门让敌军逃跑，命王子成父和隰朋率一队兵马埋伏在北门之外。

当天夜里，忽见城中四五处火起，齐军内应砍开城门，放大军兵马入城。孤竹国国君见势不妙,率众夺路而逃,直奔北门。谁知一行人刚刚冲出北门,路旁突然伏兵四起,截住了孤竹国的君臣等数人。两军厮杀,孤竹国国君死于乱军之中。齐桓公灭了令支、孤竹,辟地500里,悉数赔给了燕庄公。诸侯莫不畏齐之威,感齐之德。

在救燕时,鲁国也表示出兵支援,但实际上是按兵未动。齐桓公对此很气愤,想出兵惩罚鲁国。管仲不同意这样做,他劝说齐桓公:"鲁国是齐国的近邻,不能为了一点小事就出兵,影响不好。为了齐国的声誉,我们可主动改善两国关系。这次征燕胜利,得到一些中原没有的战利品,不如送给鲁国一些,陈列在周公庙里。"齐桓公听了觉得很有道理,就同意了管仲的提议。这样做对鲁国上下震动很大,其他各国反映也很好。

当时西北方的狄人也起兵进攻中原,先攻邢国(今河北邢台),气焰嚣张。作为霸主的齐桓公,当然不能置之不理。管仲也很关心这个问题,他向齐桓公说:"戎狄性情十分残暴,贪得无厌。诸夏各国都是亲戚,彼此关心,一国有难,大家都应相助,不能袖手不理。满足现状的安乐是很危险的,出兵救邢才是上策。"齐桓公很欣赏管仲的看法,就派兵援助邢国,邢国很快得救。不久,狄人又出兵攻打卫国,卫懿公被杀,卫国灭亡,狄人追赶卫国百姓到黄河沿岸。

宋国出兵救出卫国百姓730人。加上共、滕两邑的居民一共5000人,并在曹邑(今河南滑县)立卫戴公为国君。刚刚恢复的卫国,处境十分困难。齐桓公命管仲派公子无亏带着五百乘车马和三千名甲士去武装卫国,戍守曹邑。又给卫君带来乘马祭服,还给卫君夫人带来乘车和锦帛。此外还有牛羊猪狗鸡等三百余只,并帮助卫国修建宫殿。

邢国还未恢复,狄人又来第二次洗劫。公元前659年,狄人攻邢,形势十分严重。齐桓公和管仲立即联合宋、曹救邢。当齐、宋、曹军队到达时,邢国百姓如见亲人,纷纷投奔,狄人被打退。敌军虽退,但邢国还是被洗劫一空。于是齐桓公和管仲同宋、曹两国,帮助邢国把都城迁到夷仪(今聊

城西南),这里靠近齐国,较为安全。使破乱的邢国得到安定。

邢、卫两国虽都遭狄人洗劫,但在齐桓公、管仲的主持下,都得以复国。当时的人们赞赏地说:"邢国人迁进新都城,好像回到了老家。恢复后的卫国,人们一时高兴,也忘记了亡国的悲痛。"

楚国一直是南方的强国。自公元前666年伐郑开始,一直在准备北上。公元前659年,楚国又出兵郑国。齐桓公与管仲约诸侯共同救郑抗楚。由于楚国不断攻郑,齐桓公和管仲约鲁、宋、陈、卫、郑、许、曹等八国组成联军南下,首先一举消灭蔡国,直指楚国。楚国在大军压境的形势下,派使臣屈完出来谈判。

屈完见到齐桓公就问:"你们住在北海,我们住在南海,相隔千里,任何事情都不相干涉。这次你们到我们这里来,不知是为了什么?"管仲在齐桓公身旁,听了之后就替齐桓公答道:"从前召康公奉了周王的命令,曾对我们的祖先太公说过,五等侯九级伯,如不守法你们都可以去征讨。东到海,西到河,南到穆陵,北到无隶,都在你们征讨范围内。现在,你们不向周王进贡用于祭祀的滤酒的包茅,公然违反王礼。还有昭王南征,至今未回,这事也与你们有关。我们现在兴师来到这里,正是为了问罪你们。"屈完回答说:"多年没有进贡包茅,确实是我们的过错。至于昭王南征未回是发生在汉水,你们去汉水边打听好了。"

齐桓公见楚使屈完的态度不软不硬,就命令大军在陉(今河南郾城南)驻扎下来。南北两军相峙,从春季到夏季,已经半年。楚国又派屈完和齐桓公、管仲谈判。齐桓公与管仲早就无意打仗,只是想通过这次军事行动来显示霸主的威风,吓唬楚国罢了。所以他们很快就同意与屈完谈判,并达成协议,将军队撤到召陵(今河南偃县)。

齐桓公为了炫耀兵力,就请屈完来到军中与他同车观看军队。齐桓公指着军队对屈完说:"指挥这样的军队去打仗,什么样的敌人能抵抗得了?指挥这样的军队去夹攻城寨,又有什么样的城寨攻克不下呢?"屈完很沉静地回答:"国君,你若用德行来安抚天下诸侯,谁敢不服从呢?如果只凭武力,那么我们楚国可以把方城山当城,把汉水当池,城这么高,池这么深,你的兵再多,恐怕也无济于事。"可谓回答得委婉有力。为形势所迫,齐桓公同意与楚国结盟。这样南北军事对峙的局面就体面的结束了。

公元前651年,周惠王去世。齐桓公会同各诸侯国拥立太子郑为天子,这就是周襄王。周襄王即位后,命宰孔赐齐桓公文武胙、彤弓矢、大路,以表彰其功。齐桓公召集各路诸侯大会于蔡丘(今河南兰考、民权县境),举行受赐典礼。受赐典礼上,宰孔请周襄王之命,因齐桓公年老德高,不必下拜受赐。齐桓公想听从王命,管仲从旁进言道:"周王虽然谦让,臣子却不可不敬。"齐桓公于是答道:"天威不违颜咫尺,小白敢贪王命,而废臣职吗?"说罢,只见齐桓公疾走下阶,再拜稽首,然后登堂受胙。众诸侯见此,皆叹服齐君之有礼。齐桓公又重申盟好,订立了新盟。这就是历史上有名的"蔡丘之盟",也是齐桓公霸业的顶峰。至此,经过近30年的苦心经营,齐桓公在管仲的辅佐下,先后主持了三次武装会盟,六次和平会盟,还辅助王室一次,史称"九合诸侯,一匡天下"。

管仲虽然为齐桓公创立霸业立下了不朽的功勋,但他谦虚谨慎。公元前647年,周襄王的弟弟叔带勾结戎人进攻京城,王室内乱,情况十分危急。齐桓公派管仲帮助襄王平息内乱。管仲完成得很好,获得周襄王的赞赏。周襄王为了表示尊重霸主的臣下,准备用上卿礼仪设宴为管仲庆功,但管仲没有接受。最后他接受了卞卿礼仪的待遇。

公元前645年,为齐桓公创立霸业呕心沥血的管仲身患重病,齐桓公去探望他,询问他谁可以接受相位。管仲说:"国君应该是最了解臣下的。"齐桓公欲任鲍叔牙,管仲诚恳地说:"鲍叔牙是君子,但他善恶过于分明,见人之一恶,终身不忘,这样是不可以为政的。"齐桓公问:"易牙怎样?"管仲说:"易牙为了满足国君的要求,不惜烹了自己的儿子以讨好国君,没有人性,不宜为相。"齐桓公又问:"开方如何?"管仲答道:"卫公子

15

开方舍弃了做千乘之国太子的机会,屈奉于国君15年,父亲去世都不回去奔丧,如此无情无义,没有父子情谊的人,如何能真心忠于国君?况且千乘之封地是人梦寐以求的,他放弃千乘之封地,俯就于国君,他心中所求的必定过于千乘之封。国君应疏远这种人,更不能任其为相了。"齐桓公又问:"易牙、开方都不行,那么竖刁怎样?他宁愿自残身肢来侍奉寡人,这样的人难道还会对我不忠吗?"管仲摇摇头,说:"不爱惜自己的身体,是违反人性的,这样的人又怎么能真心忠于您呢?请国君务必疏远这三个人,宠信他们,国家必乱。"管仲说罢,见齐桓公面露难色,便向他推荐了为人忠厚、不耻下问、居家不忘公事的隰朋,说隰朋可以帮助他管理国政。遗憾的是,齐桓公并没有听进管仲的话。

易牙在听说了齐桓公与管仲的这段对话后,便去挑拨鲍叔牙,说管仲阻止齐桓公任命其为相。鲍叔牙笑道:"管仲荐隰朋,说明他一心为社稷宗庙考虑,不存私心偏爱友人。现在我做司寇,驱逐佞臣,正合我意。如果让我当政,哪里还会有你们容身之处?"易牙讨了个没趣,深觉管仲交友之密,知人之深,于是灰溜溜地走了。

不久,管仲病逝。齐桓公不听管仲病榻前的忠言,重用了易牙等三人,结果酿成悲剧。二年后,齐桓公病重。易牙、竖刁见齐桓公已不久于人世,就开始堵塞宫门,假传君命,不许任何人进去。有二位宫女乘人不备,越墙入宫,探望齐桓公,见齐桓公正饿得发慌,索取食物。宫女便把易牙、竖刁作乱,堵塞宫门,无法供应饮食的情况告诉了齐桓公。齐桓公仰天长叹,懊悔地说:"如死者有知,我有什么面目去见仲父?"说罢,用衣袖遮住脸,活活饿死了。

齐桓公死后,宫中大乱,齐桓公的几个儿子为争夺王位各自勾结其党羽,互相残杀,致使齐桓公的尸体停放在床上六七十天无人收殓,尸体腐烂生蛆,惨不忍睹。第二年3月,宋襄公率领诸侯兵送太子昭回国,齐人又杀了作乱的公子无亏,立太子昭为君,即齐孝公。经过这场内乱,齐国的霸业开始衰落。中原霸业逐渐移到了晋国。

管仲的一生，不仅建立了彪炳史册的功勋，还给后世留下了一部以他名字命名的巨著——《管子》。书中记录了他的治国思想，对后世影响深远。

管仲是位思想家，他主张法治。全国上下贵贱都要守法，赏罚功过都要以法办事。他认为国家治理的好与坏，根本在于能否以法治国。管仲非常重视发展经济，他认为"仓廪实而知礼节，衣食足而知荣辱"。也就是说，国家的安定与不安定，人民的守法与不守法，与经济发展关系十分密切。管仲思想中有不少可贵的地方，如他主张尊重民意，说"顺民心为本"，"政之兴，在顺民心；政之所废，在逆民心"。其思想对后代影响很大。当然，管仲是春秋时代的历史人物，所以他也有历史局限。如为齐桓公创立霸业而加重了人民的负担，在改革中主要是代表统治阶级的利益等。虽然如此，管仲仍不失为一位大政治家、思想家，在历史上有过巨大贡献。

4.历史功过及后人评说

管仲的成就：

1.个人著作。管仲的著作，收入《国语·齐语》和《汉书·艺文志》。《管子》共24卷，85篇，今存76篇，内容极丰，包含道、名、法等家的思想以及天文、舆地、经济和农业等方面的知识，其中《轻重》等篇，是古代典籍中不多见的经济文作，对生产、分配、交易、消费、财政等均有论述，是研究我国先秦农业和经济的珍贵资料。管仲的传记，载于《史记·管晏列传》。

2.兵制改革。其原则是"作内政而寄军令",其措施是"参其国而伍其鄙",其内容为:将全国分为二十一乡,工商之乡六,士乡十五。工商之乡不从事作战,实际从事作战的是士乡十五。五乡为一帅,有一万一千人。由齐君率为中军,两个上卿各率五乡为左右军,是为三军,就是"参其国"。一乡有十连,一连有四里,一里有十轨,一轨有五家,五家为一轨,这就是"伍其鄙"。轨中的五家,因世代相居处在一起,利害祸福相同,所以"守则同固,战则同强"。

这是一种社会与军事相结合的战斗体制,亦为后来大规模的战争作了准备。

3.经济政策。管仲相齐的经济政策是"遂滋民,与无财",他的办法乃是"轻重鱼盐之利,以赡贫穷"。或言"通轻重之权,徼山海之业",以至"通货积财,富国强兵"。

"轻重鱼盐之利"及"徼山海之业"是否是汉代盐铁官卖的滥觞,我们现在没有可征信的材料。《管子》书中记载,管仲反对向"树木"、"六畜"和人口抽税,而主张"唯官山海为可也","山海"就是铁和盐。若此记载可信,则可证明于管仲时就已经实行统治盐铁的经济政策了。

管仲实行了粮食"准平"的政策,即"民有余则轻之,故人君敛之以轻;民不足则重之,故人君散之以重。凡轻重敛散之以时,则准平……故大贾富家不得豪夺吾民矣"。这种"准平"制,不但是一种平衡粮价的政策,并且间接承认了农民自由买卖粮食的权利及自由私田的合法性,还保障了私田农的生产利润。这种经济政策,亦为经济层面的国君集权。

4.管仲提出的世界领先的经济理论。管仲提出"相地而衰征",即按照土地质量好坏、产量高低来确定赋税征收额,与马克思的级差地租相同。

在《管子·奢靡》一文中,系统的阐述了消费对生产的促进效用。

管仲的社会评价:

孔子曾称赞管仲:"微管仲,吾其被发左衽矣。"意思是说,管仲辅助齐桓公做诸侯霸主，一匡天下。要是没有管仲，我们都会披散头发，左开衣襟，成为蛮人统治下的老百姓了。这话是有一定道理的。

诸葛亮每自比于管仲。历史上，管仲相齐，使齐国成为春秋五霸之首；诸葛亮相蜀，使刘备与曹、孙三分天下，二人皆呕心沥血，鞠躬尽瘁，而且居功至伟。

管仲一生的最大过失在于没有为自己找一个继承人。几十年的勤政辅佐使得齐桓公过于依赖丞相，以至于晚景凄凉。

链接：

管仲为何被娼妓奉为保护神

私妓出现于春秋战国时期。《史记·货殖列传》中记载："赵女郑姬，设形容，鸣琴，揄长袂，蹑利屣，目挑心招，出不远千里，不择老少者，奔富厚也。"又说："中山地薄人众，犹有沙丘。纣淫地余民，民俗急，仰机利而食。丈夫相聚游戏，悲歌慷慨，起则相随椎剽，休则掘冢作巧奸冶，多美物，为倡优女子，则鼓鸣瑟、屣，游媚贵富，入后宫，遍诸侯。"另外，《诗经·周南·汉广》曰："汉有游女，不可求思。"上面资料表明，这些赵女郑姬精于打扮，善于歌舞，兼善媚术，色艺俱佳。为了金钱她们不惜出卖肉体和色相，有时甚至长途跋涉。她们的经营方式主要是上门服务。《诗经》中用"游女"一词，贴切地说明了当时私妓的经营特点。

营妓(也称"军妓")的最初形式在这一时期已经开始出现。据《越绝书》、《吴越春秋》等书记载，公元前470年前后，"越王勾践输有过寡妇于山上，使士之忧思者游之，以娱其意"。越王勾践为了解决士气低落的问题，让"有过寡妇"为军中"忧思者"提供性服务，这就是典型的"营妓"。尽管当时越王勾践此举是一种应急措施，并没有形成制度，但它一直被看作

是中国营妓制度的雏形。

但真正的国家经营娼妓业,却是由管仲开创的。

管仲在位时不仅推行一系列改革措施,还设置"女闾"。所谓"女闾",就是妓院。也就是说,管仲是第一个设置官方妓院的人。管仲于公元前685年被封为"卿",死于公元前645年,因此他设"女闾"制应该是在公元前685年至公元前645年之间。这比梭伦创立雅典国家妓院(公元前594年)至少要早50年以上。因此有人说管仲是"世界官妓之父"。

当时妓女数量还是比较多的,如管仲设女闾300,据《周礼》中记载,"五家为比","五比为闾",一闾是25家,总数当为7500家,若设700,就有1.75万家之多。

"女闾"制开了国家经营娼妓业的先河。作为政治家的管仲,其实行"女闾"制目的有四:一是为了增加国家收入。清代褚人在《坚瓠续集》卷一记载:"管子治齐,置女闾七百,征其夜合之资,以充国用,此即教坊花粉钱之始也。"二是为了缓解及调和社会矛盾。三是招揽游士,网罗人才。当时诸侯争雄,齐桓公为了能够称霸天下,借助美女来招引人才。四是供齐桓公淫乐。齐桓公是一个好色之徒,这在文献中都有所记载:"好内,多内宠,如夫人者六人。"但管仲设立妓院,最重要的目的还是为了从中收税以作军费。

管仲设立市妓和妓院,对后世中国公共制度产生了非常深远的影响。在他的影响下,春秋各国纷纷效仿,后世的封建统治者也从此让娼妓制度获得合法地位。这恐怕是作为春秋时期的大政治家、思想家的管仲也始料未及的吧!可以想像,当时的妓院肯定不像日后那样畏首畏尾,而是在管仲的庇护之下,光明正大地经营。所以娼妓们要奉管仲为"保护神"了,而这一习惯也延续到了后世。

第二章

吕不韦

——由商入政，开创先河

　　吕不韦（？－公元前235年），卫国濮阳（今河南濮阳西南）人。战国时期著名商人，杰出的政治家。吕不韦因辅佐秦始皇登基有功，被秦始皇尊称为仲父，任秦国相国一职，一时权倾朝野，府中食客三千。他让门客编著了一本《吕氏春秋》，这本书形式统一，但内容多样，从而开创了杂家体例，成为杂家思想的代表人物。吕不韦为相12年，提出和推行了一整套有利于富国强兵的理论和政策，为实现秦并六国、一统天下打下了坚实的基础。尤其是在用人方面，他提出的理论和政策，不仅为秦始皇吸引了大批优秀人才，而且对后世也产生了深刻的影响。

1.奇货可居,游说于秦

　　吕不韦,姜姓,吕氏,名不韦。战国末年著名商人、政治家、思想家,后为秦国大臣,卫国濮阳人。吕不韦是阳翟的大商人,故里在城南大吕街,他往来各地,以低价买进,高价卖出,积累起千金的家产。他以"奇货可居"闻名于世,曾辅佐秦始皇登上王位,任秦朝相国,并组织门客编写了著名的《吕氏春秋》,其门客有三千人。他也是杂家思想的代表人物。

　　在吕不韦出生之时,卫国已经日渐衰败。待他长大后,卫国境内更加倾颓。为求发展,在公元前265年左右,吕不韦便来到向往已久的赵国国都邯郸。邯郸城的繁华,让吕不韦眼花缭乱。他虽花天酒地,流连于歌楼舞榭之间,却也没忘记他是为获取财富而来,要寻找一种能大大赢利的商品的。与别的商人不同的是,吕不韦并不满足于小财富的累积,他想要寻找能够一本万利的商机。很快,他等到了这种商机。

　　公元前267年,秦太子悼在魏国死去,运回秦国,葬在芷阳。两年后,秦昭王立他的第二个儿子安国君为太子,而安国君有二十多个儿子。安国君有个非常宠爱的妃子,被封为正夫人,称之为"华阳夫人"。可是华阳夫人肚子不争气,没有生出一个儿子来。安国君有个儿子名叫子楚(又叫异人),子楚的母亲是夏姬,不受宠爱,子楚便作为秦国的人质被派到赵国。秦国多次攻打赵国,赵王对子楚当然不会以礼相待。他乘的车马和日常的财用都不富足,生活困窘,很不得意。

　　初到邯郸,吕不韦就听说了子楚的事,经过多方探听,他把子楚的身世、家庭关系、目前处境及其他方面了解得一清二楚。后来,当吕不韦见到这位落魄的王孙时,凭着他多年经商的经验,觉得多方寻觅的商机就近在眼前！不禁脱口而出"此货可居"。吕不韦赶回家告诉父亲，自己找到了可赢利的奇货，这也正是成语"奇货可居"的由来。

公元前262年，吕不韦又一次来到邯郸，他前去拜访子楚，游说他说："我能光大你的门庭。"

子楚笑着说："你姑且先光大自己的门庭，然后再来光大我的门庭吧！"

吕不韦说："你不懂啊，我的门庭要等你的门庭光大了之后才能光大。"

子楚心知吕不韦的意思，就拉他坐在一起深谈。

吕不韦说："秦王已经老了，安国君被立为太子，我私下听说安国君非常宠爱华阳夫人，华阳夫人没有儿子，能够选立太子的只有华阳夫人一人。现在你的兄弟有二十多人，你又排行中间，不受秦王宠爱，长期被留在赵国当人质，即使秦王死去，安国君继位为王，你也不要指望同你的兄弟们争太子之位。"

子楚说："是这样，可该怎么办呢？"

吕不韦说："你太穷了，又客居在此，也拿不出什么来献给亲长，结交宾客。我吕不韦虽然不富有，但愿拿出千金来为你去秦国游说，侍奉安国君和华阳夫人，让他们立你为太子。"

一直被冷落的子楚突然听到这么温暖的话，顿时感激涕零，叩头拜谢道："如果实现了您的计划，我愿意分秦国的土地和您共享。"

吕不韦拿出五百金送给子楚，作为日常生活和结交宾客之用。又拿出五百金买珍奇玩物，自己带着去秦国游说。他先拜见了华阳夫人的弟弟阳泉君，把带来的东西统统献给华阳夫人。顺便谈及子楚聪明贤能，所结交的诸侯宾客遍及天下，常常说："我子楚把夫人看成天一般，日夜哭泣思念太子和夫人。"夫人听了非常高兴。吕不韦乘机又让华阳夫人的姐姐劝说华阳夫人道："我听说用美色来侍奉别人的，一旦人老色衰，宠爱也

随之减少。现在夫人您侍奉太子，虽然备受宠爱，可您毕竟没有儿子，不如早一点在太子的儿子中结交一个有才能而又孝顺的人，立他为继承人，且像亲生儿子一样对待他，那么丈夫在世时受到尊重，丈夫死后，自己立的儿子继位为王，最终也不会失势，这就是人们所说的'能得到万世的好处'。不在容貌美丽之时树立根本，等到容貌衰竭失宠后，想和太子说上一句话，还有可能吗？现在子楚贤能，他知道自己排行居中，按次序是不能被立为继承人的，而他的生母又不受宠爱，他自己就会主动依附于夫人，夫人若真能在此时提拔他为继承人，那么夫人您在秦国一生都会受到尊崇了。"

华阳夫人听了觉得很有道理，就委婉地跟安国君谈到了现在在赵国做人质的子楚，说他非常有才能，来往的人都称赞他，然后哭着说："我有幸能填充后宫，但非常遗憾的是没有儿子，我希望能立子楚为继承人，以便我日后有个依靠。"安国君答应了，决定立子楚为继承人。安国君和华阳夫人送好多礼物给子楚，还请吕不韦当他的老师，因此子楚的名声在诸侯中越来越大。

既然地位变了，子楚当然不能再当人质了。吕不韦施展他游说的本领，使赵国同意送子楚回国。正当子楚和吕不韦欢天喜地地打点行李准备回国之时，不料秦赵间长平之战发生了。赵王改变主意，禁止子楚回国。

2.独具慧眼,巧设妙计

当子楚再次被困赵国时，正逢长平之战，吕不韦也找不到逃难的机会。在此期间，吕不韦又成功做成了一笔交易。

在邯郸，吕不韦早选中了一个姿容艳丽又善歌舞的年轻女子赵姬与其同居。一天，当这位赵姬告诉吕不韦她怀孕的消息时，他计上心来，当晚就请子楚到自己住宅饮酒。贪杯好色的子楚得知，欣然赴约，席间见到艳丽动人的赵姬陪酒，立刻就被迷住了，当即向吕不韦提出将美人赠送给他的要求。假装盛怒的吕不韦日后主动将赵姬送给子楚，使子楚感激涕零，子楚把肚怀吕不韦孩子的赵姬接回住所，过起了恩爱的夫妻生活。

公元前259年正月，赵姬生下一个儿子，取名为政，起先叫赵政，后改为嬴政，即后来的秦始皇。这是吕不韦的又一笔投资，它的效益要在子楚下一代国君身上收回。

嬴政诞生给历史留下了千古之谜。一些记载说，秦始皇的生母嫁给子楚之前，就已经怀孕这是精心设计的。另有记载说，子楚之妻大期而生子，大期超过十二个月，所以不可能是吕不韦的儿子，说秦始皇是吕不韦的私生子，乃是当时和后来那些恨秦始皇的人攻击、侮辱之词，不足为据。

可是仔细考查吕不韦和秦始皇的一生，以及后世有关资料，可以肯定后一种说法是缺乏根据的。因为第一，证明嬴政和吕不韦关系非同一般的记载不仅是一、二处。第二，即使赵姬大期而生政，也不能排除他们有血缘关系的可能。因为吕不韦与赵姬的私通，并未因她与子楚结婚而中断，这种关系一直延续到嬴政继承王位之后。

子楚在邯郸娶妻生子，乐不思蜀。谁料风云变幻，这期间战争又发生了变化，给已淡却回国之心的子楚归秦创造了条件。

当时，秦军正乘胜进攻邯郸，白起率领得胜之师攻击，赵国的覆灭已指日可待。然而当白起攻克上党后，等待秦王发出进攻命令时，秦国内部矛盾产生了。白起迟迟未接到发兵的命令，因而失去占领邯郸的机会，但被困在城中的子楚却因此避免了一场厄运。在吕不韦和他用钱财结交的宾客的帮助下，子楚成功地逃出了赵国。而赵姬和幼小的儿子却留在了邯郸，幸而在豪门势力保护下，没被赵王捉住。

3.辅佐新君,相国擅权

公元前251年,秦昭王去世,苦等王位的安国君继位成了孝文王。安国君守孝一年后,加冕才三天就突发疾病去世了。之后太子子楚继位,他就是秦庄襄王。庄襄王尊奉华阳夫人为华阳太后,生母夏姬为夏太后。公元前249年,任命吕不韦为丞相,封为文信侯,河南洛阳十万户作为他的食邑。

诏令一出,满朝文武震惊无比,因为当朝百官无一人能如此集官、爵、食邑最高等级于一身。吕不韦本人心里十分清楚,这不过是十几年前在邯郸投资所收回的利益而已。从此,吕不韦也正式踏入秦国的政治舞台,秦国由此开始了吕不韦擅权的时代。

吕不韦当政后的第一件事,就是大赦罪人,奖赏先王功臣以及对百姓施行一些小恩小惠。这使得吕不韦在秦国臣民中反响很好,许多人都愿意归附于他。当时,他的门下食客多达3000多人。

吕不韦以政治家的眼光,总结历史经验教训,把得贤人与得天下直接联系起来,从国家兴亡的高度提出尚贤的重要性。他认为,"得十良马,不若得一伯乐;得十良剑,不若得一欧冶;得地千里,不若得一圣人。舜得皋陶而舜授之,汤得伊尹而有夏民,文王得吕望而服殷商。夫得圣人,岂有里数哉?"并要求国家的统治者把尚贤作为基本国策,始终把重视人才放在治国为政的首位。吕不韦的这些观点和做法,显然要比以前和同时代的政治家英明得多。

吕不韦用人不拘一格,最有名的是甘罗,甘罗为楚国下蔡(今安徽颍上)人,从小聪明过人。其祖父甘茂曾担任秦国的左丞相。"将门出虎子",

在祖父的教导下，甘罗从小就聪慧机智，能言善辩，深受家人的喜爱，小小年纪，就投奔到秦国丞相吕不韦的门下，做他的才客。

当时秦国企图联燕攻赵，打算派大臣张唐出使燕国，张唐却借故推辞。正当吕不韦无计可施之时，甘罗自告奋勇，愿去劝说张唐赴任。吕不韦开始不大相信他，甘罗理直气壮地说："从前项橐7岁就做了孔子的老师，我现在已经12岁了，你就不能让我试一试吗？"吕不韦只好答应了他的要求。甘罗驱车去见张唐，说："当年武安君白起就因为不服从应侯范雎的命令去攻打赵国，而被应侯撵出咸阳，死在杜邮。现在文信侯的权力比应侯大得多，你违抗他的命令，看来你的死期不远了！"一席话吓得张唐乖乖答应出使燕国。

后来，甘罗又征得吕不韦的同意，按照秦国扩大河间郡的意图到赵国去进行游说，他针对赵王担心秦燕联盟对赵国不利的心理状态，大加攻心，说："秦燕联盟，无非是想占赵国的河间之地，您如果把河间5城割让给秦国，我可以回去劝秦王取消张唐的使命，断绝和燕国的联盟。到那时你们攻打燕国，秦国决不干涉，赵国所得又岂止5城！"赵王大喜，忙把河间5城的地图、户籍交给甘罗。甘罗满载而归，秦国不费一兵一卒而得河间之地。于是秦王就封12岁的甘罗为上卿，并把当年封给甘茂的土地赏给他。

吕不韦在入秦之前，各国诸侯都在大力招揽人才。那时，魏国有信陵君，楚国有春申君，赵国有平原君，齐国有孟尝君，即战国时著名的养士"四公子"。他们都礼贤下士，结交宾客，并想在这方面争个高低上下。吕不韦认为秦国如此强大，若不如他们实在是一件令人羞愧的事，所以他也招来了文人学士，给他们优厚的待遇，门下食客多达3000人，其中著名的有司马空和李斯。

就在此时，又传来一个喜讯，与庄襄王分别六年、留居邯郸的赵姬和稚子从赵国回到了咸阳。这无疑也是吕不韦安排的结果。

回到秦国的赵姬美艳不减当年。庄襄王见赵姬回到身边，自然怜爱有加，从此沉溺于锦被绣帐之中，无心过问政事。吕不韦独断秦国朝政更是畅行无阻。工于算计的商贾从政，处处都显露出他善于把握时机、取得最大效益的才能。消灭东周就是吕不韦执政后立起的第一块丰碑。

公元前249年，苟延残喘的东周竟在巩地联合各诸侯国图谋进攻秦国。本来消灭周天子在道义上会受到谴责，此时恰好时机到了，东周君竟图谋攻秦，给了吕不韦建立功业的机会。吕不韦轻而易举就征服了东周，将其领土并入秦国的版图，彻底消灭了统一中国过程中最后的障碍。而吕不韦灭东周，却迁东周君往阳人，不绝其祀，又为自己树起了崇奉礼义、"兴灭""继绝"的善举，从而赢得士人的好感，也减少了一些姜、姬姓诸侯国的仇恨和反对情绪，为大批士人投奔秦国和顺利完成统一创造了条件。

吕不韦掌权头一年，秦国在军事上和政治上都显得生气勃勃，秦国的国界已逼近魏国的国都大梁，魏国陷于一片混乱之中。后魏国请回自窃符救赵后留居赵国的信陵君，信陵君凭着自己的声望，组成五国联合军事行动。五国联军抗秦，把秦军打得大败，给了春风得意的吕不韦当头一棒。这是吕不韦当政后军事上的第一次也是唯一的一次失败，从此他用兵更加谨慎。从失败中，吕不韦知道，不除掉信陵君，秦国的军事征服就会遇到更多的困难。吕不韦经过多日谋划，精心安排，到处散布谣言，利用挑拨离间计使魏安釐王解除信陵君的军权，致使信陵君四年后含冤身亡。

公元前247年5月，秦国宫中传出惊人的消息——庄襄王去世。被吕不韦视为奇货可居的庄襄王，为了爬上国王宝座，不惜卖身投靠，把自己当做商品交给吕不韦去投机，更不惜弃生母夏太后于冷宫而去取悦华阳夫人。可是花了这么大的代价的他，刚坐上秦王宝座三年就命归黄泉，死时年仅35岁。

对于庄襄王的死，众议纷纷，有人说他是得了病，也有人说他是为吕

宰相教科书·中国历史上最著名的10大宰相

不韦所害。无论死因如何，事实上是他一死，吕不韦在秦国的地位就又发生了变化。

秦王嬴政登基时才13岁，是个尚未成年的孩子，在威严的典礼过程中，丞相吕不韦始终伴其左右，指示他该如何动作。嬴政继位后，吕不韦除了丞相、文信侯外，又加封了一个特殊封号——仲父。13岁的孩子当然想不出如此封号，这完全是吕不韦自己的主意。从此，吕不韦就坐到章台宫大殿嬴政御座的右侧，开始处理朝政。从嬴政即位的公元前246年，到公元前237年，是吕不韦在秦国直接掌权的时代。

嬴政即位之初，当务之急依然是取得对东方各国的胜利。兼并战争的主要对象仍是韩、魏等国，而与楚国一直没有发生过大的战争。

公元前241年，楚、赵、魏、燕、韩五国又一次联合，推楚王为纵长，联合攻秦，可这一次遭到了秦军的反击，而且吕不韦对各诸侯国采用打击和分化两手策略，使五国联军立即崩溃。同时也勾起了秦对楚的仇恨，楚王不免将一腔怨恨转到春申君黄歇身上。春申君为了讨好楚王，多方搜求美人供楚王淫乐。虽然送入宫中的美女无数，却依旧没有后宫产子的喜讯传出，急得春申君一筹莫展。

直到有一天，宾客李园求见，事后又将妹妹献给春申君，不久李园妹妹怀有身孕。一天，她趁兴向春申君提出保证能长久宠于国君的计谋，要春申君将怀孕的自己送给楚王。一年后，李园之妹果然为楚王生下一男，突然得子的楚王立即封她为后，立了太子。从此，李园在楚王面前的宠幸超过了春申君。李园既因利用春申君而在楚国得势，唯一的心病就是知其底细的春申君，所以他时刻准备暗杀春申君以灭口。楚王死后，李园成功地除掉了春申君，直接控制了楚国政权。

李园的阴谋与吕不韦的投机不谋而合，而李园本来就是来自吕不韦投机成功的赵国邯郸，至于李园是否为吕不韦有意派到楚国的奸细，也成为吕不韦一生中的难解之谜。

4.吕氏春秋，一字千金

吕不韦当政时，不仅使秦国的经济、文化得到了长足的发展，军队的战斗力也不断增强，在对外的战争中取得了很大的胜利。这其中一个主要原因就是吕不韦重视人才。

在吕不韦来到秦国之前，各国的诸侯已经开始大力招揽人才，供养食客，其中最著名的就要数"四公子"，即齐国孟尝君、赵国平原君、魏国信陵君、楚国春申君。吕不韦也认识到了名士的重要作用，开始大规模招揽宾客，并大批吸纳其他国家的名士和政客。

吕不韦任相国之初，就在相府内建造了数以千计的高堂广舍，聘请了众多名厨，并在咸阳的城墙上挂起告示，欢迎各方士人来相府做客。再加上吕不韦本人并非秦国人，却在秦国做了丞相，这对那些渴求功名的人士来说，无疑是一种极大的诱惑。此外，吕不韦的权势极大，养贤纳士不会遭到别人的反对和嫉恨。而秦国在军事上节节胜利，统一六国已成定局。因此，当吕不韦的告示一经发出，有识之士便纷纷前来。很快，吕不韦门下的食客就达到三千多人。

吕不韦不仅重视人才，还发现、引荐了不少人才。其中，最有名的就是后来当上秦朝宰相的李斯。

李斯原本是楚国上蔡的一个平民，在战国末年来到秦国，成为吕不韦的门客。吕不韦发现，李斯极具才干，便委任他为郎官(宫廷侍卫)。从此，李斯就有了出入宫廷的机会，向秦王献上"灭六国、成一统"的计策，从而受到重用。因此，司马迁在《史记》中说吕不韦"招致宾客游士，欲以并天下"，说出了问题的实质。

《吕氏春秋》中有一篇《慎行论》，其中就说到人才对治国、平天下的重要性。他说："身定，国安，天下治，必贤人。古之有天下者……其所以得之，其术一也。得贤人，国无不安，名无不荣；失贤人，国无不危，名无不辱。"这些都说明了人才对得天下的重要意义。

《吕氏春秋·士容》篇中还讲了一则"狗乃取鼠"的故事，说有一个人为了让一只能捕獐麋豕鹿的好狗去执行猫的任务——捕鼠，就用夹子夹住这只狗的后脚。这篇文章嘲讽了当时一些君主压抑人才的社会现象。

吕不韦不拘一格、化众为一的思想主张，突破了当时各学派的狭隘界限，从而得以"借人之长，补己之短"。对此，《吕氏春秋·用众》篇中有一个生动的比喻："天下本来是没有纯白的狐狸的，但是却有纯白的狐裘，这是从许多较白的狐狸皮里挑取来的。能够向众人吸取长处，这就是三皇五帝建大功成大名的原因。"其实，吕不韦所主编的《吕氏春秋》也正是按照这一指导思想，博采众长，形成了新的思想体系。

比如，《吕氏春秋》中承继了儒家"德政"、"重民"的思想，却摒弃了儒家一些不切实际的说教；吸收了法家"变法"、"耕战"的主张，却反对法家一味强调"严刑峻法"；批判墨家"非攻"、"救守"之说，但主张"节葬"、"尊师"等却又源自于墨家。有人说《吕氏春秋》其实就是诸子学说的随意凑合，但用科学的方法去理解，其实它是有取舍的，取舍的标准就是如何有利于大一统的封建王朝的建立。

吕不韦登上秦国丞相之位虽晚，但他绝无一般暴发户政客嫉贤妒能的通病，他对元老重臣甚为器重。最突出的就是对老将蒙骜，这位老将在吕不韦执政的十多年中，从不居功，不傲上，而是继续带兵为秦国争城夺地，虽然已经年迈但威风不减当年。对元老毫无成见，也是吕不韦取得成功的主要原因之一。

另外，吕不韦还认为，对人才委以重任后就要赏罚严明。赏罚不能凭关系亲疏、个人好恶，而要考其实绩，做到因功授爵，赏罚得当。尽管事实

上他不可能真正做到事事赏罚严明,但提出这些主张,对整顿秦国吏治,增强国力是有积极作用的。

所以,在"谁拥有人才,谁就拥有一切"已成为管理者共识的今天,企业要发展,要创新,就必须要选好人才,用好人才。

许多当王的人都有两个共同想法:一是长命百岁,永远做王;二是留名青史,让后世人永远记住他。

做了丞相的吕不韦,要权有权,要财有财,是一个无冕之王。但因为自己学问太浅,虽身为丞相,他仍然怕被以后的文人学者瞧不起,毁掉自己的名声,于是他想到了著书立说。商人出身的吕不韦,看着他门下的三千宾客做不产生实际效益的投入,这是他绝对不愿干的事情。因此,他便把门客们召集在一起,让他们编著《吕氏春秋》,并署上自己的名字,以流芳百世。而这本千金难改一字的经典之作,没有令他失望,真正使吕不韦的事业达到了顶峰。

《吕氏春秋》既保持了各派学者的观点和风格,又有一定的体系,是一部完整的作品。它形式统一,内容多样,如杂树生花,群莺飞舞,开创了"杂家"的新体例。

为了提高作品质量,防止抄袭,吕不韦又想出了一条妙计。在书稿完成后,他把《吕氏春秋》的书稿挂在咸阳城的城门之上,并且贴出告示:如有能对《吕氏春秋》改动一字者,即可以得到千金的赏赐。

这一天,咸阳城比往日热闹得多,人们纷纷赶往城门,七嘴八舌地议论起来。可是,时间一天天过去,好奇的观众越来越少,站在城门前阅读《吕氏春秋》的人也逐渐散去,却终无一人将千金取走。

吕不韦千金悬赏改动《吕氏春秋》一字的举动,几千年来一直被人们所误解,以为他是为了表明此书的精湛。其实并非书中无一字可改,而是人们不敢改动,害怕招来杀身之祸,告示只不过是吕不韦宣传的一种手段罢了。不过成语"一字千金"也由此而来。

5.惹怒秦王,饮鸩自杀

公元前239年,嬴政21岁,已经成年,只要举行过加冠礼,他就可以亲政了。

而在亲政之前,朝廷的一切大权都掌握在吕不韦手中,嬴政只不过是个傀儡君主。每逢上朝处理政事,只能听从吕不韦的安排。

在秦王嬴政年幼时,吕不韦每逢处理完朝政,就会去后宫与太后斯守。太后赵姬是吕不韦的老情人,她风流成性,恣意淫乐,肆无忌惮。可是作为丞相的吕不韦为了避嫌,而且因为一心应付政务,便开始冷淡太后。为了摆脱太后的纠缠,吕不韦只得把她的另一位旧情人嫪毐找来顶替自己,把嫪毐以假"宦官"的身份安排在甘泉宫,日夜陪太后纵情欢乐。

不久,得了长信侯封号的嫪毐,爵位、食邑的待遇及地位与吕不韦基本相同。嫪毐陪伴在太后身边,势力一天天膨胀,在秦国大有超过吕不韦之势。出身于市井无赖的嫪毐,虽不乏政治上的野心,但除了取悦太后的房中之术外,本无任何才能。他靠太后庇护暴发,建立私党,但其劣根性是无法改掉的。与太后纵欲之后,就在宫外为非作歹,惹得满朝上下愤懑不堪。随着羽翼丰满,他也想谋权夺位,而且与太后生有一个儿子,密养在深宫中。但他也预感到自身的危机,一方面与吕氏集团对立已趋于白热化,更重要的是,嬴政已到可以亲政的年龄。若不能在秦王亲政前控制局势,不仅要败在吕不韦手下,而且还有被秦王铲除的危险。

嫪毐、太后、吕不韦、嬴政此刻都在紧张筹划个人的事,顾不得前线的

胜负,一场生死存亡、你死我活的斗争即将公开进行。

公元前238年,当嬴政在雍城举行加冠典礼时,嫪毐知道自己与太后的秽行及叛乱的图谋已被发现,于是趁咸阳空虚发动叛乱,利用太后的玉玺调兵。可是嬴政早有准备,嫪毐的叛军还没出咸阳,就遇到由雍城开来的秦军。一群乌合之众很快就被打得落花流水。嫪毐被车裂于东门之外,并被灭了九族。而太后则被减了俸禄,收回玺印,软禁在最远的雍宫域阳宫中。

在平定嫪毐的行动中,吕不韦应该算是首功。没有他的通风报信,嬴政还不知道身边一直有个虎视眈眈的嫪毐。没有他的鼎力相助,嬴政也不可能顺利亲政,并且调集大军消灭嫪毐。吕不韦虽然在关键时刻拉了秦王一把,但嬴政可没有铭记他的恩情。就在嬴政看到嫪毐庞大的造反组织时,他也对吕不韦起了深深的戒心。吕不韦执掌秦国朝政11年,政府、军队、经济各个方面都有他盘根错节的关系,这比嫪毐更恐怖。

在侦办嫪毐案件的同时,吕不韦同太后的不正当关系也浮出水面,仅凭这一点,嬴政就不能对吕不韦放任不管。公元前237年,嬴政颁下诏书,说吕不韦牵涉嫪毐谋反一案,论罪当斩。考虑到吕不韦年龄大了,又对秦国有过大功,特别法外开恩,免去死罪,让他回到封邑洛阳去养老。吕不韦从此离开了秦国的最高权力机构,辗转着他的死亡之旅。

吕不韦被革职发配洛阳的消息传出之后,宰相府并没有变得门可罗雀,依旧宾客盈门、热闹非凡。各级官员都争先拜会吕不韦,赠送临别的礼物,表示将来会支持吕不韦重新回朝掌权。

老百姓对罢免吕不韦的原因并不了解,他们在茶余饭后谈论的都是吕不韦如何政法清明,很替吕不韦打抱不平。吕不韦离开咸阳时,送行的队伍拥堵住了咸阳的街道。

吕不韦到了洛阳后,似乎把国家的重心也带到了那里。各国的使节纷纷前往拜会，有拉拢的、有邀请的，不少诸侯国的大使都要先请教了吕不韦，才去跟秦王嬴政商议。而秦国的大臣，也信守对吕不韦的承诺，隔三差五的上书秦王，建议吕不韦重新返朝。甚至有的大臣还跑去洛阳，向吕不韦当面汇报朝政。

吕不韦虽然把政权交了出来，但他一手经营的大财团，却始终控制着秦国的经济命脉。吕不韦独创的政商结合体制，让嬴政的行政开支不得不继续依赖他。这使嬴政常常有种错觉，吕不韦真的倒台了么？怎么身边发生的任何事情，都跟千里之外的吕不韦息息相关？

又过了一年多，嬴政怕吕不韦发动叛乱，就写信给他说："你对秦国有何功劳？秦国封你在河南，食邑十万户。你对秦王有什么血缘关系？而号称仲父。你与家属都一概迁到蜀地去居住！"吕不韦一想到自己已经逐渐被逼迫，害怕日后被杀，就喝下毒酒自杀而死。

6.历史功过及后人评说

吕不韦在秦庄襄王、秦王嬴政两朝任宰相，执掌政权。从吕不韦提倡"义兵"，改变了尚首功、计首授爵的大屠杀政策；重视兴修水利和农业生产科学化，提高了粮食亩产量；招贤纳士，为秦收罗人才；以杂家思想代替残暴寡恩的法家思想等方面，可见其在历史上的功绩。但由于吕不韦把无德、无才的嫪毐推上政治舞台，既乱了秦政，也给嬴政剥夺相权，消灭吕不韦找到机会和借口，最后迫使他饮鸩自尽。吕不韦对秦国政治、经济、文化的发展及国家的统一作出了突出的贡献。他的一生，有闪光点，也有阴暗面，有功，也有过。

(1)吕不韦的功绩主要表现在:

第一,立子楚为嫡嗣,稳定了秦王室。子楚的祖父秦昭王是一个执政50多年的老皇帝,父亲安国君是一个50多岁的老太子,安国君有20多个儿子,却迟迟没有确立嫡嗣,王室的此种状况潜伏着极大的不安因素,一旦儿子们为争夺王位发生争斗,将会导致秦国内乱,甚至使秦国的形势发生逆转。吕不韦通过打通关节,说动了华阳夫人,并由她说服了安国君立子楚为嫡嗣。吕不韦此举虽然具有政治投机的目的,但立子楚为嫡嗣稳定了秦王室,使秦昭王去世后王室没有发生内乱,加之吕不韦以丞相职位辅佐子楚,把握朝政,使秦国在秦昭王、安国君死后都没有停步,继续发展,维持了对东方六国的高压态势,加快了统一六国的步伐。从这个角度看,吕不韦对中国历史的发展是有贡献的。

第二,对外战争讲究计谋,避免硬仗、恶战。一部战国史,从始至终战争不绝,一场大战伤亡的人数往往在数十万以上。公元前260年,秦赵长平之战,赵国战俘有40万人被坑杀,此战是古往今来最惨烈的战争之一。当时吕不韦正在邯郸,亲历了战争给赵国造成的创伤。因此,他在秦国执政后反对在战争中的大规模屠杀。吕不韦提出了兴"义兵"的思想,所谓义兵,就是"兵入于敌之境,则民知所庇矣,黔首知不死矣。至于都国之郊,不虐五谷,不掘坟墓,不伐树木,不烧积聚,不焚室屋,不取六畜,得民虏而归之"。

应该说,吕不韦的战争观是进步的,他在执政中尽量避免硬碰硬的战争,以减少损失。公元前247年,东方五国联合抗秦,吕不韦设计将联军首领信陵君和魏王的关系搞坏,信陵君被撤职,联军宣告瓦解。

第三,组织门客编著《吕氏春秋》。这是吕不韦执政期间所做的一件大事。在先秦诸子著作中,《吕氏春秋》被列为杂家,其实这个"杂"不是杂乱无章,而是兼收并蓄,博采众家之长,用自己的主导思想将其贯穿。这部书以黄老思想为中心,"兼儒墨,合名法",提倡在君主集权下实行无为而治,顺其自然,无为而无不为。用这一思想治理国家对于缓和社会矛盾,使百姓获得休养生息,恢复经济发展非常有利。

吕不韦编著的《吕氏春秋》既是他的治国纲领,又给即将亲政的嬴政提供了执政的借鉴。可惜,由于吕不韦个人的过失,使嬴政对这部书弃而不用,没有发挥其应有的作用。不过《吕氏春秋》的价值逐渐为后人领悟,成为了解战国诸子思想的重要资料。

对于吕不韦这个历史人物的评价,社会上持否定意见的不少,给予肯定意见的不多。大多数人认为他不过是一个商人,靠投机赢得政治上的新生命,从而飞黄腾达。更有甚者认为,他不过是一个利用女人谋取政治地位的人。其实,从其人、其事、其学、其书来看,吕不韦还是有值得肯定的方面。至少要比以后唐朝的魏征、房玄龄等的功绩大得多。郭沫若先生曾说:"吕不韦在中国历史上应该是一位有数的大政治家。"如此看来,郭老虽然也写了吕不韦的批判,但总体上还是颇为认同他这个人的,毕竟政治家这个头衔可不是谁都能得到的。

中国人民大学历史系教授认为,吕不韦"其人其事可议,其功不可没,其学其书不可废",当是中肯之言。

链　接:

吕不韦是否为秦始皇生父?

秦始皇嬴政是中国数千年专制时代中第一位君临天下、叱咤风云的皇帝。六国养尊处优的君主嫔妃、王孙公主、皇亲国戚无一不胆战心惊地揖首跪地、俯首称臣。然而傲视天下的秦始皇内心却是异常脆弱,因为他对身世一直讳莫如深。

秦始皇是继秦庄襄王(子楚)之位,以太子身份登上王位的。秦始皇之

母赵姬，据说曾为吕不韦的爱姬，后献给子楚，被封为王后。因此秦始皇到底是子楚的儿子还是吕不韦的儿子，后人争议不休，想要弄清这个谜底，还须从吕不韦说起。

《史记》中记载，秦国丞相吕不韦本为河南濮阳的巨富，是远近闻名的大商人。但他不满足这种拥有万贯家私的地位和生活，野心勃勃，对王权垂涎三尺。

于是，吕不韦打点行装，到了赵国的国都邯郸，精心策划了一个大阴谋，将正在赵国当人质的子楚，想法过继给正受宠幸的华阳夫人，转瞬之间，子楚被立为嫡嗣。

不久，国事生变。秦昭王、孝文王相继去世，子楚堂而皇之地登上王位，吕不韦被封为丞相。而吕不韦献给子楚的爱姬赵姬，因为生下嬴政，被封为皇后。不料子楚仅在位三年就去世了，于是他的儿子嬴政就顺理成章地继承王位，他就是后来的秦始皇。

吕不韦认为嬴政是自己的亲生儿子，让嬴政喊自己为"仲父"，自己则掌管全国政事，成为一人之下、万人之上、权倾朝野、一手遮天的大人物，吕不韦在邯郸的秘计实现了。

认定吕不韦和秦始皇有父子关系的原因很多。其一，这样可以说明秦始皇不是秦王室的嫡传，反对秦始皇的人就找到了很好的造反理由。其二，这是吕不韦采取的一种战胜长信侯的政治斗争策略，企图以父子亲情，取得秦始皇的支持，增强自己的斗争力量。其三，解秦灭六国之恨。"六国"之人吕不韦，不动一兵一卒，就将自己的儿子推上秦国的王位，夺其江山，因此，灭国之愤就可消除。其四，汉代以后的资料多认为嬴政是吕不韦之子，这为汉取代秦寻求历史依据，他们认为秦王内宫如此污秽，不可能治理好一个国家，因此秦亡灭亡是很自然的。

后世人也有认为上述传说并不能成立的。

其一，从子楚方面看，吕不韦即使有阴谋，但其实现的可能性也很渺茫。因为秦昭王在位时，未必一定将王位传于子楚，更不能设想到子楚未来的儿子身上。

其二，从秦始皇的出生日期考虑，假若赵姬在进宫前已经怀孕，秦始皇一定会不及期而生，子楚对此不会不知道。可见，秦始皇的生父应该是子楚，而非吕不韦。

其三，赵姬的出身也大有文章。《史记·秦始皇本纪》记载，秦灭赵之后，秦王亲临邯郸，把同秦王母家有仇怨的，尽行坑杀。既然赵姬出身豪门，她怎么会先做吕不韦的姬妾，再被献做子楚之妻呢？这样，就不会存在赵姬肚子里怀上吕不韦的孩子再嫁到子楚那里的故事了。

但究竟秦始皇是谁的儿子，这段个人隐私，最终成为一段千古之谜，至今无人能解，只得继续引发后人的无限遐想与猜测了。

李 斯

——楚材秦用，一匡天下

李斯(？-公元前208年)，战国时楚国上蔡(今河南省上蔡县)人，秦代政治家、文学家。著名思想家荀卿的弟子。后辅助秦始皇统一中国，得秦始皇赏识，官至丞相，为秦始皇定郡县之制，下令焚书坑儒，以小篆为标准统一文字。李斯是秦代文学的唯一作家，《谏逐客书》是其散文代表作。秦始皇巡游各地，刻石颂德之文，多出自李斯之手，对后世碑志文有一定的影响。秦始皇死后，李斯听从赵高阴谋，矫诏杀太子扶苏，立少子胡亥。秦二世继位后，赵高专权，污蔑李斯谋反，李斯被腰斩于咸阳，夷灭三族。

1.不甘平庸,赴秦施才

李斯生于战国末年,是楚国上蔡人,年轻时做过掌管文书的小吏。司马迁在《史记·李斯列传》中记载了这样一件事情:有一次,李斯在厕所见到老鼠吃人粪便,老鼠一见到人和狗就被吓跑了。后来,他在仓库里看到老鼠很自在地偷吃粮食,也没有人去管。于是,他发出了这样的感慨:"人之贤不肖,譬如鼠矣,在所自处耳!"同样是老鼠,在不同的环境下,待遇却如此截然不同。这就是说,一个要想在社会上出人头地,就应该像在粮库里偷吃粮食的老鼠,才能为所欲为,尽情享受。

可以看出,在战国时期人人争名逐利的情况下,李斯也是不甘寂寞,想干出一番事业来的。为了飞黄腾达,李斯辞去小吏之职,到齐国求学,拜荀(荀子)卿为师。荀卿是当时著名的儒学大师,用孔子的名号讲学,但他不像孟子那样墨守成规,而是从当时的政治形势出发,对孔子的儒学进行了发挥和改造,因而很适合新兴地主阶级的需要。荀卿的思想很接近法家的主张,也是研究如何治理国家的学问,即所谓的"帝王之术"。李斯学成之后,反复思考自己应该到哪个地方才能显露才干,得到荣华富贵呢?经过对各国情况的分析和比较,他认为楚王无所作为,其它各国也在走下坡路,于是决定到秦国去。

临行之前,荀卿问李斯为什么要到秦国,李斯回答说:"干事业都有一个时机问题,现在各国都在争雄,这正是立功成名的好机会。秦国雄心勃勃,想奋力一统天下,到那里可以大干一场。人生在世,卑贱是最大的耻辱,穷困是莫大的悲哀。一个人总处于卑贱穷困的地位,那是会令人讥笑的。不爱名利,无所作为,并不是读书人的想法。所以,我要到秦国去。"于

是,李斯告别了老师荀卿,到秦国去实现自己的愿望了。

李斯到了秦国,正好碰上庄襄王去世,于是他去拜见当时的秦国丞相、文信侯吕不韦,请求作其门客。吕不韦觉得李斯有才,就推荐他当了秦王的侍从。李斯因此得到游说秦王嬴政的机会,他劝嬴政说:"小人物往往因为认不准时局的变化而失去有利时机。成就大功业的人,在于钻对方的空子,抓住机会就下狠心去消灭它。从前秦穆公在春秋称霸以后,终究不能吞并东方各国,是因为当时诸侯国比较多,周朝的德望也还未衰落,所以春秋五霸轮流争雄,交替打出尊奉周天子的旗号。但自战国中期的秦孝公以后,周室衰落,诸侯互相兼并,函谷关以东只剩下六个国家,如今秦国依仗强大的国力威慑诸侯,至今已经六代了。现在诸侯臣服秦国就像秦国的郡县服从中央一样。以秦国的强大和大王的贤明,就像打扫锅台的灰尘一样,不费力气就可以消灭各国诸侯,完成帝业,达到统一天下的目的,这是万世难得的良机。现在如果不抓紧时机,等到诸侯重新强大起来,相聚联盟合纵,那时虽有黄帝的贤明,也不能兼并了。"于是嬴政拜他为长史,听从他的计策,暗中派遣谋士携带金玉去游说诸侯。对诸侯国中有声望的人士,能够用财宝收买的就送厚礼贿赂;对不肯受贿的,就用利剑刺杀。在实施离间计,破坏东方各国君臣的关系之后,嬴政便派能干的将领带兵征伐。嬴政对李斯非常赏识,于是又任命他为客卿。

2.谏逐客书,有功于秦

正当李斯春风得意之时,秦国发生了一件对他影响非常大的政治事件,这件事几乎断送了他的政治前程。当时,由于韩国经常受到秦国的侵占,在万般无奈的情况下,想出了一个旨在削弱秦国经济势力的办法。韩王派国人郑国来秦国,游说嬴政修建一条水渠,想以此加大秦国的经济耗损,使之无力进攻韩国。秦国水渠开工以后,秦国大量的劳动力和粮食果然都被调去修水渠了。因此在短时间里,秦国也就没有精力去侵占其他国家。后来,嬴政发现这是个阴谋,就杀了郑国,停止修渠。这时,秦国的一些保守派乘机兴风作浪,攻击东方各国在秦国做官的人。秦国的宗室大臣们纷纷上言秦王说:"东方诸侯各国的人来到秦国做官的,大都是为他们的国家而有意游闲在秦国罢了。他们留在秦国只能是给他们各自的国家做间谍,对秦国一点好处都没有。臣肯请大王下命驱逐一切客住在秦国的其他各国的人。"嬴政当时也认为这种说法有道理,就下令驱逐一切客住在秦国的其他各国的人。当时,政府到处查户籍,拟列被驱逐者的名单,而李斯也在被驱逐者的名单中。

李斯听到这个消息后,很是震惊,但他不愿看到自己的大好前程化为灰烬。于是,在一番痛苦绝望后,李斯决定凭自己的智慧跟命运做一次抗争。他经过几天的冥思苦想,写了一封上奏秦王的书信。可他心里还是没有底,害怕万一嬴政发怒,自己连性命也会搭进去。因此他决定还是先逃回关东再说。走到函谷关时,李斯托人把那封写好的信交给了嬴政,而他自己则徘徊在函谷关等消息。

李斯在信中说:"臣听说有的大臣提出要驱逐一切客住在秦国的其他各国的人,臣私下认为这种说法错了。以前缪公征求人才,在西戎征得了由余,在东方楚国的宛地征得了百里奚,在东方的宋国征得了蹇叔,在东方的晋国征得了丕豹、公孙支。这五个人,都不是在秦国出生的,但缪公却大胆地起用他们,结果他们帮助秦国兼并了大小二十个国家,成为霸主。孝公采用商鞅的谋略,移风易俗,结果使得老百姓日益富裕,国家日益强盛富足,人民安居乐业,并打败了楚国和魏国强大的军队,占领了数千里的地盘,到现在还越来越强大。惠王采用张仪的计谋,攻占三川之

地，向西兼并巴、蜀两国，向北攻取上郡，向南攻取汉中，并征服了九夷的少数民族，制服了楚国的首都鄢、郢，在东边占据了成皋这样险峻的地方，并割占了大批肥沃的土地，使得东方六国合从的盟约解散，迫使他们西面而侍奉秦国，功劳一直延续到如今。昭王得范雎，才能够安稳地废掉穰侯，逐走华阳，使王室的地位得到明显的加强，使地方的一些豪门势力得到抑制，并逐步蚕食东方诸侯各国的领土，使得秦国具备了成就帝业的客观条件。这四个人，都是客住在秦国的其他各国的人中功劳最显著的。由这些看来，客住在秦国的人有什么辜负秦国的呢！假如当初秦国不接纳这四个人，那么秦国就不可能有现在富裕的局面和强大的声名了。

"现在陛下拥有了昆仑山的美玉，拥有了随侯珠、和氏璧这样的珍宝，戴着夜明珠的首饰，佩带太阿的宝剑，乘坐着名叫纤离的骏马，建立用翠羽为凤形的妆饰的旗帜，树立用灵鼍皮做的鼓，这几样宝物，秦地没有出产一样，可是陛下很喜欢它们，什么原因呢？如果一定要是秦国出产的才可以的话，那么缀有夜明珠的璧玉，不能妆饰朝廷；犀牛角、象牙等做的器具，不能作为玩好之物；郑、卫二国的美女，不能充实后宫；而且良马骏马，不能充实马棚；江南出产的金锡不被使用，西蜀出产的丹青等颜料不能用作图画的色彩。用来妆饰后宫，侍奉大王的嫔妃宫娥，使心情娱乐，使耳目喜悦的人和事物，如果一定要是秦国出产的才可以的话，那么用宛地出产的明珠所饰的簪子，缀有珠子的耳饰，齐国东阿所产的白色丝绢和锦绣的妆饰，不能进献在大王面前。那些随着流行的式样打扮自己的苗条而漂亮的赵国美女也不能站在大王身边。那些敲打瓦器，弹筝击鼓，唱着"呜呜"歌声的，是真正的秦国的音乐，而流行于郑国、卫国的民间音乐以及桑间的音乐，韶、虞、武、象等古代传下来的音乐，都是异国的音乐。现在抛弃敲打瓦器而取郑、卫的音乐，抛弃弹筝而取韶、虞等音乐，这样做是什么原因呢？是为了当前快乐，适合于欣赏罢了。现在取人却不是这样。不问可不可以，不论歪曲还是正直，不是秦国的人就叫他离开，是客人的就驱逐出去。这样说来，所重视的在于颜色、音乐、珍珠、宝物，所轻视的就是人民。这不是凌驾海内、制服诸侯的办法。

"我听说土地广阔的国家粮食就多，国家强大的人民就多，军队强大的士卒就勇敢。泰山不推辞土壤，所以能够成就它的大；江河湖海不舍弃细小的水流，所以能够成就它的深；称王天下的人不舍弃民众，所以能够成就他的德行。因此，不论四方的土地，不论异国的人民，一年四季都很美好，鬼神给人民降下幸福，这就是古代的五帝、三王所以无敌于天下的原因。现在却抛弃百姓去资助敌国，拒绝宾客使诸侯成就帝王的事业，使天下的士人后退而不敢面向西方，捆住了手脚不进入秦国，这就是所说的把武器粮食供应寇盗的做法。不是生产于秦国的物资，值得宝贵的很多；不是出生于秦国的士人，愿意效忠于秦王的也很多。现在却驱逐宾客去资助敌国，减少本国的人口却增加敌国的人力，对内使自己陷于虚弱，而对外又和诸侯各国结了许多怨仇，想要求得国家没有危险，是不可能的。"

秦王嬴政看了李斯的上疏后，立即派人把李斯接回去，并让其辅助自己建功立业。二十多年后，秦国果然统一了天下，秦王改称始皇帝，起用李斯为丞相。

3.制定法令，功成名就

公元前221年，秦始皇接受李斯"书同文字"的建议，命令全国禁用各诸侯国留下的古文字，一律以小篆为统一书体。在此之前，中国的文字从新石器时代彩陶刻画文字的萌芽，经过商代的甲骨文和西周的金文，成

长到春秋战国时期,经历了一个漫长的演变和发展过程。

战国时代由于群雄割据,"诸侯力政,不统于王,恶礼乐之害己而皆去其典籍",因而出现了"言语异声,文字异形"的现象,使这一时期的汉字形体产生了地域性的差异。原本只有一种写法的字,到了这时,往往齐秦有异,燕赵不同。因此,统一后的中国急需一种统一的官方文字。李斯便奉秦始皇之命制作这种标准字样,这便是小篆。关于小篆的由来,许慎在《说文解字·叙》中记载,李斯等人在奉秦始皇之命制作标准字样时,"皆取史籀大篆或颇省改,所谓小篆者也"。而小篆的名称也是为了尊崇大篆而卑称其"小"的。紧接着,为了推广统一的文字,李斯亲作《仓颉篇》七章,每四字为句,作为学习课本,供人临摹之用。不久,李斯又采用秦代一个叫程邈的官吏创造的一种书体,打破了篆书曲屈回环的形体结构,形成新的书体——隶书。从此,隶书便作为官方正式书体,始于秦,盛于汉,直到魏晋楷书流行才渐被取而代之。但作为书法艺术,篆书、隶书因其独具一格,深受后人喜爱。中国书法四大书体真、草、隶、篆,隶、篆占其半壁江山,李斯之功,功及千秋。

秦统一之前,中国的度量衡没有一个统一的标准,各国诸侯按照自己的喜好,制定了不同的计量单位和不同的计算进制。这种复杂多样的度量衡只适应于割据社会的需要。大一统的秦王朝建立后,为了不使其影响王朝的经济交流和发展,李斯上奏秦始皇,建议废除六国旧制,把度量衡从混乱不清的状况下明确统一起来。在得到了秦始皇的首肯后,李斯亲自统一规划,把度制以寸、尺、丈引为单位,采用十进制计数;量制以合、升、斗、桶为单位,也采用十进制计算;衡制则以铢、两、斤、钧、石为单位,二十四铢为一两,十六两为一斤,三十斤为一钧,四钧为一石固定下来。为了有效地统一制式、划一器具,李斯又从制度上和法律上采取措施,以保证度量衡的精确实施。这是秦王统一中国,李斯位居丞相之后的又一惊世之作。而它的影响不言而喻。几千年来,无论朝代如何更迭,这种计量方法从未更改。

甚至时至今日,我们的生活当中依然还有它的身影。

公元前220年,统一中国一年有余的秦始皇渐感隐忧,庞大的中央集权要想在辽阔的疆域上政令畅通,物资交流便利,就必须改变以往的交通条件。此时,深谙帝王心思的李斯又立刻建议统一车轨,并在全国范围内修筑驰道。就这样,一场大规模的统一车轨、修筑驰道的运动在全国展开。李斯以京师咸阳为中心,陆续修建了两条驰道,一条向东通到过去的燕、齐地区(今河北、山东一带),一条向南,直达吴楚旧地(今湖北、湖南、江苏、浙江等地)。这种驰道路基坚固,宽50步,道旁每隔3丈种青松一株。后又修筑"直道",由九原郡直达咸阳,全长1800余里。又在今云南、贵州地区修筑"五尺道",以便利中原和西南地区的交通。在湖南、江西一带,修筑攀越五岭的"新道",便利通向两个地区的交通。就这样,一个以咸阳为中心的四通八达的交通网把全国各地联系在一起。同时,为与道路配套,李斯还规定车轨的统一宽度为6尺,以此保证车辆的畅行无阻。

公元前210年,在秦始皇最后一次出游,也就是命丧沙丘之前,李斯向秦始皇上了最后一道重要的奏折:废除原来秦以外通行的六国货币,在全国范围内统一货币。这一行动在司马迁的《史记》中被称作"始皇三十七年,复行钱"。此举虽然对秦王朝的经济发展无大用,但对后世的影响可谓大矣。当初,秦统一中国后唯独货币依然沿袭过去的形式。市面上使用的货币包括布币、刀币、贝钱和圆钱等形式,使用起来十分不便。因此,统一货币及结算制度便成了当务之急。在李斯的主持下,货币计量单位为:以黄金为上币,以镒为单位,每镒重二十四两,以铜半两钱为下币,一万铜钱折合一镒黄金。并严令珠玉、龟、贝、银、锡之类作为装饰品和宝藏,不得作为流通货币。同时,规定货币的铸造权归国家所有,私人不得铸币,违者定罪等。李斯此举被后人看作是经济史上的一个创举。而当初他所主持铸造的圆形方孔的半两钱(俗称秦半两),因其造型设计合理、使用携带方便,一直使用到清朝末年。

至此，李斯完成了他辅佐秦始皇匡扶天下的最后一个使命。纵观李斯这些作为，可以这样说，中国几千年的历史当中，名相重臣比比皆是，累世之功不乏其主，但大多不过功在当朝，时过则境迁。然而李斯几乎每干一件大事都能产生影响千年的效果，并荫及后代。

4.药杀韩非，谋划一统

　　秦国破获了水工郑国间谍案后，秦始皇被郑国保存的一本书所吸引。书中谈到的政治策略，恰恰是在秦国已经实行了十几年的，很多提法非常切合实际，具有极强的操作性。秦始皇读完后感慨道："我如果能见到这个人并和他交往，就是死也不算遗憾了。"李斯接过书一看，说道："这是我的同学韩非写的。"

　　韩非和李斯是同学，他继承了荀子的学说，并在此基础上，把慎到的"势"、商鞅的"法"、申不害的"术"结合起来，并加以丰富和发展，形成了一套完整的君主专制理论。韩非说话口吃，不善辩说，但却善于著述。此时的韩非，在韩国很不得意。本来他怀着满腔报国热情学成回国，想用自己的生平所学说动韩王，大展平生抱负，实现韩国富国强兵的梦想。然而昏庸的韩王却对韩非的主张不以为然。韩非怀着满腔的忠愤，埋首典籍，作《说难》、《孤愤》等文章20余万言。

　　不久，因秦国攻韩，韩王不得不起用韩非，并派他出使秦国。于是，韩非抓住出使秦国的机会，上书给秦始皇说："秦国拥有数千平方里广大的领土，武装部队号称100万，纪律森严，赏罚公平，号令分明，天下无人不知。我冒死请求大王赐予接见，将贡献破坏合纵同盟的具体方案。大王如果用我的方案而不能一举成功的话，就请大王把我诛杀，作为对大王不够忠心的警戒。"秦始皇怦然心动，但还是没有决定是否用他。

李斯深知韩非的学问功底，害怕秦始皇重用他，会对自己的前途不利，就对秦始皇说韩非的坏话。他说："韩非是韩国的贵公子。现在大王您想吞并诸侯，如果重用韩非，他最终会一心保全韩国而不顾秦国利益，这是人之常情啊！您现在不用他，让他长久的呆在秦国，等到把他放回韩国，秦国情况已经摸得一清二楚，这不是给自己留下祸患吗！不如找一个过错，借法律的名义把他诛杀了！"秦始皇刚从韩国间谍郑国案的怒气中解脱出来，认为李斯的话有理，于是准奏，下令给韩非治罪。李斯生怕夜长梦多，派人送去毒药，叫韩非自杀。韩非试图要求面见嬴政，为自己辩解，可李斯却从中阻挠，无法面见。秦始皇不久就后悔了，急忙派人前去赦免韩非，可惜韩非已服毒自杀了。

从此，李斯没有了对手，更可以施展自己的才能，为秦始皇统出谋划策了。

5.皇室纷争,伪造遗照

公元前210年10月，秦始皇出游到了会稽郡，然后取道海上，到达了北方的琅邪郡。丞相李斯、中军府令兼行符玺令赵高，跟随秦始皇出游。秦始皇有二十多个儿子，长子扶苏因为多次直谏，被秦始皇派到上郡去做监军。当时，蒙恬是上郡的军事将领。秦始皇的小儿子胡亥颇受宠爱，请求跟随他出游。秦始皇答应了他。秦始皇其他的儿子都没有跟随。

同年7月，秦始皇出游到了沙丘，重病不起，他命令赵高代写一封诏书

送给公子扶苏,说:"把兵权交给蒙恬,到咸阳奔丧葬父。"书信已经封起来了,只是还未来得及交给信差,秦始皇就死了。书信和皇帝的玉玺都在赵高那里放着,只有秦始皇的小儿子胡亥、丞相李斯、赵高及身边的五六个贴身的太监知道秦始皇死了,其他跟随的大臣都不知道这个消息。李斯认为,皇帝在外面死了,又没有册立太子,怕皇子们生出变故来,所以就秘不发丧。

赵高趁机扣留了秦始皇赐给公子扶苏的玉玺和书信,对公子胡亥说:"皇上死了,没有留诏书册封他的诸子为王,却偏偏只给长子留下了一封信。长子扶苏来了,必将被立为新的皇帝,而你连尺寸的封地都没有,你将怎么办呢?"胡亥说:"听天由命吧。我听说,开明的君王了解自己的臣民,开明的父亲了解自己的儿子。父亲已经下命,不封诸子,我还有什么可说的呢!"赵高说:"不是这样的。现在天下的大权,国家的存亡全掌在你、我及丞相手里,希望你早做打算。况且做人臣和别人做你的臣,统治别人和别人统治你,难道能说是一样的吗?"胡亥感叹说:"现在皇上死了还没有发丧,也没有安葬,难道丞相同意这些事?"赵高说:"时间宝贵,再拖延就来不及了!办这件事情要赢粮跃马,唯恐后时!"

胡亥只好答应听从赵高的话。赵高说:"这件事不跟丞相商量,恐怕事情不能成功。请让我替你去跟丞相商量吧。"

于是,赵高对丞相李斯说:"皇上死了,赐有长子扶苏的书信,命令扶苏与丧会咸阳,并立他为嗣。但书信还没有送出去,因此没有人知道这件事。皇上所赐给长子扶苏的书信及皇上的符玺现在都在胡亥住的屋子里,册立谁为太子只在您和我的一句话罢了。这件事将怎么办呢?"李斯说:"你怎么能说这样亡国的话呢!这些不是做人臣能够议论的话题!"赵高说:"您自己想一下,自己与蒙恬比,才能哪个强一些?功劳哪个高一些?谋略哪个强一些?"李斯说:"这几样我都比不上蒙恬。你这样责问我是什么意思呢?"

赵高说："我固然只是内官里面一个跑腿的奴才，侥幸凭着能够断文识字进入秦宫。我管事也有二十多年了，还没有看见秦国有罢免了的丞相、功臣的封地传两代的，他们最终都被诛杀了。先皇有二十几个儿子，这是你知道的。皇长子扶苏的性格刚毅武勇，容易信任别人，而且身边已经有一大批心腹人才，他即位后必定要用他的心腹蒙恬为丞相。你最终不得不空抱着通侯的大印回老家去养老，这是很明显的。赵高以前受诏去教公子胡亥读书学习，教他学习法律已经有好几年了，还从来没有见他有什么过失。他的性情慈仁笃厚，轻视财物而重视人才，虽拙于口才但心里明白。能够施尽礼节来敬重人才的，秦国的各位公子还没有能比得上他的。我们为什么不可以立他为嗣呢。"

李斯说："你说的这些超过了你的职责范围，我是奉皇帝的诏命来负责这件事情的，怎么能私自考虑这样的问题呢？"赵高说："安全的事情可以变得危险起来，危险的事情也可以变得安全起来。安全和危险都捉摸不定，哪里还顾得上尊重圣上的遗愿呢？"李斯说："我只不过是上蔡贫民区的一个普通老百姓而已，皇上宠幸我，把我提升为丞相，并封爵为通侯，我的子孙都是官高爵厚的，所以皇上临死的时候把国家的存亡安危都嘱托给我。我难道可以辜负他吗！重臣为了效忠是不会惧怕死亡的，孝子如果不勤劳侍候父母那就危险了，做别人的臣子只要恪守自己的职责就行了。你不要再说了，再说我就治你的罪。"赵高说："我听说圣人之所以迁徙无常，就是因为要根据时代的变化而变化，看见了细枝末节就能够知道它的内在本质和客观规律。世界的万物本来就是这样的，怎么能用固定的一种方法去考虑问题呢！现在天下的决定权都掌握在胡亥手里，我赵高本就能够得志。可是你呢？况且，自古以来外臣干预朝廷的事叫做惑。居官在下位的干预居官在上位的叫做贼。之所以"秋霜降者草花落，水摇动者万物作"，这是必然的效应。你为什么对这样的道理懂得这样晚呢？"

李斯说："我听说古代晋国因为换太子的事情,闹得三世都不得安宁;齐桓公的兄弟们为了争夺王位,结果死的死,伤的伤;商纣王大杀宗室和亲戚,不听劝谏者的忠言,结果国都被夷为废墟,社稷易主。这三个人背逆上天,最后都使得宗庙没有人祭祀。我只是一个普通的人,哪里有那么多的智慧决定这样的事呢!"

赵高说:"只要我们上下齐心协力,就可以保你长久地享受荣华富贵;只要你我里外保持统一,事情就不存在表里,也就好办多了。你要是听了我的意见,可以保你家世世代代都能够称王封侯,你也必将能活得像乔松一样长寿,像孔子、墨子一样有智慧。现在放弃了这个机会,不听从我的意见,马上就会祸及你的子孙的,这也太令人寒心了。古人说,善于权变的人可以把祸转变为福。你怎么处理这件事呢?"

李斯听罢,抬起头看着天空叹息了一会儿,他流着眼泪说:"天啊!为什么让我生在这乱世,求死不甘,求生不忍呢?难道这是命运的安排吗!"一番感慨后,李斯终于点头答应。赵高高高兴兴地跑回去对胡亥说:"我奉您的命令把这件事明确地跟丞相通报了,丞相李斯哪里敢不听从命令呢!"

李斯由于平时以苛制出名,在老百姓中的声望不够好。而且自己又不是扶苏的亲信,所以在赵高的利诱之下,在关键的时候做出了错误的决定。而他的这一决定在某种程度上动摇了秦王朝的根基。昏王上台执政,导致天下老百姓受苦;奸臣当道干政,导致宗室贵族及军队的意志瓦解。最后,老百姓怨恨秦朝暴政,贵族军队对秦朝的前途失去信心。而当时,外有敌国,内有东方六国的余党。一旦天下有人造反,秦朝的大厦马上就会倒下来。

李斯以丞相的身份假称秦始皇死前留有遗照,立公子胡亥为太子。此外,他们修改了秦始皇生前赐给扶苏的书信,命令扶苏和蒙恬自杀。

送信的使者到了后,扶苏打开书信一看,就哭着跑入内屋,想要自杀。

蒙恬制止扶苏说："陛下现在在外游巡，并未曾册立过太子，派我率领30万大军在险要的地方守卫边疆，并派公子你为监军，这是天下的重任呀。现在有人送一封信来，你就相信里面的内容要自杀，哪里知道是不是有诈呢？请你先向皇上请一下命，复请以后再死也不为迟。"送信的人多次催他。扶苏性情仁厚，对蒙恬说："父要子死，子不得不死，哪里还需要再次请示呢！"于是，扶苏就自杀了。蒙恬不肯死，送信的人就命令手下的人把他捉起来，囚禁在阳周。

送信的人回去说扶苏已死后，胡亥、李斯、赵高都非常高兴。他们立即率领人马带着秦始皇的尸体回到咸阳。发丧后，他们立即立胡亥为二世皇帝。任命赵高为郎中将，参与国家大事的决策。沙丘之谋中，李斯不仅为虎作伥，而且陷害忠良，使自己在不知不觉中加入了奸臣的行列。

秦二世在宫里住了一段时间后，觉得很无聊。于是跟赵高说："人一生在世的时间很短暂，就像六匹快马拉的车一样转眼就过去了。我现在已经君临天下，想尽情享受一些快乐，使宗庙和老百姓安居乐业，并世世代代拥有天下，享福到我百岁升天，这样可以吗？"赵高说："这是贤明的君主所能够做的，而昏君所禁忌的。请允许我冒死直言，希望陛下稍微留意一下我的话。昔日的沙丘之谋，各位公子和大臣都怀疑这件事，而各位公子都是你的哥哥，各位大臣又是先帝时遗留下来的。现在陛下刚刚即位，他们都属于内心不服的一伙，恐怕将来会发生变故。再说，蒙恬已经死了，蒙毅长期率领军队驻扎在外面，作为您的臣子战战兢兢地过日子，不知道最终会有什么结果。难道陛下能为这件事高兴起来吗？"

秦二世说："那又能怎样呢？"赵高说："建立严厉法律和重刑，让有罪的家人受连，直到灭族，消灭一些不服的大臣，使他们的骨肉疏远。让没有钱的人富起来，让卑贱的人高贵起来。尽量除掉先帝遗留下来的大臣，让陛下的心腹亲信代替他们的职位。危害陛下江山的人被清除了，一些奸臣的蛊惑人心的谋划就没有市场了。这样，大臣和天下黎民百姓就没

有一个不被您的恩德润泽的。那时,陛下您就可以高枕无忧地享受人生了。最好的计策莫过于此。"秦二世认为赵高的话非常有道理。于是,他就制定了更为严酷的法律。

于是,大臣、老百姓及宗室的诸公子一旦有罪,秦二世就下令赵高处理,并令他严惩他们。经过一番大屠杀,蒙毅等大臣纷纷丧命,宗室里有十二个公子在咸阳集市上被杀掉,有十位公主被活活摔死,他们的财物都没收存入官府的仓库,连坐的人更是数不胜数。

宗室中有个叫高的公子想要逃走,但害怕会株连到自己的九族,于是上书秦二世说:"先帝在没有病势时,我入见时他就赐食品和财物,外出时就乘坐着华丽的车。御府里的衣服,宫中的宝马都赐给我。我当时想随先帝死却不能实现愿望,作为人子来说是不孝,作为人臣来说是不忠。不忠的人就没有面目活在世上,我请求您让我死去,希望我死后能葬在先皇陵墓骊山旁边。我希望你能哀怜我,而让我实现这个愿望。"

奏章送上去后,秦二世非常高兴,召来赵高把奏章递给他看,说:"这是他没办法了吧?"赵高说:"作为人臣,他们怕死这当然不假,哪里有什么阴谋变故呢!"秦二世于是认可了这封上书,赐给公子高十万钱作为安葬费。

6.助纣为虐,迎合暴君

其后,秦国的法令诛罚日益严酷,天下的黎民百姓和朝廷的大臣们都人人自危,想反叛的人越来越多。而秦二世又下令修建阿房宫,治直、驰道,赋税越来越重,徭役永不停止。于是,原楚国的戍卒陈胜、吴广等率领人民揭竿而起，山东各国的英雄豪杰也纷纷起来响应，自己称王封侯，反叛秦国，他们的军队一直打到了鸿门。李斯多次想寻找机会向秦二世进谏，均无果而终。秦二世反而责问李斯说："我私下看到了一些韩非的理论，说'尧统治天下的时候，朝廷的庭堂有三尺高，用的椽子都没有砍断过，用的茅茨都没有修葺过，虽然是行宫也不过如此。他们冬天穿的是鹿裘，夏天穿的是葛衣，吃的是粢粝之粮，喝的是野菜羹，用土瓯吃饭，用土铏喝水，虽然是宫里的给养也不过如此。大禹凿通了龙门，使整个大厦的河流通畅，并疏通了九条大河，修固了九处的堤防，使洪水流到大海去，但他的腿上没有肌肉，手和脚到处都是茧子。他的面目黝黑，不久就在外面死了，葬在会稽郡。我认为受劳苦的不会再有超过这个的了。'然而大禹作为贵有天下的万乘之尊，难道想使自己苦形劳神，身处条件艰苦的行宫住宿，吃一些地位低下的人就可以吃到的食物，手把手地教那些臣民去劳动吗？这是不肖的人用来蛊惑人的，不是有才有德的人所要做的事。那些有才有德的人拥有天下，只不过是专门用天下来适应满足自己罢了，这就是拥有天下者尊贵的原因。那些所谓有才有德的人，必定是能够安定天下统治万民的人，现在你身居高位尚不能为国家带来什么好处，如果形势恶化一点你还能辅佐我治理天下吗！所以我想招募那些有志向、有较强上进心的人，以此来长久地享有天下太平，怎么样呢？"

原来，李斯的长子李由在任三川郡郡守，在吴广等率军向西攻占秦朝的土地时，李由没能阻挡住农民军。后来，章邯在击败并驱逐了吴广等人的军队之后，派到三川去调查的使者一个接着一个，并责备李斯身居三公之位，为何让盗贼猖狂到这种地步。

李斯非常害怕，也非常看重自己的爵位和俸禄，虽然不知道究竟出了什么事情，但依旧附合秦二世的意愿，企图求得宽容的处理，于是上书道：贤明的君主，必将是能够全面掌握为君之道，又对天下行使督责的统治术的君主。他督责臣民，臣民就不敢不竭尽能力为他办事。这样，君臣

之分就定下来了，上下之义也明确下来了，那么无论是有才能的，还是没有才能的人，没有一个不尽自己的最大能力为君主卖命。因此君主才能够制约天下，而不受其他人制约，能够享受到快乐的极点，贤明的君主都是这样，那些昏庸的君主就不明白这些道理！

所以，申子说："有了天下而不放纵自己，那么天下就成了他的桎梏。"其意思是说，他不能行使管理天下的责任，而只顾自己亲身在天下百姓中做劳动表率，像尧、禹这类君主，所以他们这样做事是为天下制造"桎梏"。他们不懂得学习申不害、韩非等法家道理治理天下，而白费力气去做一些苦形劳神的事情，把自己的身体献给百姓，这是受奴役的贱民所应该做的事情，非治理天下的人应该做的事情，他们哪里谈得上尊贵呢！牺牲别人的利益来为自己，就是说明自己尊贵而别人的卑贱；牺牲自己的利益来为别人，就是说明别人尊贵而自己卑贱。所以，献身的人卑贱，接受献身的人尊贵。自古至今，没有不是这样的。自古以来，凡事被称为尊贤的人，他们就是尊贵的；而凡事被称为不肖的人，他们就是卑贱的。然而尧、禹之类把自己的身体献给天下的人，就失去了尊重有贤德人的本来意义，真可以说是荒谬至极。称他们为"桎梏"，难道不合适吗？他们有不能有效管理天下的过错。

韩非说："慈母往往容易生败子，而管理严格的家庭却没有一个人会去做俘虏。"这就是严加惩罚的必然结果。所以商鞅在变法时，惩罚那些在道路上撒灰土的人。在路上撒一点灰土，只不过是小罪，却要被重罚。只有明主才能够严厉地督责轻罪。罪轻尚且受到了重罚，更何况是重罪呢？这样，老百姓就再也不敢犯罪了。这就是韩非说"布帛寻常，庸人不释，铄金百溢，盗跖不搏"的原因。

它并不是说普通老百姓的素质高，拾金不昧，一般的利益不能打动他，也不是强盗们的欲望浅，更不是因为强盗们小看百镒金的价值。因为搏斗的结果是遭受砍手的刑罚，所以强盗们不会为了得到百镒金而搏斗；而对老百姓来说，即便惩罚不一定实行，他们也不敢贪恋寻常的财物。这就是城墙只有五丈高，但是一些亡命的盗贼却不敢轻易犯罪，而泰山有百仞高，一个跛子也敢在上面放牧的原因。难道亡命的盗贼被五丈高的城墙给难住了，而跛脚的牧羊人登上百仞高的泰山看起来很容易吗？这是因为陡峭和平缓，两者形式不同。圣明的君主之所以能长久地处在尊贵的位置，之所以能够长久地执掌大权，独自拥有天下的财富，并不是有其他特别的高明手段，只不过是他们能够独断地管理天下，对犯人严加惩罚，天下的臣民不敢犯罢了。现在，天下不怎么管理就没有人敢犯罪，去效仿慈母养成败儿的做法，那就太不了解圣人的话的真正含义了。如果不能够运用圣人的方法，那么管得了天下的什么事呢？这不是很悲哀吗！况且让那些满口俭节仁义的人在朝廷里做官，一些肆意享受的娱乐就要停止；一些谏说论理的大臣也只能靠边站，没有发言的机会；一些有志向的人就英雄无用武之地。让那些烈士死节的行为在社会上流行昌盛，那么淫康之虞就被废了。

所以，贤明的君王一定能够远离这三点，独自操纵君主应有的权术去管制那些唯命是从的臣民，再进一步完善他严明的法律，以至使自己的身子变得尊贵，权势变得大起来。凡是贤明的君主，他们必将能够改变世俗的风气，废弃自己所厌恶的一些风俗和传统制度，建立自己想建立的风俗和制度，以至他们在活着的时候享有尊贵的身份和权势，死了以后还可以享有颂扬贤明的谥号。正因为这样，君主才独断天下大权，让做臣子的没有权力。这样之后，就可以消灭那些满口仁义的家伙，使他们能言善辩的嘴巴不再说话，让他们的雄心壮志受挫。堵塞住他们的视听，君主独自把握舆论导向，这样就可以做到使朝廷外的臣民不倾向于那些满口仁义和雄心壮志的人，朝廷内的大臣不敢借谏说的机会挑起纷争之辩。只有这样，才说得上时能够明白申不害、韩非子的治理天下权术，学会了商鞅制订的法律。法律完善严峻，君主善于治理天下权术而导致天下大乱的情况,这是从来就没听说过的。所以说"治理天下权术太简单了就容易操作"。

希望明主您能够这样做,若是像这样说的做到熟练掌握治理天下的权术,那么做臣子就不敢有什么歪的想法;臣子没有什么歪的想法,那么天下就安定了;天下安定,那么君主就显得有尊严;君主显得有尊严,那么他就熟练掌握治理天下的权术;能熟练掌握治理天下的权术,那么君主就会有求必得;君主有求必得,那么就可以使国家富强起来;国家富强起来,那么君主就可以尽情享乐。所以,如果治理天下的权术没落了,那么想要得到的就不可能得到了。天下大臣和老百姓连自己的温饱问题都解决不了,他们哪里敢去叛变呢?要是这样治理天下的权术具备了,就可以说是掌握了君臣之术。纵然是申不害、韩非复生,也比不上这样做。

秦二世看了这篇蛊惑他暴政的上书后,非常高兴,以为找到了做明君、治理天下的法宝。于是,秦二世在行使治理天下的权术时变得日益严厉起来,把向老百姓收重税的官吏称为明史,给予表彰。于是,因犯罪判刑的人在路上一群接一群的,在街市上被杀的人每天都堆积成山。秦二世得意地说:"像这样,就是掌握了治理天下的权术了。"

7.机关算尽,腰斩灭族

赵高为郎中令时,因为打击不同政见者,跟很多大臣结了怨,他害怕有大臣趁入朝奏事的机会在皇上面前揭露他的恶行,于是就对秦二世说:"天子尊贵的资本,就是群臣和老百姓只能听见他在发号施令,而不能轻易见到他的面容,所以称为'朕'。再说陛下您年纪尚轻,未必精通外面所有的事。现在您坐在朝廷上,如果亲自去谴责一些臣子的过失,就会在众大臣面前显得见识少,并非是向天下显示您的神明。陛下您就在深宫里好好享福,让我和其他侍者在外面为您守候,有事的时候我会及时给您呈上来的。这样一来,大臣就不敢奏一些没有根据的事,天下就会称您为圣主了。"秦二世于是就采用了赵高的建议,再也不上朝接见大臣,天天在宫里和一些妃子鬼混。赵高就侍候在宫门口,国家大事都由他来做决定。

　　赵高听说李斯对此颇有微词,于是跑去对李斯说:"关东的强盗日益猖獗,现在皇上却急着发徭役修建阿房宫,收聚一些狗马等无用之物。我想劝谏,但无奈地位卑贱。这本是君侯您应该关注的事,您为什么不劝一劝皇上呢?"李斯回答:"当然,我想劝谏皇上已经很久了。可是现在皇上不上朝,每日居在深宫,我就是有所觐见,也没人给我传达。"赵高说:"您如果真的想觐见皇上,我愿意在皇上有空闲的时候给您传达。"

　　之后,赵高总是在秦二世玩得正高兴时,派人去通知李斯说:"皇上现在刚刚有空闲,您可以乘机去奏事了。"于是李斯就到宫门外请求皇上接见他。这样多次后,秦二世愤怒地说:"我平时清闲的时候,丞相你不来奏事。我刚刚跟妃子玩得高兴,丞相就来请求奏事。丞相难道是欺负我年纪轻,才总是这样打扰我吗?"赵高乘机进谗言说:"这危险呀!以前沙丘之谋,丞相也参与了。现在,陛下已经被立为皇帝,而丞相的富贵却没有增加。他这样做是暗示您他想封地成王了。如果陛下您现在不问我,我还不敢说。丞相的长子李由为三川郡郡守,流贼陈胜等都是丞相老家临县的人,所以他们才能够明目张胆地造反。他们经过三川郡时,三川郡守城的军队竟不肯出战攻击他们。我私下听说他们和流贼有书信往来,只是还没有得到证实,所以我不敢向您禀报。再说丞相在朝外,权力比陛下您的权力还要大。"秦二世认为这是真的,就想捉拿丞相归案,但又怕找不到证据,于是就派人调查三川郡郡守李由跟流贼互相勾结的事情。李斯听

说这件事后，非常害怕，慌忙去觐见秦二世。

当时，秦二世正在甘泉宫欣赏一段优美的歌舞。李斯见不到皇上，只好上书揭露赵高："我听说，如果臣子怀疑他的国君，就没有不危及国家的；妻妾怀疑他的丈夫，就没有不危及家庭的。现在有的大臣在陛下面前挑拨离间，跟陛下无异，这造成了大臣上书言事的极大不便。以前，司城子罕在宋国为国相的时候，因他遭受刑罚，结果劫持了他们的国王。田常为简公子的臣子时，他的爵位和官职在全国内无人匹敌，财富可以跟国王的财产齐等。他广泛地布施恩惠仁德，上得众大臣的拥护，下得老百姓的拥护，私下密谋夺取齐国。后来，他在朝廷里杀了宰予，在早朝堂上杀了简公，取代了齐国。这都是天下人都知道的事情。现在赵高有邪佚的意图，有谋反的行径，就像子罕辅助宋国一样。他富裕的程度，就像当年齐国的田常一样。他盗用陛下威信一举，事实上已经同时具备了田常的叛逆的行为。陛下若不趁早解决他，我恐怕他将发动叛乱了。"

秦二世说："赵高只不多是个太监，哪里会有不安分的想法，更不会趁危机叛变于我。他絜行修缮，自先皇时进宫到现在，都是凭着一片忠心得到提升的，都是凭他的信义坚守职位的。我认为他是实实在在的大忠臣，怎么你却怀疑起他来了？况且我很小就失去了父亲，知识见闻有限，不怎么懂得治理国家的精妙，而你又老了，也快要告别人世了，我除了赵高，还有谁可以依靠呢？而且赵高为人精廉强力，上能符合我的心意，下能体恤天下百姓的人情，你还是不要怀疑他的好。"李斯说："不是像您说的那样。赵高为人无识于理，贪得无厌，求利不止，列势次主，求欲无穷。所以我说他危险。"

秦二世一直以来对赵高深信不疑，恐怕李斯杀了他，就私下把李斯的话告诉了赵高。赵高说："丞相顾忌的是我赵高，我赵高一死，丞相就能做田常那样的事了。"于是秦二世说："那就把李斯交给郎中令处置吧！"

李斯被关在牢房里，仰天叹息道："可悲呀！不道之君，还有什么值得

替他谋划的呢！以前桀杀关龙逢，纣杀比干，吴王夫差杀伍子胥。这三个人难道不忠吗？然而他们也不免被杀死，即便他们死了，却还被他们所忠的人认为是叛逆之徒。现在，我的智谋比不上这些人，而秦二世的无道行为却超过了桀、纣、夫差，我因忠而死，值得！以前他杀害兄弟而自立为王，现在他杀害忠臣而使一些低贱的人显贵起来。为了修建阿房宫，重敛天下的赋税。不是我没有劝谏，是他不听我的劝谏。凡事古代圣明的君王，他们饮食有节，使用的车器有数，宫室的开销有度，发布命令，修建工程，只要是对老百姓没有好处的都禁止执行，所以他们的天下能够长治久安。现在，秦二世残害兄弟，随便杀害忠臣，大肆修建宫室，加重百姓赋税，以至于天下没有人服从了。现在，反叛的人已经快有一半，而秦二世的心尚未醒悟过来，而且还继续重用赵高。我必将看到咸阳破城，叛贼会像麋鹿一样多地出现于皇宫。"

秦二世听说他的这些言论后大怒，派赵高立案把丞相李斯关进天牢，并治其重罪，拷问他与儿子李由勾结谋反事情，同时逮捕了多名李斯的宗族和宾客。赵高用严刑拷打李斯。李斯被拷问了千余次，始终忍受着痛苦，坚持表明自己是被诬告的。李斯不想死，他觉得自己有功于朝廷，而事实上也没有反叛的意想，若能得到上书皇上自陈心迹的机会，使秦二世醒悟过来，便能赦免他。于是李斯再次在狱中上书秦二世说："我作为丞相，管理天下百姓已经有三十多年了。以前的秦国地盘狭隘，先王在世时不过千里之地，军队数十万。我尽了自己的微薄之力，谨慎地奉行国家的法令，私下出谋划策，捐出了很多金玉等贵重的东西，建议皇上派人去游说东方各国的诸侯，暗中编整军队，修明政治，使有才能的人做官，使有功劳的大臣受到尊重，使他们的爵禄丰盛，以至最后臣服韩、魏，攻破燕、赵，夷平齐、楚，兼并六国，册立秦王为天子。这是我的第一大罪过。统一天下后，国土面积并非不广阔，我又策划向北驱逐胡、貉，向南平定百越，以扬秦国国威。这是我的第二大罪过。尊重大臣，提高他们的爵位，用

以巩固他们同秦王的亲密关系。这是我的第三条罪过。建立社稷，修建宗庙，以显示主上的贤明。这是我的第四条罪过。更改尺度衡器上所刻的标志，统一度量衡和文字，颁布天下，以树立秦朝的威名。这是我的第五条罪过。修筑驰道，兴建游观之所，以显示主上志满意得。这是我的第六条罪过。减轻刑罚，减少税收，以满足主上赢得民众的心愿，使万民百姓都拥戴皇帝，至死都不忘记皇帝的恩德。这是我的第七条罪过。像我李斯这样作臣子的，所犯罪状足以处死，只因秦王希望我竭尽所能，才得以活到今天，希望陛下明察。"书信送上去后，赵高让宦者不要呈奏给皇上，他说："坐牢的犯人哪有什么资格上书皇上！"

于是，赵高派十余人宾客扮成御史、谒者、侍中，轮流去审讯李斯。李斯都以实际情况回答他们，于是赵高就派人反复拷问他。李斯被拷打得无奈，只好承认自己谋反。后来，秦二世派人审李斯。李斯以为审问者和以前的一样，便毫不更改地承认了罪行。当审问者把审问结果上奏给秦二世后，秦二世高兴地说："要不是赵高，我差点就被丞相给出卖了。"等到秦二世派人去捉拿三川郡郡守李由归案时，李由已经被项梁给杀了。

公元前208年7月，李斯在咸阳集市上被腰斩。"牵犬东门岂可得乎？"是他在临死前，对和他一起同道奔赴黄泉的儿子说的一句有名的话。死在即刻，还能有心思说出此番言语者，自非常人。

作为宰相，李斯功劳巨大。如果真要算一笔账，秦始皇千古功绩有一半得归于李斯，而他留下的万世骂名也有一半来源于李斯。所以，非常之人，为非常之事，临死之前能扯开这两句闲谈，也正能体现出李斯为人的不同凡响。

这种死亡前的面不改色，可以说是视死如归，也可以说是置生死于度外，还可以说是大彻大悟，是生命最后无奈的调侃。然而，以这种狂狷的方式说出这番话，这位走出上蔡的人，他对自己终生追逐权力的选择可谓是进行了一次彻底的否定。但临死前才悟到，才明白，实在是太晚了。

李斯一辈子杀人无数，如今庄主易位，轮到他被人杀了，个中滋味只有他自己才能领会。

在《李斯列传》的结尾处，司马迁是如此描述他的死的："二世二年七月，具斯五刑，论腰斩咸阳市，夷三族。"《后汉书·杨终传》有言："秦政酷烈，违忤天心，一人有罪，延及三族"。依照李贤的注释，"三族"应该是"父族、母族、妻族"的意思。这时，李斯或许明白，为他权力狂人的一生，要付出多少生命的代价。至少，数百条性命受其株连，与其父子同时同地遭遇屠杀！

这位法家思想的代表人一度是秦始皇的首席屠夫。在骊山脚下，数百名儒生被坑埋，李斯连眼睛也不眨一下。但此刻，身边尸体堆积，血流成河，惨绝人寰的杀戮场面大概唤醒了他早已泯灭的人性。这位秦国丞相，《大秦律》的制订者和执行者，也不由得为这个残酷暴虐的政权痛心疾首。就以指鹿为马的赵高对他的处置而言，人固有一死，先不说腰斩，施以五刑已经足够死上好几次了。而如此匪夷所思的刑罚手段，没准还是他任延尉时，由他亲手颁布于天下的呢！

在《病后杂谈》中，鲁迅先生曾经骇异于中国古代的刽子手们对于人体解剖学的精通，也不知是残杀多少人之后，才能有"庖丁解牛"的这份娴熟。李斯应该明白，正是他给刽子手以杀人无数的机会，才使他们练出一份杀人不眨眼的职业本领。因此李斯也只好领受一次他自己制造的酷刑了。在自己一手培养出来的刽子手的刀下，俯首就刑。这可谓是一次无限延长的死亡！让你复杂地死，让你沉重地死，让你看着自己一分一秒地死，而不让你痛痛快快地就此死去。此时此刻，李斯有多么怀念那不可追回的猎狗"咻咻"嘶叫，出上蔡东门，在秋日衰草丛中，追逐狡兔的美好岁月！

后世的文人墨客于是以"东门犬"三字代言李斯的死前名句。浓缩成这三字，既表示他恨不如初，同时还表示与其自己追逐权力的一生彻底

决绝,在人鬼殊途、阴阳两界,他终于做出了悔愆。孔夫子说:"朝闻道,夕死可也。"对李斯来讲,腰斩之前大道得闻,可也!

8.历史功过及后人评说

李斯的一生,绝大部分时间都是在实践着法家思想的。他在重新受到秦始皇的重用后,以其独到的政治才能和远见,辅助秦始皇完成了统一六国的大业,顺应了历史发展的趋势。秦朝建立以后,李斯升任丞相,继续辅佐秦始皇,在巩固秦朝,维护国家统一,促进经济和文化的发展等方面做出了巨大贡献。他建议秦始皇废除分封制,实行郡县制,提出了统一文字的建议,之后又在统一法律、货币、度量衡和车轨等方面付出了巨大努力。李斯在他人生后期,虽然将法家的思想推向了极端化,但他也仅仅是一个提出者,而不是一个完全的执行者。并且,此时的李斯已经彻底蜕变,他写《督责书》的很大原因是"阿二世意,欲求容",他已经没有了"依法治国"的志向,也已经不再代表法家了。因此,李斯后期的思想是否应该归入法家的体系,是值得商榷的。

太史公司马迁评说:"李斯从一个街巷平民游历诸侯,后来到秦国为相,由于善抓时机,以智谋辅佐秦始皇,终于完成了统一天下的帝业,李斯位居三公,可以说是极受重用。李斯懂得儒家"六经"宗旨,却不施行贤明的政治来弥补君主的缺陷,而是贪恋高官厚禄,只顾阿谀奉承,实行严刑酷法,又听从赵高的邪说,废扶苏而立胡亥。等到天下人已经造反了,才想起来劝谏秦二世,这岂不是太晚了吗?人们都认为李斯忠心耿耿,死得冤枉,但若认真思考一下,就不会有这样的看法了。要不然,李斯真可与周公、召公媲美了。

有人说李斯是一代奇才。他才华横溢、谋略过人，协助秦始皇一统天下；他参与制订法律，统一车轨、文字、度量衡制度，功及千秋。然而，秦始皇死后，他却与赵高合谋，伪造遗照，迫令扶苏自杀，立胡亥为皇帝。所以，有人说他是历史上最大的奸臣，过大于功，一生几乎无一是处。人们之所以对他的评价迥然不同，是因为他们站的角度和高度不同，其实都有一定道理的。

 链接：

李斯的老鼠哲学

说起老鼠，人们无不咬牙切齿，于是才有了"老鼠过街，人人喊打"之说，而说人眼光短浅时，会说他鼠目寸光。早在战国时期，《诗经》上魏国的奴隶骂道："硕鼠硕鼠，无食我黍！"意思是说，大老鼠呀大老鼠，不要吃我种的黍！并且还发誓说从此离开硕鼠，寻找那理想的新乐土。

关于老鼠，最具传奇色彩的当属十二生肖排座次的传说：肖仙按动物大小把牛排在老鼠前面，可是，老鼠就是不服气，吵得嘴尖头颈粗，结果连肖笺也给撕破了。这可激怒了肖仙，他喝道："大胆小鼠！竟敢如此狂妄，是何道理？！"老鼠强辩说："我就是不服牛比我大！"这后一句话可把牛惹火了。牛伸伸舌头对老鼠说："你的整个身子还不如我的这片舌头大！"接着牛又提起一只蹄说："我这一脚可以把你整个身踩得粉碎！"老鼠躲着牛，声音却叫得更响，说："我们谁兄谁弟，靠自己吹牛没用！大小要靠别人讲，众人说的话才算数，不信，我们到大街上去比比看，大家说谁大谁就大！"牛见不过斤把重的老鼠如此嘴硬，感到又好气又好笑。心想：我堂堂千斤重的牛，难道还比不过你斤把重的鼠吗？！不用说到大街

上，就是到天上去比，我这个"大"字也是铁板上打钉的事。于是牛便满口答应："比就比。"第二天一早，等店门一开，街上涌满了人的时候，比赛开始了。牛自以为胜定了，它晃动着肥胖的身躯，大摇大摆地从街的这头踱到那端，可是直到踱完了，也不曾有人说他半声"大"。然后轮到鼠了，只见鼠像往常一样，贼眉鼠眼，害怕见人似的，抱头快跑。一溜烟地就从街心上跑了过去，这时，只听满街的人都不约而同地惊呼起来："咳——这只老鼠真大！"老鼠终于凭着这一声"大"战胜了牛，坐上了生肖的第一把交椅。

所有人见到老鼠都想除之而后快。不过从古至今，老鼠虽被人骂，被人恨，被人打，却没有像大熊猫一样变得稀有，反而越来越多。鼠爸鼠妈的繁殖能力非常强大。据说，北极的一对旅鼠一年可以繁衍1647086只老鼠，就算因为气候、疾病和天敌的消耗等原因中途死掉一半，也还有82万只！足可见老鼠的生存技能是非常强的。

把老鼠的生存技能上升到理论层次并予以实践的人，就是李斯。李斯是楚国人，少年时家境贫寒，但李斯自小聪慧过人，好学不倦。成人后，因办事干练，被人举荐为看管粮仓的小吏，没什么飞黄腾达的可能。倒是有一次，李斯在吏舍厕所中蹲茅坑时看到一只老鼠，吃的是肮脏的粪便，受到人和狗的侵扰。而他来到粮仓时，却看到那里的老鼠吃的是堆积如山的谷粟，住着宽大的房舍，而且没有任何人来打扰。于是，心中顿然明白，叹曰："人之贤不肖譬如鼠矣，在所自处耳。"意思是说，一个人有无出息就像这老鼠，在于能不能给自己找到一个优越的环境。厕所里吃脏东西的老鼠，每当有人或狗走近时，就吓得掉头就跑，仓库中的老鼠却可以毫不担心人犬惊扰，吃得好，睡得饱。同样是老鼠，难道厕所里的老鼠比较愚笨、胆小，仓库里的老鼠比较勇敢、机灵吗？都不是。李斯由此悟到了一个真理，环境不同，生活品质就不同，尊严卑屈的程度也不同。想做大事，就得效法仓鼠。后来，李斯拜荀子学习帝王术，学成之后要谋职，他又想起了老鼠的启示。但哪里是仓库？哪里是厕所？经过分析研判，李斯发现他所处的楚国，领导者不成材，不足以做大事，而放眼其它五国，韩、赵、魏、齐、燕，都积弱不振，难成大业，唯有秦国值得投效。也就是说，秦国是仓库，其它都如厕所。于是屈身吕不韦门下，以求得接近秦始皇的机会，最后凭借对七国争雄的形势的分析和对策，得宠于秦始皇。李斯借吕不韦登上高位，又借助秦王搬倒吕不韦，使秦国的政权得到空前的巩固，并最终与秦王开创了历史新纪元，一路高升，做到宰相，登上他一生权力的顶峰。位极人臣，尊贵显赫，功成名就，好不威风。

至此，李斯本该享誉后世，名垂青史，可老鼠理论使得李斯贪心不足蛇吞象。秦始皇死后，赵高政变，废嫡立相亲庶争权，李斯与赵高合谋，助秦二世为尊，一失足成千古恨。正像司马迁最后总结的一句话："不然，斯之功且与周、召列矣。"要不是贪心不足死于非命，孔庙里怎么说也得有李斯的一席之地。可他最后却落得个腰斩市曹，成为千古遗憾，一切回到了起始点：一个上蔡的小吏，一个厕所里的老鼠。

又瘦又小见人就逃的老鼠，是无所凭藉的；而又肥又大见人不避的米仓老鼠，是有所凭藉的。有凭藉，就是有权势，有靠山，或有本钱之类。这就是李斯著名的"老鼠哲学"，千百年来为人们所称道、复习、研读，也因此出了不少深谙此道的人。很多人效法李斯的"老鼠哲学"，成为人人痛恨的仓鼠，如此才有人感叹："有权不用过期作废。"这类秉持"老鼠哲学"的人，最终的下场只不过是李斯命运的翻版罢了。

诸葛亮

——忠臣楷模,名垂千史

提起诸葛亮,可以说是无人不知,无人不晓。他是我国历史上著名的政治家和军事家,"诸葛大名垂宇宙"(杜甫诗句),人们一直把他看做智慧的化身,景仰他,崇敬他。诸葛亮之所以能有这样大的影响,这和历代统治阶级对他的推崇,小说戏剧对他的描绘和渲染是分不开的。然而,历史上真实的诸葛亮和小说戏剧中塑造的诸葛亮并不完全相同。那么历史上真实的诸葛亮又是怎样一位人物呢?

诸葛亮(公元前181年-234年),字孔明,号卧龙。琅琊阳都(今山东沂南)人,三国时期杰出的政治家、军事家、战略家、散文家、外交家。东汉末年,隐居隆中,刘备三顾茅庐时,他在"隆中对策"中建议刘备占据荆、益两州,联合孙权对抗曹操,形成三足鼎立之后再一统江山。诸葛亮任蜀汉丞相期间,励精图治,赏罚分明,推行屯田政策,极大地促进了经济和文化发展。六出祁山之时,病逝五丈原军中,享年54岁。

1.躬耕南阳，待时而出

诸葛亮，字孔明，琅琊郡阳都(今山东省沂南县)人。公元前181年出生于一个门第不高的官僚地主家庭。其父诸葛珪曾做过泰山郡丞，叔父诸葛玄和当时的豪强贵族袁术、刘表等都有往来。诸葛亮兄弟三人，哥哥诸葛瑾，弟弟诸葛均，此外还有两位姐姐。由于父亲很早去世，诸葛亮和他的兄弟、姐姐都依靠叔父诸葛玄过活。

诸葛亮的童年是在战乱中度过的。在他出生后的第四年，即公元前184年，黄巾起义爆发，继之而来的是在镇压黄巾起义中壮大起来的豪强地主间为争夺地盘的厮杀、混战。琅琊郡属于徐州，是豪强们心中的一块肥肉，陶谦、吕布、曹操先后占据和抢夺过这里。徐州战乱不止，使诸葛玄一家再难安身。为了逃避战乱，诸葛玄带领家人，离开家乡，先投奔袁术，后又投奔荆州刘表，最后在襄阳住了下来。

诸葛亮17岁那年，叔父诸葛玄去世。诸葛亮失去了依靠，于是带着弟弟诸葛均在襄阳城西20里地的隆中村，置了一点田产，盖了几间草房，开始过着一面耕种、一面读书的隐居生活。

隆中的生活，一过就是十年。这十年，诸葛亮阅读了大量的经史和诸子百家的著作，尤其喜欢读《申子》和《韩非子》等法家著作，深为春秋战国时期，法家人物治世用世的理论所折服。他知道，在这动乱的时世，法家的思想是最切合、最实用的。于是，诸葛亮广泛地阅读，刻苦地钻研学习，终使自己获得了丰富的政治、军事和历史等方面的知识。

这十年，也是诸葛亮拜师、交友、增长见识、学问的过程。那时候，荆州地区战乱相对较少，中原地区的学者名士们纷纷避乱至此。比诸葛亮年

长的，有大名士庞德公、号称"水镜"先生的司马徽，沔南名士黄承彦（即后来诸葛亮的岳父）等，他们都成了诸葛亮的忘年之交。这些人思虑精密，学识渊博，见解卓绝，诸葛亮虚心向他们请教，从他们身上学到了不少东西。由于司马徽的介绍，诸葛亮又拜了人称"邓公"的汝南灵山隐士邓玖为师。邓玖熟谙韬略，深通兵法，在诸葛亮"奉事唯谨"的精神和行为的感动下，邓玖传授了他三部兵书，这对诸葛亮日后辅佐刘备带军打仗，无疑起了极大的帮助。

在诸葛亮交往的朋友当中，也有一些青年学者，其中有日后也成为刘备重要谋士的庞德公的侄子庞统、颖川的徐庶、石广元，汝南的孟公威等。他们经常在一起切磋学问，评论天下大事，抒发自己的抱负。在读书、学习、广交朋友之余，诸葛亮也未曾忘记关心当时的政治形势。隆中的十年，政治风云变幻无常，曹操经官渡一战，打败袁绍统一北方；孙权继父兄基业坐领江东；坐镇荆州的刘表是一个务虚名、尚空谈，不足与谋大事的人，为豪强所吞并只是迟早的事。群雄纷争，必然会出现鼎立的局面。由于诸葛亮注意研究当时的政治、军事形势，从而逐步形成了自己的政治见解和应对的策略方针，在和朋友谈论起社会形势时，他洞若观火，卓有识见，因此被司马徽称为"识时务"的"俊杰"。

立志向学，因志而成学，学以致用，是诸葛亮一贯恪守的治学思想。那么诸葛亮的志向是什么呢？从下面两处史料可以窥见他的理想和抱负。

据《魏略》记载，有一天诸葛亮和石广元、徐庶、孟公威三位好友一起交谈，诸葛亮从容地对他们说："诸位要是做官的话，是可以做到郡守、刺史的职位的。"三人反问诸葛亮自己如何，他只是"笑而不言"。这"笑而不言"，就足已表明其胸有大志。

又据《三国志》本传载，诸葛亮在高卧隆中常以管仲、乐毅自比。他认为当世既无像管仲那样的贤相，也没有像乐毅那样的名将。管仲是春秋时期齐国的大政治家，曾经辅佐齐桓公，九合诸侯，一匡天下，使齐国成为强大的诸侯国。而乐毅则是战国时期燕国的名将，他扶持弱燕，统率强兵，一举拿下齐国70余城，使燕国成为战国七雄之一。

从这些地方可以看出，诸葛亮以管、乐自比，有以身兼将相自许的意思。他身处乱世，因此决心像管仲、乐毅一样，无论是在政治上还是在军事上，都要干出一番惊人的功业，他志在扫除群雄，结束分裂的局面。

治乱世必以才智，尽其才智又必依明主才能取成，所谓"良禽择木而栖，良臣择主而从"，说的就是要谨慎选择可以辅佐的"明主"的意思。而诸葛亮对"明主"的选择是有自己的标准的。

诸葛亮从小就受封建正统观念的熏陶，在经过系统地学习经史子集后，食君禄、报君恩的忠君报国思想更是在头脑中根深蒂固。当时最有势力的军阀是北方的曹操，此人雄才大略，影响很大，但在正统的观点看来，他"挟天子以令诸侯"的做法却是令人不齿。庞统曾经跟诸葛亮谈起曹操，认为他虽是一个治世的能臣，却又是一个乱世的奸雄。像曹操这样的人，诸葛亮会认为他是"明主"而去投靠他、辅佐他，基本上是不可能的。荆州的刘表，其行为品质，诸葛亮耳闻目睹，连他的内亲黄承彦老先生都不愿出来帮助他，诸葛亮更不会认为他是"明主"。东吴的孙权，虽是位"招延俊服，聘求名士"的有作为的人物，但野心勃勃，想"建号帝王以图天下"，是一位志存篡逆的野心家。诸葛亮的哥哥诸葛瑾当时已赴江东辅佐他，然而诸葛亮并没有随行。应该说，在诸葛亮的心目中，孙权也不是一位能够让他为之赴汤蹈火的"明主"。至于盘踞川蜀。以"阍弱"著称的益州牧刘璋，更不值一提。

从诸葛亮撰写的《论光武》一文中，我们就可以窥测到其择主的准则。光武帝刘秀是东汉中兴之主。诸葛亮在文章中，对刘秀的"策虑深远"极为欣赏，对光武君臣"谋会议同"，中兴汉室的事业极为向往。南阳郡是当年刘秀中兴的发祥地，历史能否重演呢？当今世界能否再出现如光武那样的"圣君""明主"呢？这个问题只有等刘备出现在诸葛亮面前才能解答。

总而言之,隆中十年,是诸葛亮增长学识、才干的十年,也是他"待时"、"待主"的时期。这个未出茅庐的青年,正如庞德公送给他的雅号"卧龙"那样,一旦风云际会,就能腾云驾雾,大显身手,一展抱负了。

诸葛亮并没有等太久,公元前207年,"刘皇叔"刘备亲自前来隆中,拜请诸葛亮。

2.三顾茅庐,隆中对答

东汉末年,社会矛盾日益激化,各地豪杰并起,据地称雄,彼此连年征战不断,其中董卓、袁术、袁绍、吕布等所建军阀势力先后沦亡,曹操、刘备、孙权等地方势逐日壮大,刘表、刘焉、马腾等也乘机拥兵割据。诸葛亮就是在这样一个社会剧烈动荡分化的时代,接触社会,认识社会,开始了自己的政治生涯。

刘备出身西汉宗室,自起兵征战二十多年来,屡遭败责,但他复兴汉室的志向仍很坚定。公元201年,刘备被曹操打败,投奔荆州刘表,驻军新野县。为了成就霸业,他到处访贤求士,谋求良辅。当刘备去向襄阳隐士司马徽请教时,后者考虑后坦然地说:"识时务者在乎俊杰。此间自有卧龙、凤雏。"刘备兴奋地问是谁,司马徽说:"诸葛孔明、庞士元也。"为了引起刘备对这两位年轻的山林隐士足够的重视,司马徽点到为止,即使刘备一再追问,他也只是请刘备自己多方查访。不久,徐庶到新野来投归刘备,刘备对徐庶的学识见地十分钦佩,因此很器重他。徐庶深感刘备所要开创的事业非同一般,一定得有比自己更高明的人来辅佐不可,于是决定向刘备推荐诸葛亮。当徐庶向刘备提到诸葛亮时,刘备喜不自禁地说:

"卧龙大名如雷贯耳，早就听水镜先生(司马徽号)讲过，那就有劳先生快快把他请来吧！"看到刘备求贤若渴的样子，徐庶心里十分高兴，但他仍不动声色地说："诸葛孔明这个人，将军您还不太清楚，他常常自比管仲、乐毅。在我看来，他的才学确实不在管仲、乐毅之下！恕我直言，像他这样一位身藏大器的人才，愿不愿意出来还得看您的诚意如何，所以我建议将军最好还是亲自屈尊去请，或许他在感受到您的一片诚意后，会乐意出山。"刘备想起成汤请伊尹、文王载太公的故事，不等徐庶话说完，就连连应道："我一定去，拿出我最大的诚意去！"

公元207年的冬天，在司马徽、徐庶等极力引荐下，刘备亲自带着关羽、张飞，冒着冬季的严寒，接连三次前往隆中探访诸葛亮。

在一个雪霁初晴，碧空万里的日子，隆中山色格外明丽。刘备带着关羽、张飞第三次来到隆中，两位怀着同样志向的政治家，终于在隆中草庐里相见了，这就是历史上有名的"三顾茅庐"的故事。

刘备见诸葛亮身高八尺，头戴素巾，身着布袍，风度翩翩，举止不俗，飘飘然有神仙之概，忙上前施礼，说道："刘备久闻先生大名，如雷贯耳，两次到此空返，今日得睹尊颜，幸甚！幸甚！"诸葛亮深深还礼，并应声说："南阳山村闲散之人，何劳将军一再下顾！"刘备慨然道："大丈夫抱经世奇才，岂可空老于林泉之下，愿先生以天下苍生为念，启发我的愚鲁，给我以明教。"诸葛亮笑道："愿闻将军之志。"

刘备看四周无人，向前挪了挪，急切而又坦率地说："汉室倾颓，奸臣窃命，我不自量力，欲伸大义于天下，无奈智术短浅，至今一事无成。今天特向先生讨教，请先生指明我应该怎样去做？"

诸葛亮被刘备虚心求教的精神、竭诚相待的态度所打动，于是从容不迫地将心中的话和盘托出："自董卓造逆以来，天下豪杰并起。曹操势不及袁绍，而竟能克绍者，非惟天时，抑亦人谋也。今操已拥百万之众，挟天子以令诸侯，此诚不可与争锋。孙权据有江东，已历三世，国险而民附，此

可用为援而不可图也。荆州北据汉、沔，利尽南海，东连吴会，西通巴、蜀，此用武之地，非其主不能守。是殆天所以资将军，将军岂有意乎？益州险塞，沃野千里，天府之国，高祖因之以成帝业。今刘璋暗弱，民殷国富，而不知存恤，智能之士，思得明君。将军既帝室之胄，信义著于四海，总揽英雄，思贤若渴，若跨有荆、益，保其岩阻，西和诸戎，南抚彝、越，外结孙权，内修政理，待天下有变，则命一上将将荆州之军以向宛、洛，将军身率益州之众以出秦川，百姓孰敢不箪食壶浆以迎将军者乎？诚如是，则大业可成，汉室可兴矣。此亮所以为将军谋者也，惟将军图之。"

诸葛亮看刘备心领神会的样子，心中很是宽慰，于是叫书童取出一幅图来，挂到中堂上，指着图说："这是西川五十四州的地图。将军想要成就霸业，北边有曹操占着天时，南边有孙权占着地利，将军将可占的是人和。首先取占荆州作为基地，然后进取西川建立根据地，在与曹操、孙权成鼎足之势后，就可以图谋中原了。"

刘备听了诸葛亮对天下形势的这番透彻分析，不仅连声赞叹，而且从内心深处对诸葛亮产生了由衷的钦佩之意，心想此人正是他梦寐以求的辅弼。于是，刘备毕恭毕敬地拱双手说："先生所言，使我茅塞顿开。愿先生以天下苍生为念，以复兴汉室为务，大展鸿才以建稀世之功，刘备至诚相邀，万请先生能出山助我。"一番恳切邀请之下，诸葛亮离开了他生活十多年的隆中草庐，跟随刘备到了新野。

这就是历史上有名的《隆中对》。诸葛亮未出茅庐，已知天下三分，真是前无古人，后无来者！

3.游说东吴，联吴抗曹

公元208年8月，刘表病逝，其次子刘琮继位。此时，曹操已统一北方，正企图一举消灭刘备和东吴的势力。听到曹操南下的消息后，刘琮遣使投降。东吴方面，曹操送给孙权一封信说："近来我奉皇帝命令讨伐有罪的人，军旗指向南方，刘琮投降。现在训练了水军80万之多，正要同将军在东吴会战。"孙权将这封信拿给众部下看，长史张昭等人均主张投降曹操，以求自保，只有鲁肃主张联刘抗曹。但鲁肃自知难以说服孙权和东吴的文臣，于是特意去请诸葛亮来当说客。

当初，鲁肃听说刘表已死，便对孙权说："荆州与我国邻接，地理形势险要、坚固，土地肥沃，人口繁多，生活富裕，如能占为己有，这是开创帝王之业的凭借。现在刘表刚死，他的两个儿子又不和睦，军队中的那些将领，有的拥戴长子刘琦，有的拥戴次子刘琮。刘备是天下骁悍的雄杰，与曹操有仇，寄居在刘表那里，刘表妒忌他的才能而不重用他。如果刘备和刘表的部下们同心协力，上下一致，就应当安慰他们，与他们结盟友好。如果他们离心离德，就另作打算，以成就大事。请允许我去慰问刘表的两个儿子，同时慰劳军中掌权的人，并劝说刘备安抚刘表的部下，同心一意，共同对付曹操，刘备必定高兴而听从我们的意见。如果这件事能够成功，天下大势就可以决定了。现在不赶快前去，恐怕就要被曹操占了先。"

孙权听完，即刻派鲁肃前往。鲁肃刚到夏口，就听说曹操已向荆州进发，于是日夜兼程。可是等他到了南郡时，刘琮已经投降曹操，而刘备也已向南撤退，于是鲁肃直接去迎刘备，与他在当阳县长坂坡相会。鲁肃转达孙权的意思，和刘备讨论天下大事的势态，表示恳切慰问的心意，并且

问刘备说："刘豫州现在打算到哪里去？"刘备说："我和苍梧太守吴巨有老交情，打算去投奔他。"鲁肃说："孙权为人聪明仁惠，敬重、礼待贤才，江南的英雄豪杰都依附于他。他现在已经占据了六个郡，兵精粮足，足够用来成就大业。建议您派遣亲信主动去结好东吴，以共建大业。"刘备听后很高兴。鲁肃又对诸葛亮说："我是子瑜的朋友。"两人随即交了朋友。子瑜就是诸葛亮的哥哥诸葛瑾，在江东避乱，是孙权的长史。刘备听从了鲁肃的建议，率兵进驻鄂县的樊口。

此时，曹操将要从江陵顺江东下，诸葛亮对刘备说："事情很危急，请让我奉命去向孙将军求救。"于是与鲁肃一起到了东吴。鲁肃引诸葛亮见了东吴的一群谋士，这些人并非泛泛之辈，个个都是有学问的人。东吴谋士张昭等人见诸葛亮丰神飘洒，器宇轩昂，料定此人必是来游说的，便先开口道："昭乃江东微末之士，久闻诸葛先生高卧隆中，自比管仲、乐毅。最近听闻刘皇叔三顾草庐之中，才得先生出山辅佐，以为如鱼得水，想要席卷荆襄。但现在荆州已经属于曹操，不知先生有何高见？"

诸葛亮知道张昭乃孙权手下第一谋士，要是不先难倒他，就不能说服孙权，便说道："要我取得荆州之地易如反掌。我主公刘备躬行仁义，不忍心夺得同宗基业，所以没有接受荆州。刘琮听信佞言，暗自投降曹操，才使得曹操如此猖獗。现在我主公刘备屯兵江夏，有什么目的，不是一般人会知道的。"

"诸葛先生这样说不是与自己的言行相违吗？先生在草庐之中，但笑傲风月，抱膝危坐。现在既然从事刘备，当为生灵兴利除害，剿灭乱贼。刘备在没有得到先生之前，还可以纵横寰宇，割据城池；现在得到先生相助，应该是如虎添翼的，为何先生投靠豫州后，曹兵一出，马上就弃甲曳兵，望风而窜，上不能报刘表以安庶民，下不能辅孤子而据疆土。弃新野，走樊城，败当阳，奔夏口，无容身之地，刘备得先生之后，反而不如当初？"

诸葛亮听罢，哑然而笑曰："鹏飞万里的志向岂能是一般的鸟兽能够知道的？譬如人要是染上疾病，应当先用糜粥清洗肠胃，再用药物医治，待其腑脏调和之后，才可以用肉食以补身体。要是不等到气脉和缓，就投以猛药厚味，不就是找死吗？主公先前败于汝南，投靠刘表，兵不过千，将只有关羽、张飞、赵云而已。新野山僻小县，人烟稀少，粮食微薄，主公不过暂借容身罢了，你还真以为他要坐守？然而火烧博望，白河用水，使夏侯敦、曹仁心惊胆裂，我看管仲、乐毅之用兵，不过仅此而已。至于刘琮投降曹操，主公根本不知情，又不忍心乘乱夺同宗基业，此乃大仁大义。当阳之败，主公见有数十万赴义之民，扶老携幼相随，不忍心抛弃，每日不过行十里地，不想进取江陵，甘心同败，最后寡不敌众，输了也很正常。昔日汉高祖数次败给项羽，但是却一战成功，这难道只有韩信的功劳吗？众人只是放眼一寸疆土，志向短浅，我无话可说。"诸葛亮这一番大论，说得张昭无言回答。之后又有几位谋士向诸葛亮发难，全都被驳得无话可说。

接着，诸葛亮在柴桑见到了孙权，劝孙权说："天下大乱，将军您在江东起兵，刘备在汉南招收兵马，与曹操共同争夺天下。现在曹操削平大乱，大致已稳定局面，于是攻破荆州，威势震动天下。英雄没有施展本领的地方，所以刘备逃遁到这里，希望将军估量自己的实力来对付这个局面。如果能用江东的兵力同中原对抗，不如趁早同他绝裂；如果不能，为什么不放下武器、捆起铠甲，向他面北朝拜称臣呢！现在将军外表上假托服从的名义，而内心里怀着犹豫不决的心思，局势危急而不能决断，大祸没几天就要临头了。"孙权说："假若如你所说，刘备为什么不向曹操投降呢？"诸葛亮说："田横不过是齐国的一个壮士罢了，还能恪守节义不受屈辱，何况刘备是汉王室的后代，英明才智超过所有的当代人，众人敬仰、倾慕他，就像水归大海一样。如果事情不成功，就是天意，怎能再居于其下呢？"孙权发怒说："我不能让全东吴的土地和十万将士受人控制，我知道除了刘备，便没有谁能同我一齐抵挡曹操的了，可是刘备才刚打了败仗，怎能抗得住这个大难呢？"诸葛亮说："刘备的军队虽然在长坂坡打了

败仗,但现在归队的士兵,再加上关羽率领的精锐水兵,总共还有一万人,刘琦收拢江夏的战士也不少于一万人。曹操的军队远道而来已疲惫不堪,听说追逐刘备的轻装骑兵一日一夜跑三百多里,这就是所谓的'强弓射出的箭到了射程尽头的力量,连鲁国的薄绢也穿不透',所以兵法上忌讳这样做,说'一定会使主帅遭到挫败'。况且北方的士兵不习惯在水上作战,而荆州的民众之所以归附曹操,是被他的武力威势所逼,不是发自内心的顺服。现在将军若当真能派猛将统领几万大军,与刘备协同规划、共同作战,必然你能攻破曹操的军队。曹操若战败,势必会退回到北方,这样一来,荆州、吴国的势力就会增强,三国分立的形势就会出现。成败的关键,就在今天!"孙权听了非常高兴,就同部下们商量这件事,接着便派周瑜、程普、鲁肃等率3万水军,与曹操开战。诸葛亮便随军回到刘备处。11月,孙、刘联军在赤壁之战中大败曹操。

诸葛亮舌战群儒,智激孙权,使孙、刘联盟最终形成,取得了共同迎击曹操的胜利,一时被传为佳话。

赤壁之战后,刘备于12月平定荆南四郡,任诸葛亮为军师中郎将,督令零陵、桂阳、长沙三郡,负责调整赋税,充实军资。公元211年,益州牧刘璋派法正去请刘备助攻张鲁。诸葛亮便与关羽、张飞等镇守荆州。次年12月,刘备与刘璋决裂,还攻成都。诸葛亮便与张飞、赵云入蜀助阵,留关羽负责荆州防卫,分兵平定各郡县,与刘备一起围攻成都。至公元214年,刘璋投降,刘备入主益州,三国鼎立的局面正式形成。

公元220年,曹丕篡汉自立。公元221年,群臣听到汉献帝被害的消息后,劝已成为汉中王的刘备登基为帝,刘备不答应,诸葛亮就用耿纯游说刘秀登基的故事劝说刘备,刘备这才答应称帝。刘备称帝后,任诸葛亮为丞相录尚书事。同年张飞去世,诸葛亮领司隶校尉一职。

4.以法治蜀,辅助幼主

诸葛亮治蜀期间,重视修明政治,任人唯贤,唯才是举,严明法度,发展生产,严练治军,以确保蜀汉政权的稳固和前线的军需和兵源。

初治巴蜀,诸葛亮便留心解决主、客籍集团的关系问题。在将自己原来的荆州集团作为政权的骨干外,还特别注意吸收"东州"(刘璋)集团和益州地方集团的人士参加政权。对原有官员,只要他们拥护新政权,都加以重用,如董和、黄权、李严、吴懿、费观等人,"皆处之显任,尽其器能"。有影响的儒生,如杜微、来敏等人,在不让其参与军政大事的基础上,给他们一定的官职,诸如谏议大夫等名誉职务,这就大大地缓和了各集团之间的矛盾,进一步使刘备集团在益州站住了脚跟。

选贤任能是诸葛亮治国的首要措施。他特别强调"治实而不治名"的原则,认为"为人择官者乱,为官择人者治",坚决摒弃用人唯亲的作法。为了招纳贤士,他在成都筑起了招贤台,又称读书台,做到"筑台以集诸儒,兼以待四方贤士"。诸葛亮"用人不限其方",文揽人才,使得蜀汉政府的官员来自四方八面,既有刘备原来的部下,又有刘表的部下,刘璋的旧臣,还有外部投奔而来的人。诸葛亮任人唯贤,不拘出身门第,不论资历,并且注意在下层普通人员中发现人才。他先后对杨洪、何祗的提拔,当时最受称道。犍为太守李严任杨洪为功曹,诸葛亮赏识杨洪做事果断,于是上表请任其为蜀郡太守。杨洪门下何祗,任督军从事时,游戏放纵不勤所职,听说诸葛亮前来视查,何祗连夜张灯审案办公,待到查问时,何祗对所问公务对答如流,无所凝滞,诸葛亮很是惊异其才,于是提拔他为成都令,后因政绩颇多,被升任为广汉太守。李严、杨洪、何祗原本

职位相距很大,而后来同为太守。这样,蜀汉上下对诸葛亮以德才选士的做法深表认同。

诸葛亮用人唯贤是举,破格提拔了一批尽忠职守,廉洁奉公,而又卓有才干,富于实干精神的基层官吏。史书上说,张嶷"出自孤微"且"放荡少礼",但他忠于蜀汉政权,诸葛亮提拔他作了太守。王平"生长戎旅,手不能书,其所识不过十个",但他"遵履法度",颇有军事天分,在街亭战役中表现卓越,诸葛亮马上加拜他为参军,统帅五部军马,又进位将军,屡立战功,后来成了蜀国一员善于打仗的将领。吕义治身俭约,为政简而不烦,持法刻深,诸葛亮便让他去管理极为重要的汉中郡。邓芝"不治私产,妻子不免饥寒",但他"赏罚明断",且在"联吴抗曹"方面有功,当了中监军、扬武将军等重要职务。姜维本是曹魏降蜀的下级军官,因为他"忠勤时事","甚敏于军事",很快就被诸葛亮拜为征西将军,后来成了西蜀后期举足轻重的人物。蒋琬本是荆州一个无名的小吏,但他"为政以安民为本,不以修饰为先",又"常足食足兵,以相供给"前线,的确是个很有才能的人。因此,诸葛亮临终时毫不犹豫地推荐他做了继承人,当了蜀国的丞相。

诸葛亮不仅自己留意选拔贤才,而且十分注意教育下属官员不要嫉贤妒能,要积极向上推荐有德才之士。当广汉太守姚伯向诸葛亮荐举自己有才能的部下时,诸葛亮很是称赏,并要其他官员向他学习。

诸葛亮把严明法令、整顿吏治放在首位,以获得良好的政治局面。他主持修制了一部比较完善的法典《蜀科》,公布于众,作为蜀汉政权实行法治的基础,使"赏不可以虚施,罚不可以妄加",以达"科教严明,赏罚必信,无恶不惩,无善不显"。同时,他还制订出"训励臣子"的科条:八条、七戒、六恐、五惧。诸葛亮严于执法,不论亲疏,他说:"吾心如秤,不能为人作轻重。"他十分强调以身作则,认为"其身正,不令而行;其身不正,虽令不从",带头遵循一切法令,如后来北伐时因用人不当失守街亭,诸葛亮随即主动上书请降三级,以示惩罚。

诸葛亮依法治国,能做到开诚布公。所以,"邦域之内,咸畏而爱之。刑政虽峻而无怨者,以其用心平而劝戒明也。"在街亭之战中,将军向朗因对马谡违令失守知情不报被诸葛亮革职,而他的侄子向庞却因为久经战场,"晓畅军事",办事稳妥谨慎,对蜀汉有贡献,在诸葛亮的亲自选拔下升为督军。向朗事发罢官后,诸葛亮依然十分信任向庞。在整个北伐期间,诸葛亮都把后方兵马大权交给他,向庞也忠于职责地完成了任务。《三国志》作者陈寿,其父因犯法被诸葛亮处以重刑,尽管有辱父之仇,陈寿依然颂扬诸葛亮严明的法治精神。中都护署府事李严和长水校尉廖立,因违法乱纪被罢官,流放到边远地区务农,但在听到诸葛亮去世的消息后,都禁不住悲伤交加。

经过诸葛亮大力整治,蜀汉朝廷法威大振,政令严明,官吏不敢作恶,百姓人人向善,"道不拾遗,风化肃然",从而提高了各级官吏的积极性和国家机构的工作效率。

诸葛亮恢复和发展生产的政策,主要是"务农殖谷,闭关息民"。他积极推行奖励耕战的政策,即使是在前线的将士,也必须从事农业生产。他还曾招五千名青壮年到汉中屯田,并命令汉中太守兼任督农,把农业收成作为衡量政绩的标准。农业的发展,恢复和充实了蜀汉国力,为以后的军事行动准备了物质条件。

诸葛亮十分重视兴修水利,"以此堰(都江堰)为农本,国之所资",创设堰官,专门管理都江堰。调遣一千多名青壮年,疏通河道,使都江堰水利工程的灌溉作用得到充分发挥,保障了蜀汉农业的发展。

诸葛亮把直接关系人民生活和国家税收的盐铁开采经营权收归官府所有,专门设置了盐府校尉和司金中郎等官职,选拔有理财能力的官吏担任此职,管理食盐和铁器的生产,还常常亲自过问盐铁生产经营状况。这些措施极大地增加了蜀汉政权的财政收入。

诸葛亮用卖蜀锦的办法集中增加财政收入，补充空虚的国库。他把织锦工匠集中在一起，筑城派兵加以守护，并设置锦官，专门管理蜀锦的织造。另外，他还亲自带头，让家眷在园中种桑八百株，以带动百姓植桑养蚕，为蜀锦生产提供了充分的原料。他曾说："今民贫国虚，决敌之资，惟仰锦耳。"在他的倡导和各种有力措施的施行下，蜀锦生产有了相当大的发展。

诸葛亮卓越的军事才干，还表现在其治军严谨上。要完成统一大业，就必须建立一支强大的能攻克制胜的军队，诸葛亮从蜀汉国弱人少的实际情况出发，注意苦练精兵，建立纪律严明的军队。他说："有制之兵，无能之将，不可以败；无制之兵，有能之将，不可以胜。"他坚持"法令明、赏罚信"的原则，所以蜀汉才会出现"士卒用命，赴险而不顾"的情况。同时，诸葛亮还注重对将领的考核和提拔，认为"良将之为政也，使人择之，不自举；使法量功，不自度"，启用这样的选拔方法，优秀的将领就不会被忽略。诸葛亮特别讲究兵法的运用，他发展孙子兵法，结合实战，创造出有名的"八阵图"，变化无穷。他还制订了有关练军、行军、扎营、作战、撤退等一整套行之有效的办法，要求行军定静而神速，宿营驻寨的布置必须坚实而有条理，正所谓"止如山，进退如风"。蜀军经过诸葛亮的严格训练，战斗力大为提高，达到了"数万之众，其所兴造，若数十万之功"的程度。如在第五次北伐时，司马懿统率三十万精锐魏军，面对千里而来、粮草不济的十万蜀军，也只能深沟高垒筑营，仅能自守而已。

公元215年，曹操亲率大军讨伐汉中的张鲁，张鲁败降，曹操留大将夏侯渊驻守汉中。公元217年，鲁肃去世，鉴于吴蜀联盟前途遥远，刘备和诸葛亮都认为夺占汉中，巩固巴蜀已是刻不容缓的事情。于是，刘备听从法正之谋，亲率大军北进汉中，与曹操交战达两年之久。诸葛亮坐镇成都，提供兵饷粮草，不失萧何之功，终于以黄忠斩夏侯渊，刘备攻取汉中而结束战事。

公元291年7月，刘备下属文武大臣120多人联名上表汉献帝，尊刘备为汉中王。这篇借古喻今，言天下"安危定倾"的表文，经过诸葛亮审议，领衔的却是平西将军马超，其次是刘璋旧臣，然后才是诸葛亮和关张赵等人。这表明了诸葛亮等腹心旧臣的廉逊之德和宽大气度，表示不论新故都同心拥戴，甚至新人比旧故更迫切，增加了马超等人的向心力，显示了刘备集团的高度同心协办。从表文排名也能看出诸葛亮的良苦用心。

荆州守将关羽，骄傲轻敌，盲目自尊，是诸葛亮深为担忧的。当刘备兵定益州拜马超为平西将军时，关羽即要入川与马超比武，刘备很是担扰，诸葛亮深知关羽为人，于是写信称："孟起(马超字)兼资文武，雄烈过人，一世之杰，黥、彭(刘邦手下勇将)之徒，当与翼德同心争先，犹未及髯(关羽称美髯翁)之绝伦逸群也。"关羽看了很高兴，还把信拿给左右宾客看，志得意满。后来，刘备占领汉中称王，封关羽为前将军，黄忠为后将军，而关羽一听黄忠为后将军，不禁大怒道："大丈夫誓不与老兵同列！"后经刘备和诸葛亮暗授机宜而去的益州前部司马费诗晓以利害，关羽才大为感悟，拜受了印绶。

关羽对诸葛亮联吴以守荆州的重大策略十分轻视。不但常和鲁肃在边境上制造摩擦，挑起事端，而且连孙权也不放在眼里。当孙权派使者为儿子求娶关羽之女时，他不但不许婚，还辱骂孙权说："虎女安肯嫁犬子乎！"使孙权深恨关羽。眼看刘备势力日益强盛，孙权深感不安，孙、刘集团之间的矛盾也越来越激化，于是孙权开始谋划夺取荆州。诸葛亮最担心的事终于还是不可避免地发生了。

公元219年7月，关羽按照刘备的安排，发动了襄樊战役，一举夺下襄阳，把曹仁围困在樊城中。曹操派大将于禁、庞德率七路精锐军队前去援助，关羽用计水淹七军，于禁被捉投降，庞德被生擒斩首，关羽一时"威震华夏"。这是关羽一生功业最为得意的时刻，但是实在太短暂了。

魏王曹操这时坐镇洛阳，深感许昌受到关羽的威胁，已有迁都邺城的

打算,但又唯恐动摇人心。经与司马懿等谋士商议后,曹操一面派徐晃发兵救援樊城,一面遣使劝说孙权抄袭关羽后方,并以割让江南地区给孙权相诱惑。正当关羽与曹军打得难解难分之时,早有意夺取荆州的孙权,便派吕蒙用计偷袭了江陵,攻占了关羽的后方。关羽闻讯大惊,不顾诸葛亮当年的嘱托,挥军南返,途中被东吴军队俘虏杀害。孙权进而占领荆州各郡县,为防备刘备报复,遣使向曹操称臣,并奉上关羽首级,意欲使刘备移恨曹操。曹操深知其意,刻沉香木为躯,以王侯之礼葬关羽于洛阳南门外,令大小官员送殡,亲往拜祭,并赠为荆王,以使刘备更恨孙权,从中获利。就这样,孙、刘联盟彻底瓦解,天下形势发生了巨变。

消息传到成都,刘备悲痛欲绝,即要提兵讨伐东吴。诸葛亮及众官员再三劝阻说:"孙权与曹操各怀鬼胎,目前只可按兵不动,等到吴、魏不和时,再乘机讨伐。"考虑到当时的实际情况,刘备也只好暂时不计较此事。

公元220年,曹操病故,长子曹丕继位,废掉汉献帝,自立为帝,建立魏国。第二年,诸葛亮劝说刘备继承汉统,建立蜀汉国,以取得政治上的主动。于是刘备在成都称帝,以诸葛亮为丞相,置百官,立宗庙。

公元221年7月,刘备为了给关羽报仇,也为了夺回战略要地荆州,命丞相诸葛亮辅佐太子守成都,自己带领蜀军精锐主力去讨伐东吴,诸葛亮、赵云等苦谏也无济于事。这时,张飞因急于为关羽报仇,鞭挞士卒,被部将害死,刘备把张飞的死也算在孙权身上,坚决出兵伐吴,到江州时留下赵云镇守,立即兵出三峡。

起初,刘备兵力甚锐,所向无敌,连连打败东吴军队。孙权多次派人向刘备求和,遭到盛怒之下的刘备的拒绝。刘备感情用事,违背诸葛亮联吴抗曹的策略,使自己腹背受敌,处于不利之势,这是很大的战略失策。孙权见求和不成,形势又危急,只好一面派使节向曹魏称臣,请求魏国发兵相助,一面派大将陆逊领兵抵挡。公元222年5月,刘备的军队在亭(今湖北宜都北)一带因疲劳轻敌,安营寨于密林中,被陆逊带领的吴军用火攻破,火烧连营数百里,号称七十万的蜀军伤亡惨重,军事物资几乎全部被烧光。刘备率领败军退回白帝城,羞愧痛心中一病不起。

刘备在亭连营数百里与吴军对峙时,连魏帝曹丕都说刘备不懂兵法。谋士马良提议画扎营地图问诸葛亮,但刘备不以为然。当诸葛亮在成都见到马良画的图本时,拍案叫苦说:"是何人教主公如此扎寨,此人当斩!"在得知是刘备自己的安排时,诸葛亮情不能禁地叹息道:"难道大汉气数真的已尽了?"然后又说:"东吴兵胜,我入川时,已经在鱼腹浦地埋伏下十万精兵,陆逊害怕魏军袭击其后方,必然不敢来追,成都可保无事。"于是,一面派人火速去告刘备,一面调遣军马准备营救。后来刘备兵败,陆逊追击时迷入诸葛亮在鱼腹浦布的八阵图中,多亏黄承彦指引才得以脱险。后世杜甫有诗赞道:"功盖三分国,名成八阵图。江流石不转,遗恨失吞吴。"陆逊脱险后叹道:"孔明真是卧龙,我不及也!"于是下令班师回朝,准备迎击魏军的进攻。

荆州之失和亭之败,不仅使蜀汉元气大伤,损失惨重,而且使诸葛亮两路北伐的实际计划也无法实行,导致蜀汉不断强大的终止和三国鼎立之势的最终形成。

公元222年3月,刘备在白帝城病危,火速派人奔回成都,诏诸葛亮到白帝城,将统一大业和幼子相托付。当时马良的弟弟马谡也在白帝城,刘备总觉得马谡身上缺少点真实的东西,于是提醒诸葛亮道:"马谡言过其实,不可大用。"诸葛亮听了,心里感到费解。转眼到了4月下旬,刘备病情一天比一天严重。临终前,他托诸葛亮辅佐刘禅,完成统一大业。遗诏刘禅要多读一些法家的书,多向诸葛亮讨教。并对诸葛亮深情地说:"君才胜过曹丕十倍,必能安邦定国,成就大业。若是刘禅可辅,则辅之,如其不才,可取而代之。"诸葛亮一听,急忙跪下,泪流满面地说:"臣一定竭心尽力,效忠贞之节,就是死也报答不了陛下对臣的知遇之恩。"刘备听后流着眼泪,一面命内侍扶起诸葛亮,一面请李严前来,嘱咐他协助诸葛亮共

辅太子刘禅。然后把两个小皇子叫到身前,命他们跪在诸葛亮前,告诫说:"我死之后,你们兄弟三人要把丞相当作父亲一样对待,同心共事,不可违命。"不久,刘备就病逝了。

刘备病逝后,太子刘禅继位,封诸葛亮为武乡侯,开府治事,又兼任益州牧,刘禅对诸葛亮敬之如父,"委以诸事"。于是诸葛亮义不容辞,全面担负起蜀汉的军政重任,苦心孤诣,殚尽心血。

5.出师北伐,名垂千古

刘备死后,蜀汉政权面临着深刻的危机:强曹在北,仇吴在东,国力大大削弱,内部也很不稳定,南中叛乱不断。诸葛亮正是在这样的情况下,受命开始管理蜀汉的军政事务。

魏主曹丕听闻刘备死去,认为良机已到,便听从司马懿之计,派遣五路大军,围攻西川。第一路,曹真取阳平关;第二路,反将孟达从上庸进犯汉中;第三路,东吴取峡口入川;第四路,南蛮王孟获进犯益州四郡;第五路,西羌番王轲比能直奔西平关。消息传到成都,蜀汉朝廷为之震动。诸葛亮因病不能视事,后主刘禅亲往相府探病问候,诸葛亮笑着对刘禅说:"四路敌兵,臣已退去了。马超守西平拒羌兵,魏延以疑兵阻南蛮孟获,李严写信给孟达使其称病在军,关兴、张苞在重要的地方屯兵三万作为各路策应。东吴孙权自不会轻举妄动,我们只须派一个能言善辩的人去东吴,陈说利害,东吴自然就先退了。"果如诸葛亮所料,四路进犯之兵都纷纷败退。同时,为了执行联吴抗曹的战略,诸葛亮任用很有外交才能的邓芝出使东吴,经过邓芝艰辛而卓绝的努力,在客观形势的推动下,终于使吴、蜀这两大相互仇视的政治集团联合起来，重新缔结盟好条约。这是诸葛亮外交政策的重大成功，它不但把一个强大的仇敌化为盟友，而且牵制了曹魏的军事威胁。这样，诸葛亮就能专心搞好蜀汉内部事务，同时，积极准备解决当时已成为蜀汉政权威胁的南中内乱问题。

三国时期隶属于蜀汉管辖的南中地区，包括今天云南、贵州和四川西南部一带，古称"夷越之地"。由于东汉统治者的"赋敛烦扰"，激起了南中各族人民的反抗，残酷的镇压使得人民掀起更大规模的反抗，而一部分少数民族奴隶主"夷帅"和汉族豪强地方"方士大姓"，时刻都在寻机激化矛盾，以达到他们割据自雄的目的。由于上层分子雍、孟获等的造谣和煽动宣传，不少人受骗跑到叛军中去，叛乱几乎达到整个南中地区。

公元225年3月，经过近两年的"闭关息民"，在把内政外交各方面安排好后，诸葛亮认为出兵平定南中叛乱的时机已经成熟，于是亲自统领大军南下平叛。

诸葛亮采用了"攻心为上，攻城为下，心战为上，兵战为下"的策略来平定南中之乱。他采取反间计杀了叛乱首领雍闿、朱褒，全歼高定部后，五月渡泸，深入不毛，开始征讨孟获。孟获收纳麻雍等人的余部，继续与蜀军对峙。作为少数民族的首领，孟获在南中为"夷汉所服"，是当地一位很有影响力和威望的人物。诸葛亮想要收服孟获，使他从心里臣服蜀汉政权，在西南少数民族中造成影响，以便长期稳定南中局势。

孟获在蜀汉大军到来时，聚集三洞元帅讨论，后派三位元帅各领兵五万，分左、中、右三路来迎战。诸葛亮用激将法，使赵云、魏延两位老将军杀奔敌军营寨，大败蛮兵，斩了敌军中路元帅，左右两路敌军元帅从山路逃路时也被埋伏的蜀军擒获。

诸葛亮命人解去两位元帅的绳索，赐给酒食衣服，让两人各自归去。同时让人解去被俘蛮兵的捆绑，安抚说："你们都是好百姓，不幸被孟获蛊惑，今受惊吓了。我想你们的家人一定倚门而望，我今天全放你们回

去，以安各自家人之心。"蛮兵深感其恩，哭着拜谢归家。

孟获听闻兵败，大怒，于是率兵进发。诸葛亮使王平诈败，引诱孟获军进入埋伏圈。孟获见蜀军旌旗四起，队伍杂乱，即生轻敌之意，驱兵追击王平。正追杀时，蜀将张嶷、张翼两路兵马突然杀出，截断后路。王平领兵杀回，赵云、魏延从两侧夹击，孟获抵挡不住，被魏延生擒。

诸葛亮对孟获不杀不辱，反而款待有加，让他观看蜀军的营垒和阵容。孟获并未服气，声称自己是因为未知虚实而中了埋伏，并说再战必胜。诸葛亮便笑着放他回去，让他整顿军马再来交锋。结果孟获又一次兵败被捉。可是他还是不服气，于是诸葛亮又把他放回去。就这样，一捉一放，前后共七次。第七次孟获被捉住的时候，诸葛亮微笑着说要放他回去，这时孟获终于心悦诚服地说："公，天威也，南人不复反矣。"这就是历史上诸葛亮"七擒孟获"的故事。后世有关这方面的记载和传说很多，至今云南一些少数民族地区还亲切称诸葛亮为"孔明老爹"。现在的东南亚各国人民说到诸葛亮，也是肃然起敬，一般都不直呼其名，而是尊称孔明先生，可见诸葛亮对其影响久远。

取得平叛南夷的胜利后，诸葛亮采纳了"以夷制夷"的政策，任用当地少数民族首领来管理政务，不再留派汉人官吏和军队。有人对此表示怀疑，诸葛亮说："留人有三不宜：其一，留汉族官吏，就要留兵，而所需军粮难以解决；其二，战争刚刚结束，双方各有死伤，留汉人而不留兵，必成后患；其三，南中常有废杀之举，自嫌衅血，如留汉人，不敢相信。因此用夷人自治，使夷汉各族相安无事。"此外，诸葛亮还选拔少数民族中威望很高的首领到蜀汉朝廷中任职，以增强民族团结。

为了巩固南中的安定，巩固蜀汉中央集权的统治地位，诸葛亮在南中扩大和健全了郡县制，推行部曲制度。把原来南中四个郡重新划分为六个郡，并派遣一些比较可靠、有能力、熟悉当地情况的官员作太守。他们都比较重视整顿政治，贯彻执行诸葛亮的各项政策，对巩固蜀汉在南中地区的统治起到了很大的作用。

在加强政治统治的同时，诸葛亮还很重视发展南中地区的农业和生产。推广汉族先进的农业耕作技术，教当地少数民族使用耕牛，传授织绵技艺，重视南中盐铁业和商业的发展。他动员大量人力修复久不通已久的道路和沿途的驿亭，以利于商旅往来，促进南中地区与内地经济、文化、物资的交流，还从当地少数民族中选拔一批年青力壮的人，组编军队，连同其家属迁到蜀中。这支由南人组成的军队，异常骁勇善战，号为"飞军"，成为当时蜀军中一支精锐骑兵，后来在北伐战争中起了不少作用。

诸葛亮"和抚"南中地区的措拖和方针既巩固了蜀汉政权，实现了"夷、汉粗安"，又促进了南中少数民族地区的经济发展和社会进步。据史书记载，当时南中地区的一些特产，如金银、丹漆以及耕牛、战马等，都源源不断地运往蜀中，为蜀汉政权带来了巨大的经济效益。

在南中这个大后方得到巩固后，诸葛亮随即按照他的既定方略，加紧训练兵马，强化武装力量，积极策划北伐中原。

6.历史功过及后人评说

汉末三国时期的历史，波澜起伏，人才辈出，涌现出了一批杰出的历史人物，诸葛亮就是其中最具代表性的一位。他去世几十年，却依然受到蜀中一带"国人歌思"，到了唐代，那里也还"歌道遗烈"，缅怀和追念他的伟绩。直到今天，东南亚有些国家，甚至日本国内，还有许多人以诸葛亮为楷模，常思不忘。可见诸葛亮的伟大和对后世影响的深远。

诸葛亮从27岁出山到54岁病逝北伐前线五丈原，他短促而又峥嵘的一生，几乎时时处处都充满了超人的智慧和才干。从他走出隆中，登上当时风云变幻的政治舞台，恰好是半生操劳，尽瘁国事。前半生是他立志用世的预备阶段，结庐隆中，因志成学；后半生则是他忠勤操劳，"两朝开济"的用世之期。唯因他前半生立志立得坚决，准备用世的才干又准备得充分，所以他在后半生才以其操守贤贞、智才卓出的条件，在当时的历史条件下，做出一番轰轰烈烈的伟业，赢得"名垂千古"的崇高声誉。

在著名的《隆中对》中，诸葛亮向刘备提出进取荆、益，革新政治，积蓄力量，准备条件统一全国的建议，表现了他对当时形势的清醒认识和深刻分析。他帮助刘备由无立锥之地到建立蜀汉，并两代任相，长期主持蜀汉的军政要务，推行汉治路线，对于西南地区政治、经济的发展，作出了巨大的贡献。他重视"耕战"，大力发展农业生产，采取设立司盐校尉等一系列措施，做到了国盛民富；他审时度势，清醒地知道敌人和盟友，还注意联合少数民族；他治军有方，使军队训练有素，作战时注重调查研究，因而经常取得胜利。他的智慧和谋略的运用，不但在当时的政治舞台上演了一出威武雄壮、绘声绘色的话剧，而且对后世的政治、经济、军事、外交、民族等政策也产生了深远的影响。

在中国古代，没有哪一位政治家或军事家能够像诸葛亮那样，获得了当时以及后世那么多的褒扬和赞誉。诸葛亮身后的蜀汉，在他的继任者蒋琬等相继去世后，也就一天天走向衰落了，的确让人有"人亡政息"的感叹。人民关注国家的命运，怎能不怀念诸葛丞相呢。连魏国征西将军钟会，在统兵征蜀到汉中时，也亲往诸葛亮庙中祭奠。蜀亡之后，诸葛亮的声望反更大，身价反而更高。晋王司马昭在灭蜀以后，立即叫陈勰学习诸葛亮兵法，其子晋武帝司马炎还亲自向蜀汉降臣樊建请教诸葛亮治国之方，而司马懿早就称赞诸葛亮为"天下奇才"了。对诸葛亮的备加推崇，晋代开国的司马祖孙三代算是给后世开了先河。

从晋代开始，历代都在给诸葛亮升官晋爵，赐庙加号。晋封武兴王；唐封武灵王，并赐庙；宋赐"英惠庙"，加号"仁济"；元代则追封他为"威烈忠武显灵仁济王"；明代朱无璋钦定"帝王高"，选从祀名臣37人，"忠武侯与拥焉"；清代不但把许多纪念诸葛亮的古祠修葺一新，供人膜拜，而且每年春秋祭礼庙时还以诸葛亮从祀。

历代统治集团也是对诸葛亮备加推崇。晋武帝对诸葛亮的治国之法甚是称道，感叹地说："我要是有诸葛亮辅佐，怎么会像今天这样劳累！"唐太宗李世民曾多次向臣下称道诸葛亮治国忠勤，他认为蜀汉"十年不赦，而蜀大化"的根本原因在于有"贤相"诸葛亮为政"至公"，要房玄龄等大臣效法诸葛亮"公平"治国。宋代大学者朱熹认为："论三代而下，以义为之，只有一个诸葛孔明。"简直把诸葛亮颂扬到无以复加的地步。清代康熙帝感叹说："诸葛亮云：'鞠躬尽瘁，死而后已。'为人臣者，惟诸葛亮能如此耳。"乾隆帝亲撰的《蜀汉兴亡论》，大发"用贤与不用贤，关系国家存亡"的议论，对诸葛亮推崇备至。至于各朝文人骚客，武将名流，为诸葛亮著书立说，歌功颂德，已成蔚然之风。

历代封建统治阶级对诸葛亮的歌颂，自然有着他们本身的政治目的，但诸葛亮作为中国封建社会人治较为完美的成功者，有两点是被后世公认的：一是他忠于信念，矢志不移；二是他谦虚谨慎，克己奉公。前者反映他积极进取的精神品格，后者表示他鞠躬尽瘁的思想作风。这或许永远为后人所追缅和学习。

"纷纷世事无穷尽，无数茫茫不可逃；鼎足三分已成梦，后人凭吊空牢骚。"往事越千年，诸葛亮所处的三国动乱之世早已成为历史，但诸葛亮作为伟大的政治家、军事家、外交家却是永垂后世的，他运筹帷幄、决胜千里、神机妙算的谋略大家形象永远活在人们心中。

◇链◇接◇：

诸葛亮生平几大疑案

1.手足之疑

当年诸葛珪早死，其子诸葛亮投靠叔父诸葛玄，但诸葛玄打算赴任豫章郡为太守，就任的同行之人有诸葛亮和其弟诸葛均及二个姐姐，唯独没有其兄诸葛瑾。诸葛亮与诸葛瑾伯仲之间，为何诸葛瑾得以单身奉养继母远避江东，然后被推荐而仕事于孙权，也已荣华富贵，却不顾手足之情。诸葛瑾当初置四位兄弟姐妹的生死于不顾，事后生活安稳又不回头寻找，是不是有遗弃的嫌疑，这不得而知。但对诸葛亮而言，其兄弟关系之微妙，耐人寻味。

同时在徐州还有诸葛亮的从弟诸葛诞，在魏国享有盛名，诸葛诸昆仲之中，诸葛亮、诸葛瑾及诸葛诞在《世说新语·品藻》有"蜀得其龙，吴得其虎，魏得其狗"的评价。但诸葛诞年轻时就已担任尚书郎及吏部郎，往来皆俊士名流，当时有"四聪"及"八达"之称，还惊动魏明帝下令免官，但后来又复职出仕，"为御史中丞尚书，出为扬州刺史，加昭武将军。"从经历及住来而言，诸葛诞的身分背景就不会是凡夫俗子，应该是名门世家。诸葛亮自幼孤弱，若有如此富贵的远房亲戚，为何他不就近依从，反而随叔父诸葛玄远走他乡？诸葛家之间是否有不为人知的矛盾，令人费解。

2.同窗好友

相交而互相提携，曹魏的荀彧引进荀攸、钟繇、陈群、戏志才、郭嘉、严象、韦康、郗虑、华歆、王朗、荀悦、杜袭、辛毗、赵俨及司马懿等人，虽有颍汝区域之嫌，但举才之中不乏称职闻达的佼佼者；孙吴有张昭、张弦、周瑜、鲁肃及诸葛瑾，也是互相提携，私人引进而来，周瑜介绍鲁肃，邓当介绍吕蒙；刘备更是喜欢结交豪侠，蜀汉几乎可以说是以刘备个人为中心而组织的团体。以相交情谊来论关系，优劣各半，最差就是结党营社，但最佳也有英雄惜英雄，互相提拔的效果。

以交往而言，似乎诸葛亮未能引进亲朋好友，徐庶、石广元及孟公威均仕宦于魏，崔州平也未能封侯拜将，石韬、虚建及司马徽亦未得显要。归纳诸葛亮的用人方向，虽得清高不党之举，但会不会同时也漏失发崛涓滴砂壤的机会，居然不用昔日青青子衿。对时人来说，认识荀彧，还能在曹操集团谋得一官半职；结交周瑜，鲁肃还能被孙权重用；反而交游诸葛亮者，却不被刘备所用，布衣如故。所谓的荆州集团，诸葛亮却没用半个来自他躬耕时结交的同窗。

3.婚姻嫁娶

诸葛亮若想趋附门阀势族，则应攀枝逢迎，在隆中结交布衣或隐士，根本无法让他求得一官半职。此点同样可以用在他娶妻上，诸葛亮虽结亲黄家，但并未因此晋身龙门。诸葛家虽与庞家、黄家、蒯家、蔡家、习家及刘表建立姻亲表里，结果这些人大部分都未能加入刘备集团，蒯良、蒯越、庞山民及蔡瑁等人心向曹魏，庞统原先也任职于周瑜麾下，所谓的荆州名士势族，几乎都投魏而不向刘备。庞统加入刘备还比诸葛亮要晚，诸葛亮亦未借庞统而接近刘备。后世有人批评诸葛亮以狭心现实依附势族，但依此看来，这桩所谓的政治婚姻能给他带去的影响，可说是微乎其微。

刘备还有麋夫人的政治婚姻，曹操亦为曹整娶纳袁谭的女儿的政治手腕，这些政治婚姻都为刘备及曹操带来相当程度的利益。但是诸葛亮的黄夫人，却不见其利，亦未有助于前途的发展。凡事若有因果，则可称之奏效；若毫无影响，足见当初无心。诸葛亮的婚姻没有带来皇亲国戚的身份，也没有成为他政治上升官仕宦的踏石，因此，所谓诸葛亮政治婚姻无效，东汉多的是外戚干政，诸葛亮却未因婚姻而在政治上发展。

4.躬耕居所

至于隆中,原本应属南阳郡管辖,但荆州牧刘表仅治七郡,刚好就少了原荆州八郡之一的南阳郡。当时,南阳郡被张绣雄据,而张绣后来投降曹操,因此南阳郡不是被张绣就是被曹操所统治。襄阳原属南阳郡所管辖,但是南阳郡的郡治在江陵,滨临长江水边,而稍北的襄阳因其地理位置关系,有必要用重兵镇守,于是刘表才亲守于襄阳,以防万一来自南阳的南侵时得以迅速反应。隆中及新野虽属南阳,却离襄阳很近,这也是刘表派刘备驻兵于新野,在博望设伪遁伏击以拒夏侯惇及于禁,而刘备能在南阳郡内出入,三顾茅庐的原因。由此可推论,隆中及新野皆属刘表的势力范围,虽然南阳仍在曹操统治之下,此为躬地之争。

住在隆中则受到刘表的统治,不会说夹在南阳郡的官吏与襄阳的官吏而无人可管,南阳郡从魏,隶属曹操势力,襄阳为刘表自领,效力早已囊括隆中。若是生活可安定于被曹操所管,诸葛家族也不必远从曹操所治的徐州出走,离乡背井重回曹操势力范围之内。隆中虽名属南阳,但容诸葛亮长期居住,刘备走访寻才,刘表在荆州的影响力不容小觑。

5.儒经治学

两汉经学发达,但师承的区别争议颇多,特别是今古文之争。诸葛亮早年颠沛流离,无博学鸿儒的诲谆及家世背景的支持,无论学习或作学问,先天上不如人,造成起跑点的延迟。刘备尚能向九江太守卢植就读,孙权曾读四经及春秋外传,曹操本人更是孝廉出身,能诗能赋。但诸葛亮早年父母双亡,生活尚且困难,无瑕精进课业。古文经讲实事求是,没有原文原典,就无缘入门作学问,就算家贫无力购置书册,想拓印太学碑林上的经文也不得要领,因为碑林远在关中长安,而诸葛亮家住徐州。今文经尚微言大义,春秋书法全凭教导植基,没有训释引注的协助,百思不得其解。

从教导刘禅的《申子》、《韩非子》、《管子》及《六韬》,这些书极具譬例繁多,适合引起兴趣的启蒙初导,当成看故事说书也行。反而从与刘备会谈之隆中对、向刘琦献策脱身、诣孙权说同盟战赤壁、劝进立王称尊号及议吴称帝不绝盟，诸葛亮引用大量的历史前例，所知时代早已超越春秋战国，见识广阔而多方涉猎。相传《将宛》及《便宜十六策》为其兵法作品，记载对治军、用将、君臣及政事的各项见解，议论大于文饰，贯彻"治实而不治名"，讲究实际的作风。因此诸葛亮治学似乎没有固定学派，反而为集众家之大成。

6.《魏略》多误

两种以上不同的记载彼此冲突，在未能肯定谁是谁非之前，不宜铁口直断，骤下结论。正史《三国志》谈刘备"三顾茅庐"寻访诸葛亮，《出师表》也谈刘备"三顾茅庐"寻访诸葛亮，《魏略》却说诸葛亮"北行见备"。不过，《魏略》的地理位置错乱，宛如《三国演义》的"关公过五关斩六将"，方向感有误。刘备若屯兵于樊城，造就成诸葛亮"北行"的条件必须是他身在樊城的南方，但诸葛亮隐居于隆中，而隆中在襄阳的西北方，这一点可参考习凿齿的《诸葛亮宅铭》及盛弘之《荆州记》："襄阳西北十许里，名为隆中，有诸葛孔明宅。"如果诸葛亮从隆中到樊城，方向就变成"东行"或"南下"；或者诸葛亮必须人在樊城的南方，才有办法完成"北行"的任务。樊城的南方有襄阳及江陵等，不知诸葛亮何时何故离开隆中专程南下，再来"北行见刘备"。

其他还有录游户益实兵之差及结髦牛织耗之疑，《魏略》清楚叙述琐事甚细，却无对隆中有过片言只语，暗有否定诸葛亮不住隆中之意。正如《魏略》还提到刘禅被卖，再由张鲁送回及立太子之事，按刘备称汉中王后始立太子，时间在刘备战胜曹操之后，其中曹操还收降张鲁，刘备反而没机会攻打张鲁。称王登基这种大事所知之人甚多，不会因为消息不详而搞不清楚，那么其他旁门左道的小事，知道的太仔细，反而有问题。像《魏略》就把刘禅的名字写成"刘升之"，难怪裴松之对《魏略》传闻之言颇有微词。

7.诸葛亮葬身之处

诸葛亮是我国历史上著名的政治家、军事家，人们称他神机妙算，用兵如神。但他死后究竟葬身何处无人知晓，这与他的神机妙算有关。

诸葛亮的墓地，据《三国演义》和历代的一般说法，是在陕西勉县的定军山。其实，定军山并不是他的真墓。

诸葛亮自五丈原一病不起后，自知寿数已尽，便对后事作了精心安排。他早已料到蜀汉不久将会被魏所亡，自己与司马懿交兵多年结有深仇，如果自己的墓地被敌人知晓，死后肯定得不到安宁。于是，他密奏后主刘禅："若臣一旦死后，当以不搞厚葬，不择地安葬为宜，只须将臣尸首装入棺木，用新绳新杠抬着，一直往南走，等到绳杠断烂之时，就是臣的葬身之地。"然后又公开放出风声，说他死后一定葬在定军山。

诸葛亮死后，部属按其遗嘱，在定军山大张旗鼓地操办后事，以掩人耳目。其实定军山只是他的一处"衣冠冢"。

后主刘禅按诸葛亮生前安排，悄悄命四名关西壮汉抬着棺木往南走。四人走了一天一夜，棺木越来越重，抬得个个腰酸背痛，但丝毫不见绳杠有断烂的迹象。

这四人商议，如果这样抬下去，不知要到猴年马月才能交差，于是决定择一荒山野岭无人之处，悄悄将棺木埋了。回到成都呈报刘禅，说是绳杠已烂断，已将丞相尸体就地掩埋。刘禅开始信以为真，后来一想不对，怎么新绳新杠仅一两天便断了呢？其中一定有诈！

刘禅对四人严刑拷问，四人只得将实情招了。刘禅大怒，以"欺君之罪"将四人问斩。四人被杀后，刘禅才发觉自己未将墓地问清，后悔不已。于是，诸葛亮葬于何处就永远无人知晓了。其实，一切都在诸葛亮的预料之中。

第五章

房玄龄

——贞观名相,唐之萧何

　　房玄龄是唐代初年著名良相、杰出谋臣,大唐"贞观之治"的主要缔造者之一。他是一位出身书香世家的儒生,跟随秦王李世民十年艰辛征战,终生"效父清白"的饱学之士,辅佐太宗二十载稳任首宰。房玄龄智能高超、功勋卓越、地位显赫。他善用伟才、敏行慎言、自甘卑下、常行让贤。"群星捧月月隐平,治世夜空灿月明",是对他特有的名臣气度、良相风格的赞言。作为一名雅士,他颇具可佩可学的典范;作为一代勋臣,他堪称可歌可颂的英贤。

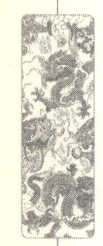

1.淡泊名利,雅量识才

房玄龄(公元579年-648年),唐代初年名相。名乔,字玄龄。齐州临淄(今山东淄博东北)人。他博览经史,工书善文,18岁时本州举进士,授羽骑尉。隋末大乱,李渊率兵入关,玄龄于渭北投奔秦王李世民,屡从李世民出征,出谋划策,典管书记。每平定一地,别人争着求取珍玩,他却首先为李世民幕府收罗人才。他和杜如晦是李世民最得力的谋士。公元626年,他参与玄武门之变的策划,与杜如晦、长孙无忌、尉迟敬德、侯君集五人并功第一。唐太宗李世民即位,玄龄为中书令,公元629年2月为尚书左仆射,十一年封梁国公,十六年七月进位司空,仍综理朝政。李世民征高丽时,他留守京师。贞观中,他辅佐李世民,总领百司,掌政务达20年。他参与制订典章制度,主持律令、格敕的修订,又曾与魏征同修唐礼;调整政府机构,省并中央官员;善于用人,不求备取人,也不问贵贱,随材授任;恪守职责,不自居功。后世以他和杜如晦为良相的典范,合称"房杜"。贞观二十二年病逝。李世民称赞他有"筹谋帷幄,定社稷之功"。

房玄龄的父亲房彦谦为官颇有政绩,后来官至司隶刺史,其职责是"统诸巡察京城之外官员",他刚正不阿,为官清正,秉公办事,从不收取贿赂,凡经他举荐的官员均为人正派,一心为国。房彦谦不但为官清廉,还是一个饱学之士,他无论是在朝为官还是赋闲在家,对子侄们的学业都非常重视,时常督促勉励他们。房玄龄自幼聪明机警,对父亲要求自己熟读的经书,无不琅琅上口,深得房彦谦的喜爱。随着年龄的增长,房玄龄在父亲的教导下,不仅写得一笔体兼草隶的好书法,更深受父亲那恢廓闲雅的文笔影响,文章也写得篇篇珠玑,非同一般。对于儿子的日益长进,房彦谦内心充满喜悦,但他并不单单教育儿子攻读学业,还注重培养儿子的品德。有一次,房彦谦对房玄龄说:"别人都因为做官而发了财,我做官却还是一贫如洗。我留给后世子孙的,只有清白的名声。"父亲的一席话影响了房玄龄一生,他后来的官宦生涯,无不体现着父亲的教诲。而房玄龄当时的回答是:"孩儿不图父亲积下万贯家财,父亲的言传身教,足够孩儿受用终身。"此时,房玄龄才10岁,却已立志要终生以父亲为榜样,做一个为政清廉的好官。房玄龄不仅博学多才,且自幼便具有敏感的政治嗅觉,早在隋王朝尚在兴旺时期,就预见其灭亡的命运。

公元617年,房玄龄投奔李世民。李世民一见到他,就像见到老相识一样,立即任命他为渭北道行军记室参军。房玄龄也以为自己遇上了知己,馨竭心力,知无不为,一心一意辅佐李世民。每次战役胜利以后,当唐军将俘虏押回京都时,他已对这些人的身世、才干了若指掌。李渊要下令杀这些人,他就将挑选出来的名册交给李世民,让他收罗这些人才。久而久之,李世民就拥有了许多可用之才,势力越来越强。

房玄龄非常善于推荐人才。大名鼎鼎的杜如晦当时一直在秦王府做兵曹参军,不被李世民重视,不久又要将他调至陕西做地方官。房玄龄立即去劝说李世民将其留下。李世民听从了房玄龄的建议,重用杜如晦。杜如晦后来在李世民的政权里起着极大的作用,人称"房谋杜断",也就是说,凡重大的事,都是由他俩帮助李世民定夺的。

房玄龄极有雅量,即使是反对过他的人,只要真正有才,只要他们愿意,他就会将其留下并委以重任。李世民杀了太子李建成以后,将东宫的主要谋士魏征关入大牢。早在隋末群龙逐鹿之时,魏征就表现出超人的才能,李建成对他极为重视,在与李世民争夺皇位继承权的斗争中,魏征出过不少让李世民头疼的主意,李世民对他恨之入骨,要将他斩首,正是房玄龄夺过卫士腰刀,极力劝说李世民将其留下,才使得魏征有机会被封为谏议大夫。魏征为人耿直,伺主忠心耿耿,敢于直言,出过许多好的

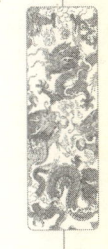

点子,也纠正过不少李世民错误的做法,甚至于一些连房玄龄都不敢说的话,他也敢说。在李世民巩固政权中起了很重要的作用,以至他死后,李世民竟放声大哭。

正是因为房玄龄坚持任人唯贤、不避仇过、才行兼顾、扬长避短、明赏慎罚、用人不疑、严惩告讦等原则,李世民身边才聚集了一大批人才,成为其兴国安邦的重要保证。李世民曾说:"汉光武帝得到邓禹,门人更加亲近。现在我有了房玄龄,就如同光武帝有了邓禹一样。"唐高祖李渊也高兴地说:"玄龄机敏正直,是担大任的料。"

公元621年,李渊因李世民功劳最大,封他为天策上将、陕东道大行台尚书令,开天策府,设置官属。房玄龄被任命为秦王府记室兼大行台考功郎中。这是因为北方的窦建德、王世充等人的势力已被唐朝平定,战事已少,李世民便在皇宫西面开设了文学馆,招纳文学之士十八人为学士,号为"十八学士",并命著名画家阎立本为"十八学士"画像,褚亮作赞词,房玄龄即为"十八学士"之首。十八学士分三班轮流到文学馆值班,每天一班。李世民在公事之余,也常到馆中与他们讨论文籍,有时甚至讨论到深夜。秦王府供给学士们的待遇十分优厚,当时的官僚们把被选为学士看作是"登瀛州"。

贞观元年,唐太宗任命房玄龄为中书令。同年九月,唐太宗对朝中官员论功行赏,房玄龄、杜如晦、长孙无忌、尉迟敬德、侯君集功名列第一,得到了重赏。

封赏完以后,李世民说:"今天论功行赏,大家有什么意见尽管讲出来。"

淮安王李神通说:"陛下,臣带兵打仗,舍生忘死,而房玄龄、杜如晦等人只是端坐朝中,舞文弄墨而已,功劳却排在最前面,臣心里不服。"

李世民说:"你们是有功劳,但房玄龄运筹帷幄,把握全局,你们只是具体执行而已,所以他功劳最大,应该排在第一。"

淮安王李神通惭愧而退，其他大臣也无话可说。

房玄龄为人非常谦虚谨慎，对于论功行赏的事深感不安，便对李世民说："陛下将臣排第一，臣心里很不安。"

李世民回答说："从前汉高祖封赏大臣，萧何在最前面，你就像是朕的萧何，功列第一，理所应当。王者公正无私，才能得人心。朕和大臣们每天吃的穿的，都来自于百姓，所以设官定职，也是为了百姓。国家理应重用、优待贤能的人，让他们更好地为国出力，也使全国上下形成见贤思齐的良好风尚。今天就是依照这样的一个原则，而不是根据我个人的喜好。你当之无愧，就不要再多说了。"

不久，房玄龄又升为尚书左仆射，监修国史，加封为魏国公。李世民对房玄龄说："听说你处理公务夜以继日。你身为仆射，最重要的职责是广求贤才，但你这么忙，哪有时间来为国选才。以后你只要把握重大的方针、政策就可以了，具体事务就让别的人去办吧！"房玄龄感激李世民如此关心自己，更加为国事日夜操劳。

公元629年，房玄龄、王珪以宰相身份主持评议百官政绩，治书侍御史权万纪觉得不公，便上奏给李世民，请求治房玄龄、王珪的罪，李世民派侯君集调查此事。魏征上奏，为房玄龄、王珪辩护说："玄龄、王珪都是朝廷旧臣，向来以忠直为陛下所器重。他们考评了数百名官员，有一二人的评价欠妥只能算是百密一疏，并不是因为他们有什么私心。"

李世民也觉得有道理，他说："朕希望能选出天下贤才，让他们担任官员，为国家效力，为百姓造福。以后只要宰相审核，再上报给朕就可以了。有功则赏，有罪则罚，谁不愿竭力尽心呢，如果能这样，天下哪能不太平？"

当时，各位朝臣对房玄龄尽于职守，无不由衷地佩服，李世民对他也是更加看重，屡屡褒奖。

房玄龄虽身居相位，名贯天下，却从不居功自傲，更不贪权图利。李世

民曾经召集大臣，讨论世袭之事，封房玄龄为宋州刺史和梁国公。李世民之所以要封房玄龄为宋州刺史，目的是为了让房玄龄的子弟世袭。但房玄龄觉着自己身为宰相，应为各位大臣作出榜样，不应贪图私利，便上奏李世民说："臣已经担任宰相，现在又封为宋州刺史，这样恐怕会使大臣们争相追逐名利，使朝政大乱。臣认为不妥，请陛下先罢免臣的刺史职位。"

李世民便依了房玄龄的意思，只封他为梁国公。房玄龄辞掉了宋州刺史之后，朝中大臣纷纷效仿，辞去能世袭的官职。李世民对此感慨地说："上行下效，朝中大臣今天能有这样的行为，都是玄龄的功劳！"

后来，房玄龄又被加封为太子少师，当他初到东宫见皇太子时，皇太子要拜他，房玄龄慌忙躲避一旁，坚决不受。人们看到当朝宰相如此谦虚恭谨，不由得暗中称赞，都说他是亘古未有的贤相。

公元642年，房玄龄觉得自己不宜长期身居高位，多次提出辞呈。李世民对他说："辞让，固然是一种美德。然而国家长久以来都依靠您，如果失去了像您这样的贤相，朕就好像失去了左右手一般。"

2.远见卓识，慧眼识主

房玄龄出生于诗书世家，他的曾祖父和祖父曾在北魏、北齐任职，父亲在隋时做过司隶刺史，文采极好。受家学熏染，房玄龄自小爱好文章，广闻博览，书法一流，才思敏捷，文章异彩纷呈，在当时很有名气。

公元596年，18岁的房玄龄举进士，授羽骑尉之职。此时，隋朝正处于兴盛之时，然而房玄龄却看出隋朝盛世之下隐藏的巨大的政治危机。他对父亲说："隋朝并没有什么功德，只不过靠着愚弄百姓过日子。现在各位皇子又在皇位问题上相互倾轧，权贵们奢侈靡烂，这样的王朝又怎么会持久呢？"令其父十分惊讶。房玄龄事亲至孝，父亲病了，他衣不解带，尽心服侍，对继母他亦一样谦恭谨慎。

公元617年，太原留守李渊在太原起兵反隋，率军三万，进兵关中。李渊军队横渡黄河后，兵分二路。一路由李建成驻守潼关，以防隋军救援，一路由李世民率军西进，占领渭北，逼近长安。李渊父子举兵反隋，得到人民的支持，一路势如破竹，沿途归顺者很多。

此时，富有政治眼光的房玄龄，见隋朝大势已去，便下定决心投奔李渊父子。他来到渭北军门拜见李世民，正好李世民广求贤才，收纳天下英俊，两人一见如故，李世民当即拜房玄龄为渭北道行军记室参军，成为他帐下的主要谋士。当年十一月，唐军攻占隋都长安。第二年五月，李渊灭隋，做了皇帝，改元武德，是为唐高祖。公元618年6月，立李建成为太子，封李世民为秦王，李元吉为齐王。李世民拜房玄龄为秦王府记室，封临淄侯，李渊在长安建立唐政权后，以关中为基地，进行统一全国的战争。

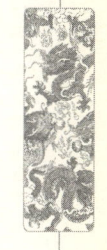

李渊任命李世民挂帅，向各个地方割据势力和农民起义军进攻。房玄龄随同李世民转战南北，运筹帷幄，取得一个又一个的胜利。公元620年，李世民打败了割据西北的刘武周。占领山西后，李世民继续挥师东进，进攻盘据洛阳的王世充。王世充被围，急忙向河北农民起义军窦建德求援。窦建德亲率十多万大军，火速开往洛阳，水陆并进，势不可挡。李世民让李元吉围困洛阳，自己则亲率精兵三千截击窦建德。

汜水一战，唐军大获全胜，窦建德受伤被俘。王世充眼见大势已去，只得投降唐朝。公元622年，李世民镇压了窦建德余部刘黑闼。公元623年11月，又消灭了陇西的割据势力薛仁杲。于是在短短的四五年间，李世民东征西讨，消灭了各种反唐势力，为唐王朝的统一立下了赫赫战功。房玄龄随军出征，尽心辅助秦王，作出了卓越贡献。

在唐王朝的统一战争中，唐军每攻克一城池，诸将往往将目光盯住库里的珍贵宝物。唯有房玄龄不是这样做，他每到一地就首先物色人才，招入幕府，和他们结为朋友，千方百计将他们搜罗到秦王府来，这些人后来为李世民效劳，大大加强了秦王府的实力，为李世民夺得帝位做出了很大贡献。在各地征战中，房玄龄作为秦王府的记室，还撰写了不少军书、表奏，他的文章"文约理赡"，深得唐高祖李渊的赏识。

唐王朝统一全国的战争结束后，其内部又出现了的一场新的战争。

3.筹谋帷幄，玄武之功

唐高祖李渊统一全国后，皇室内部发生了尖锐的政治斗争，太子李建成和秦王李世民为争夺皇位继承权，于公元626年发生了一次著名的政变——玄武门之变。

李建成虽被立为太子，是皇位的继承者，但秦王李世民当年与唐高祖李渊同在太原起义，南征北战，屡立战功，被封为"天策上将"，位在百官之上。同时，李世民的身边又有房玄龄、公孙无忌、尉迟敬德、杜如晦等一大批文臣武将，勋德尤盛，势力强大。于是，太子李建成一方面加紧建立自己的军队"长林军"，强化自己的武装力量，一方面与李渊的四子、齐王李元吉以及后宫妃嫔相勾结，在唐高祖李渊面前诬陷李世民。

一次，李建成邀请李世民到东宫夜宴，在酒中下毒，李世民喝酒后心中暴痛，吐血数升。秦王府中震动，计无所出。看到这激烈的斗争形势，房玄龄实在有些按捺不住，对公孙无忌说："现在太子与秦王的矛盾日益激烈，大乱必兴，不但会祸及秦王府，恐怕还会危及国家。我有一个计策，莫若让秦王遵周公之事，外宁区夏，内安宗社，申孝养之礼。存亡之机，间不容发，正在今日。"所谓"遵周公之事，外宁区夏，内安宗社"，就是劝李世民像当年周公除掉管、蔡那样除掉李建成、李元吉，这样才能使国家安宁。公孙无忌把这些话转告了李世民。李世民紧急召见房玄龄，和他进一步商量斗争对策。此时，房玄龄仍随府迁授秦王府记室，封临淄侯，又以本职兼陕东道大行台考功郎中，加文学馆学士。他们的这次密谋被太子李建成知道了，李建成见房玄龄、杜如晦为李世民所亲遇，十分憎恶，屡次在唐高祖李渊面前诬陷他们，因此房玄龄与杜如晦一起被斥逐。宫廷内部的权位之争日益激烈。

公元625年6月，突厥入侵，包围乌城，李建成推荐李元吉代替李世民都督诸军北征，唐高祖李渊同意了。于是李元吉请尉迟敬德、程知节、段志玄及秦府右三统军秦叔宝等与之偕行，目的是把李世民帐下的精锐人士都拉到自己这边来，削弱李世民的力量。李建成还与李元吉密谋，在为李元吉饯行时，使壮士杀死李世民，夺取权位，同时把尉迟敬德等也一起除掉。

危在旦夕之际，李世民令妻兄公孙无忌密召房玄龄等速来商议，房玄龄、杜如晦身着道士服，乘着浓浓夜色潜入府中。经过细致谋划，定在六月初四起事。这天，秦王李世民亲自带100多人埋伏在玄武门内。李建成和李元吉一同入朝，待走到临湖殿，发觉情况不对，急忙拔马往回跑。李世民带领伏兵从后面喊杀而来。李元吉情急之下向李世民连射三箭，无一射中。而李世民一箭就射死李建成，尉迟恭也射死李元吉。东宫的部将得到消息前来报仇，和李世民的部队在玄武门外发生激烈战斗，尉迟敬德将二人的头割下示众，李建成的兵马才不得不散去。这就是历史上著名的"玄武门之变"。

之后，尉迟敬德身披铠甲"保护"唐高祖李渊，将事情经过上奏。三天后，李世民被立为皇太子，诏曰："自今军国庶事，无大小悉委太子处决，

然后闻奏。"公元626年8月,李渊退位,李世民登基,是为唐太宗,改元贞观。登基后,李世民拜房玄龄为右庶子,不久又升房玄龄为中书令,当上了宰相。

4.济世安民,共渡时艰

李世民登基后,如何安邦治国成了头等大事。房玄龄清醒地知道,李世民虽然登基,但国家的局势还不容乐观,隋末以来十多年的战乱,给社会经济造成了巨大的破坏。有的地区千里萧条,人烟断绝,鸡犬不宁,粮价暴涨,老百姓四处流浪,如果长此以往,恐怕人心不稳,内乱外敌此起彼伏,边境战事也随时会发生。为此,房玄龄手书"惧畏恐忧"四个大字,送与李世民,悬挂在显德殿上,李世民称赞说:"你这四个字,正巧是我心头的事。"

于是房玄龄开始努力地寻求解决的办法。他组织朝内大臣进行讨论,首先在大臣中间树立以农为本的思想。接着他又带着一批人深入农村进行调查研究。他的工作十分深入,农民们经常看到一群穿着朴素的人在田间行走,还以为是县官出来视察,却不知是宰相亲自出巡。

一天,房玄龄看到库中有很多兵器闲置着,就建议李世民将其中一部分改作农家工具,以解决农具不足的问题。后来他又发现劳动力严重不够,于是提出多项举措,招徕和赎回汉人,劝说男女及时婚嫁,提倡再婚再嫁,鼓励生育,取消家奴,解放劳动力,提倡僧尼还俗等政策。另外,他又出台了暂免死刑、释放罪犯、让人口密集地区的人向地广人稀处迁移等措施。接着,他又说服李世民重新颁布了《均田令》。为推进这一工作,房玄龄又做了大量细致的工作,甚至要求皇室以身作则,建议太宗把皇家园林芳华苑等园林赐给当地穷人耕作。

贞观二年夏天,京城大旱,蝗虫四起,田里庄稼全被吃光,房玄龄跟着皇上视察,痛心疾首。他在调查研究的基础上,连续发布了几十道皇帝诏书,有《水部式》、《租庸调法》、《缓力役诏》等,其中还有一些比较灵活变通的款项。所有这一切都是旨在减轻人民负担,发展生产力。

唐高祖年间的法律沿袭的是隋律。隋律在定罪量刑方面,尽管比前朝有所缓和,但仍然很重。特别是隋炀帝统治时期,生杀任情,滥施刑罚。因此,李世民和房玄龄等都认为法律应该从宽。根据从宽的精神,房玄龄等定《唐律》500条,立刑名20等。与隋律比较,减去死刑92条,减流刑为徒刑者71条,其余删繁就简,改重为轻者颇多。

房玄龄的努力很有成效,贞观二年末,全国各地的老百姓基本上都做到了"食无忧,居有所"。除了少数地区外,大部分州县都比较安定。依靠房玄龄的辅佐,李世民度过了他执政时期最困难的日子。

5.力主安抚,通好外邦

唐朝初年,民族关系问题复杂,房玄龄在民族政策上,显示出了他深思熟虑的外交能力,他主张结好各民族,以减少冲突。公元624年,雄踞漠北的东突厥薛延陀部实力较强,李世民曾封其首长夷南为真珠可汗。但薛延陀部出尔反尔,于是李世民派兵联合突厥的一部给以致命的打击,兵败的真珠可汗派人来唐请求和亲。李世民虽对薛延陀部并不放心,但是在武力消灭,还是联姻这个问题上一时下不了决心。房玄龄权衡利弊

后,认为和亲为上策。理由是大乱之后,国家元气尚待恢复,用兵对国家不利。李世民采纳了房玄龄的意见,答应许以第十五个女儿新兴公主,但要求"厚纳聘和",亲自到灵川迎亲。真珠可汗闻知,兴高采烈,对其部下说:"我本铁勒小帅,天子立我可汗,今复嫁我公主……斯亦足矣。"从而使薛延陀部归顺唐朝,避免了一场战争,改善了民族关系。后来,真珠可汗一时无法集得聘礼,延误了迎亲日期。李世民以其轻侮中国为由,"下诏绝其婚"。

唐初,朝鲜半岛有三个国家。西半部的叫百济,中部的叫新罗,北部的叫高丽。其中以高丽最为强大,它占有汉江流域和辽东平原,三国均遣使和唐朝来往。隋文帝开皇十八年,曾发兵三十万,大举进攻高丽,失败而回。隋炀帝也曾三次征高丽,结果都失败而回,并引起了农民大起义,走上了灭国的道路。贞观十六年,高丽发生内乱,大臣盖苏文弑其君,独专国政。李世民想出兵以武力干预,但房玄龄以为不可。他对李世民说:"臣观古之列国,无不强凌弱,众暴寡。今陛下抚养苍生,将士勇锐,力有余而不取之,所谓止戈为武者也。"他又以历史为鉴,劝谏李世民:"昔汉武帝屡伐匈奴,隋主三征辽左,人贫困败,实此之由,唯陛下详察。"李世民接受了房玄龄的意见,打消了出兵的念头。后来,高丽联合百济进攻新罗,新罗向唐求救。李世民派人劝说,高丽不听,于是,李世民决定亲征高丽。他委令房玄龄筹办和运送军粮、军械,下手诏曰:"公当萧何之任,朕无西顾之忧矣。"房玄龄虽然没有强烈劝阻李世民东征,但他始终放心不下,屡次上言,提醒李世民不要轻敌。李世民这次亲征高丽,虽然暂时取得了一些胜利,攻下了一些城池,但中途遇到顽强抵抗,只能屯兵广安东城下。此时正值隆冬严寒,草枯水冻,士马难以久留,且粮食将尽,于是,李世民决定班师回京。

对于此次征伐高丽受挫,李世民耿耿于怀,他不甘心,还想举兵东征。此时房玄龄已年老多病,但他出于忧国之心,宰相之责,毅然上书劝谏李世民，他说："进有退之义，存有亡之机，得有丧之理，老臣所以为陛下惜之者，盖此谓也。"他引用老子的"知足不辱，知之不殆"来劝导李世民，还说："威名功德，亦可足矣；拓地开疆，亦可上矣。"希望李世民放弃"天可汗"的迷梦，不再"驱使无罪之士卒，委之锋刃之下"。房玄龄认为，高丽的内乱是他们内部之事，高丽并没有得罪大唐，而唐王朝的出兵"内为前代雪耻，外为新罗报仇，岂非所存者小，所损者大乎"。李世民对房玄龄的恳切之言深为感动。

6.勤恳辅政，尽言切谏

唐太宗李世民即位后，把房玄龄列为功臣之首。公元629年，房玄龄任左仆射，为实际上的宰相。房玄龄任宰相后，兢兢业业，做了很多的实事。根据李世民的旨意，房玄龄对朝廷各部门大刀阔斧地进行改革，裁汰冗员，任人唯贤，最终核定文武官员共646员，大大地减轻了国家的财政支出和人民的负担。

房玄龄认为宰相的首要职责是处理大事和选拔人才。房玄龄选用人才，重才也重德。李大亮，不但文武全才，而且品德优异。房玄龄认为他有王陵、周勃之才，于是李世民拜李大亮为左卫大将军，兼领太子右卫军，又兼工部尚书，身居三职，对他十分器重。薛收是个卓有文才的读书人，经房玄龄推荐，为李世民所用，李世民征伐时的檄文、捷报，大多出于薛收之手。可惜天妒英才，薛收只活了33岁，李世民也不禁为之惋惜。

房玄龄选才，不求全责备。张亮出身贫寒，对农业十分了解，但胆气不足，无将帅之才，于是房玄龄让他主抓农业生产。而对李世民任用的人，房玄龄认为不合适的，也不苟用。贞观时期人才济济，吏治清明，对唐朝政治、经济的巩固和发展意义重大，而这其中，房玄龄功不可没。

房玄龄根据李世民的旨意修订的《贞观律》，以前朝法律为基础，包括律、令、格、式四个部分。这部法律涉及的范围非常广泛，大到国家制度和社会经济生活，小至民间的婚丧嫁娶等都加以规定。与前朝相比，《贞观律》在定罪量刑上较轻，条文也简约明了，充分贯彻了李世民宽大处理的原则。

房玄龄在辅佐李世民时多有诤谏，他谏勿征高丽，谏勿用平庸之辈，谏减少民族冲突、改善民族关系，等等。而事实也证明，他的这些意见都是正确的。房玄龄的进谏反映了他善于思谋，考虑效果的特点。

唐高祖李渊去世，李世民要以汉高祖长陵的规模为父亲建陵。秘书监虞世南认为这样做工程太大，建议造一高三仞(一仞为七尺)的陵墓，陵内器物，尽量从俭。尽管虞世南的建议利国利民，但房玄龄认为李世民是不会接受的。于是他提出了以汉光武帝的陵墓规格建造，李世民欣然接受了这一建议。

伴君如伴虎，虽然房玄龄事事小心，但还是免不了被小人进谗。有一次，房玄龄偶然问起少府少监窦德素最近宫里在建造什么。窦德素把问题告诉了李世民，李世民怒责房玄龄："先生只管衙门政事，北门有小营缮，与你有何相干！"房玄龄跪拜谢罪，不敢自辩。旁边的魏征对李世民说："玄龄为陛下股肱耳目，无论宫中朝外的事情玄龄都应该知道，如营缮是应该的，当助陛下作成它；如不应该，当请陛下罢之。既没必要责备，也没必要谢罪。"

但房玄龄还是因此被李世民责令回家。长孙皇后去世前，特意在李世民面前称赞房玄龄，希望李世民重新重用他。大臣褚遂良也为此上奏称赞房玄龄的功劳，劝李世民不要因小小的过失而抛弃拥有几十年功绩的老臣。李世民听了他们的劝告，内心深受震动，便亲临其府第，用马车把房玄龄接了回来。

　　后来，房玄龄为相一直小心谨慎，有时连李世民都认为他已到了缺乏自信的地步。公元645年初，李世民率师征高丽，令房玄龄留守京城，相机处理政务，不必上奏请示。李世民离开后，有人到房玄龄留守处称有密报告状。房玄龄问告谁？来人回答说告房玄龄本人。房玄龄不敢拆看状纸，立即让驿官送到李世民的行宫。李世民听说长安留守处有密告，非常恼怒，腰斩了告密人，并再次告诉房玄龄有事不必上奏。

　　贞观后期，李世民杀伐了一些大臣，房玄龄从中看出了微妙的变化。他自己一直为相，女儿是李世民的儿媳，儿子房遗爱又娶了李世民的女儿高阳公主，可谓权宠极隆，因此他常虑盈满则亏，多次上表辞职，皆未获批准。房玄龄便以多病为由，逐步让权给新任的年轻宰相。

　　公元648年，唐太宗驾幸玉华宫。此时，年迈体弱留守京师的房玄龄因病卧床不起，引起了李世民的注意。李世民命人把他接到玉华宫，破例让车轿到御座旁才停下。一下轿，两人便对泣起来。年过七旬的房玄龄写了生平第一道较激烈的奏章，劝谏李世民不要再征伐高丽，李世民对此深为感动。

7.巧阻奢侈，律己让誉

　　自贞观元年起，房玄龄迁为中书令，次年又拜门下省侍中，第三年拜为尚书省左仆射，成为首席宰相。李世民封他为梁国公，还将女儿高阳公主嫁给他的儿子，同时韩王李迥又娶了他的女儿为妃，房玄龄因此成了皇亲国戚，可谓权高一时，言重如山。

然而，房玄龄并没有因此趾高气扬，而是依然严以律己，谨慎辅政。他待人接物和颜悦色，衣食住行简单朴素，从不随心所欲，也从不随意议论是非曲直。

房玄龄协助李世民治理了许多疑难问题，协调好各大臣之间、君臣之间、衙署之间的关系，为大唐立下了汗马功劳，因此深得李世民信任。但是遇到重要问题，即使是对李世民，他也很能坚守原则。

李世民早期也提倡俭朴，反对奢侈腐化。最初，他一直住在隋朝遗留下来的宫殿中，破旧而潮湿。然而随着整个形势的好转，在一片颂扬声中，他也渐生骄奢之心。从贞观元年起，李世民就想仿效其他君王，造一座自己的宫殿，砖瓦木材全都准备好了，因为众臣谏阻，才半途停止。到了贞观三年，有人拍马奉承，劝说："陛下住的房子又低又潮，何不建一座楼阁住？"房玄龄与魏征极力劝阻，说眼下民不聊生，皇宫里大兴土木，有损皇上威信，李世民才勉强作罢。没过多久，又有好事者进奏，说天下太平，请李世民往泰山封禅。封禅是封建王朝的一项大典。封，即必须在泰山极顶设坛祭天；禅，即在泰山附近小山上祭地，实际上是以这种形式来为天子歌功颂德。此事耗资巨大，房玄龄接到奏章后，就替李世民拟好持否定态度的诏书，然后将奏章与诏书一并交上。李世民看了虽有些许不快，却也只得怏怏表示同意。

后来又生一事。这次是李世民要修葺洛阳宫作为礼物送给高阳公主。当时高阳公主已是房家儿媳妇，一向谨慎小心的房玄龄当然不愿意让这种奢侈之事发生在自家身上。足智多谋的他与皇后策划后，喝酒壮胆，前往皇上处进谏，结果惹怒了李世民，被投入大狱。最后，在众大臣劝说下及皇后的请求下，李世民才收回成命，将他放了出来，并暂缓修洛阳宫的计划。

"为官惧盈满，做事尽所能"是房玄龄给自己写的一张条幅，并终生以此自勉。房玄龄作为宰相总理国政，日夜操劳。但他对自己要求很严，事无巨细，不容许有一点事情处理不当。

房玄龄为人毫无妒忌之心，听说了人家的功绩，就像自己出了成绩一样兴高采烈。他擅长用温文尔雅的方法处理各种不同的情况。他审议决定法律，务求宽缓公平。他从来不以自己的长处去要求别人，选取人才不求全责备，即使是地位卑微的人，他也能根据其能力加以任用。

作为宰相，李世民的许多文件都出自他手，大到治国方略，小到人事任免。但他从不居功自傲，为了维护李世民的尊严和一元化领导，他悄悄地将自己许多珍贵的手稿烧毁，只留下皇帝的手迹。他说他不想让别人看到他的存在，哪怕是一点儿也不行。这一方面说明他是个角色意识很强的人，另一方面也说明他极强的自律意识。正是在他的带动下，贞观后期，这种做法在大臣中渐成惯例。

房玄龄早年服侍父母以孝闻名。其父曾身染重病，卧床十旬，房玄龄尽心喂药喂饭，未尝解衣交睫。父亲病终，他悲痛万分，连续五日不吃不喝。贞观十七年，已贵为宰相的房玄龄，侍奉继母也是"恭谨过人"。继母病了，每逢请的医生来到家门，他必亲迎恭候。在守母丧期间，他"尤甚柴毁"。李世民为他的孝心感动，特命散骑常待刘洎前去安慰，并赐与寝床、粥食、盐菜等物。

在生活作风上，房玄龄更是严以律己。当时的人，娶三妻四妾是寻常事，然而房玄龄贵为一国之相，却始终只有一位结发之妻卢绛儿。卢绛儿身有残疾，是个独眼，但他们始终恩爱异常，白头到老。就连李世民曾执意要赐给他一位美女，也被他拒绝了。

房玄龄教子有方。他怕子女们因父辈位高，生骄奢淫逸之心、以势压人，便悉心收集古今家训，亲自写在屏风上，让每个孩子各保存一幅。女儿奉珠嫁给了韩王李炯为妻，他主张婚事一切从简，并反复告诫女儿："以后你做了王妃，别忘了恪守妇道，相夫要讲究方法，教子要以身作则。"奉珠随丈夫到远方赴任，他虽牵挂在心，但硬是不去送行，生怕太过

招摇。奉珠后来不负他所望，以德服人，深受众人爱戴。

晚年的房玄龄经常疾病缠身，但李世民依旧委以重任，下诏说："玄龄多病，就让他在家里办公，躺在床上处理公务。"朝中遇到大事，便命人抬他上殿。每次遇到这种场面，李世民便流泪不止，说："您老了，朕也老了！"

后来，李世民把他请到玉华宫，乘肩舆入殿，至御座乃下，君臣相见，李世民流涕，房玄龄也感激哽咽，不能自胜。李世民令名医为其救治，并派人每日供给御膳。如果病情好转，李世民即喜形于色；如听说加重，便神情凄怆。李世民的恩遇使房玄龄感激不尽，于是抱病上表劝谏他停止攻打高丽。后来，房玄龄病情加剧，李世民还亲临问候，握手叙别，悲不自胜。君臣两人悲痛不已，房玄龄挣扎着说："臣先走一步了，愿陛下保重！"

公元648年7月24日，房玄龄病卒，享年70岁。李世民废朝三日，下诏为他举行了隆重的葬礼，册赠他为太尉、并州都督，谥曰"文昭"。赐绢布2000段，粟2000斛，并让他陪葬在皇帝的陵寝昭陵。

8.历史功过及后人评价

后世史学家在评论唐代宰相时，无不首推房玄龄，他们总说："唐代贤相，前有房杜，后有姚宋。"唐人柳芳叹道："房玄龄佐太宗定天下，及终相位，凡三十二年，天下号为贤相。然无迹可寻，德亦至矣。故太宗定祸乱而房玄龄不言己功；王珪、魏征善谏，房玄龄赞其贤；李积、李靖善将兵，房玄龄行其道；使天下能者共辅太宗，理致太平，善归人主，真贤相也！房玄龄身处要职，然不跋扈，善始善终，此所以有贤相之令名也！"柳芳的评论可谓恰如其分,司马光、欧阳修后来写有关这段历史评论时,都全文抄录。而明弘治十一年所刻《历代古人像赞》中,在玄龄公画像左上角所题对联一副:"辅相文皇功居第一,遗表之谏精忠贯日。"也是很好的注解。

《贞观政要·任贤篇》中的一段话,大致概括评价了房玄龄贞观时期的功绩:"既任总百司,虔恭夙夜,尽心竭节,不欲一物失所。闻人有善,若己有之。明达吏事,饰以文学,审定法令,意在宽平。不以求备取人,不以己长格物。随能收叙,无隔卑贱。论者称为良相焉。"

房玄龄在贞观之治中的功绩,大致说来主要有以下几个方面:

1.精简官吏,改革吏治。房玄龄重视吏治,认为吏治问题是求得国家治平的根本问题,而官吏的公平正直又是治国之要道。一次与李世民论治,他颇有感慨地说:"臣闻理国要道,在于公平正直,故《尚书》云:'无偏无党,王道荡荡。无党无偏,王道平平。'又孔子称:'举直错诸枉,则民服。'今圣虑所尚,诚足以极政教之源,尽直公之要,囊括区宇,化成天下。"这话正好与李世民不谋而合,他高兴地说:"此直朕之所怀,岂有与卿等言之而不行也?"房玄龄的这一吏治思想,对贞观时期的吏治清明产生了巨大的影响。贞观元年,唐太宗为了加强中央集权的官僚统治机构,把隋朝的制度加以改革,提出"量才授职,务省官员","官在得人,不在员多"的主张。房玄龄执掌政务,大力简政,并省官吏,"由是所置文武总六百四十员",并定期对各级官员进行考查;赏罚分明。精减官吏的做法,既避免了十羊九牧,有利于提高朝廷各部门的办事效率,同时也节省了国家的财政开支,有利于减轻人民的负担。元朝注释《贞观政要》一书的学者戈直,在评论贞观之治时说:"贞观之善政,当以省官为首。"而省官的实施,功在房玄龄,因为他倾力实践了省官这一关系到唐王朝"长治久安"的第一要政,使唐朝很快出现了"中国既安,四夷即服"的局面。李世民曾写有《赐房玄龄》一诗:"太液仙舟迥,西园引上才。未晓征车度,鸡鸣关早开。"形象地颂扬了房玄龄为国为民的耿耿忠心。

2.制定律令,务求宽平。在律令的制定上,房玄龄始终遵循了李世民"务在宽简","意在宽平"的原则,删繁就简,便于实施。李世民即位不久,房玄龄即奉诏与长孙无忌撰定律令,"议绞刑之属五十,皆免死而断右趾"。后来,根据房玄龄的意见,又"除断趾法,为加役流三千里,居作二年"。贞观十一年,《唐律》书成,定律五百条,分为12卷,比隋代旧律,减死刑者九十二条,减流入徒者七十一条。"凡削烦去蠹,变重为轻者,不可胜纪"。接着,又删改武德、贞观以来敕格三千余条,最终定留七百条,分为十八卷,称为《贞观格》,留作诸司施行。史家对房玄龄修定唐律给了很高的评价,《新唐书·刑法志》说:"自房玄龄等更定律、令、格、式,讫太宗世,用之无所变更。"其实,不仅贞观朝如此,以后的唐朝也基本没有发生过多大变动。唐律对后世影响很大,而房玄龄确有首创之功。

3.监修国史,修定礼乐。房玄龄对礼仪也非常精通,贞观二年,李世民依从房玄龄的意见,以孔子为先圣,以颜回配。并于贞观四年诏令州县学校立孔子庙。房玄龄对封禅的仪式作了详细规定,"遂著于礼"。房玄龄奉诏与魏徵等礼官学士修改旧礼,最后定著五礼,总一百三十八篇,分为一百卷,名为《大唐新礼》。房玄龄在修史方面也很有成绩。贞观三年,李世民诏命再次撰修北周,隋,南朝的齐、梁、陈五代史书,房玄龄以左仆射的身份为总监。在贞观年间,先后撰成了《晋书》、《魏书》、《周书》、《北齐书》、《隋书》、《南齐书》、《梁书》、《陈书》,计八部史书。其中《晋书》的一百三十卷,乃房玄龄亲自主持撰定。另外又撰高祖、太宗实录各二十卷。

4.反对分封和攻伐。贞观十一年,李世民分封功臣为世袭刺史,房玄龄以本官为宋州刺史,改封梁国公。但他与长孙无忌联名上表,极陈其弊,列举了世袭分封的种种不可,最终使李世民宣布废止功臣刺史世袭制,消除了国家分裂的隐患。自贞观十六年开始,到贞观二十二年,李世民对高丽进行了多年的战争,这一战争给人民带来了很大负担。贞观十九年是我一次战役,仅战马就死掉了十之七八。为此,"玄龄屡上言敌不

可轻,尤宜诚慎"。贞观二十二年,李世民打算再次东征。这时房玄龄已经重病缠身,自知难愈,在"群臣莫敢谏,吾而不言,抱愧没地"的强烈责任心驱使下,他上表劝谏李世民停止攻伐高丽:"今士无一罪,驱之行阵之间,委之锋镝之下,使肝脑涂地,老父孤子、寡妻慈母望棺车,抱枯骨,摧心掩泣,其所以变动阴阳,伤害和气,实天下之痛也……臣愿下沛然之诏,许高丽自新,焚陵波之船,罢应募之众,即臣死骨不朽。"李世民见表,对房玄龄的儿媳妇高阳公主说:"是已危慑,尚能忧吾国事乎!"其耿耿忠心,天地可鉴。

唐代文学家皮日休,早年即志在立功名、佐王治,追随房玄龄、杜如晦的事业,他在《七爱诗·房杜二相国》中慷慨言道:

吾爱房与杜,贫贱共联步。脱身抛乱世,策杖归真主。

纵横握中算,左右天下务。肮脏无敌才,磊落不世遇。

美矣名公卿,魁然真宰辅。黄阁三十年,清风一万古。

巨业照国史,大勋镇王府。遂使后世民,至今受陶铸。

粤吾少有志,敢蹑前贤路。苟得同其时,愿为执鞭竖。

有唐一朝房门"五代三宰相"临淄系房氏玄龄公相太宗,河南洛阳系房氏房融相武后,其子房琯公相玄肃二宗。房氏家族于此时备极荣光。后唐宰相兖州房知温是其七世孙,南宋高宗朝大学士房来是其十五世孙。

链接:

"千古风流一坛醋",吃醋的由来

房玄龄是唐朝历史上最著名的宰相,被视为古代宰相的典范。除此之外,房玄龄还和汉语词汇里一个重要的词语"吃醋"有着直接关系。

据说,房玄龄是中国古代好男人的代表,虽然身居高位,却是娶一而

终，从来没有花花肠子，也从来不纳妾。像房玄龄这样身在高位的男人，在唐代即使不是绝无仅有，至少在一个时期内也是举世无双。因为他的存在，弄得大家都自感龌龊。因为有这么一个高尚的人在身边晃悠，其他人的道德压力得多大！这样的压力终于让李世民受不了了，他不允许自己的朝廷之内有如此缺乏激情的男人存在，于是他开始为难起自己的宰相来。

李世民用的方法很符合自己的身份。每当他发现房玄龄在夜以继日地工作，或是他某件事情做得漂亮时，李世民马上就说："宰相如此辛苦，我心里特别过意不去，赐给你钱，你又不缺，赐给你布帛，你又不做衣服，那我就赏给你几个美女吧。"每当此时，房玄龄都是叩头如捣蒜，山呼万岁，谢主隆恩，但却拒不领赏，拒腐蚀永不沾，一副洁身自好的样子。

李世民实在想不通房玄龄这个老头为什么总是如此不解风情。后来他才知道，不是房玄龄不解风情，而是房玄龄的老婆不允许他善解风情，原来这位房太太是头河东狮。这下，李世民倒真的来了兴趣，心想：我非要把你家老房拉下水，看是你厉害还是我李世民厉害！

主意既定，李世民便亲自出马去做房玄龄老婆卢氏的思想工作，逼着她答应让房玄龄纳妾。谁知这卢氏一点面子也不给，毫无通融之意，连虚情假意的"考虑考虑"之类的词也没有。李世民本来是逗着玩的，这下却让房玄龄的老婆弄得连下来的台阶都找不到了，尴尬得无地自容。于是李世民一不做二不休，使出了杀手铜，毕竟他是一国之君。李世民命人取来一壶毒酒，当着众人的面对卢氏放出狠话："在你面前有两个选择：一是你同意老房纳妾，这样你可以不喝这壶毒酒；二是你不同意老房娶纳妾，你就必须喝下这壶毒酒。是要命还是让丈夫纳妾，全由你自己选择！"

全场鸦雀无声，房玄龄浑身颤抖地看着自己的老婆，李世民不动声色，下人面面相觑，都不知道到底会发生什么。

众目睽睽之下，卢氏平静地端起那壶毒酒，说了句让大家都没想到的话："皇上，我可以喝下毒酒，但你要为你的话负责到底，即使在我死后房玄龄也不能纳妾！"说完此话，卢氏将毒酒缓缓倒入酒杯，面对着当朝皇帝，将毒酒一饮而尽。

"我服了你！"李世民大叫起来，"好了好了，我甘拜下风！从此之后，我不会再逼你家老房纳妾了！"之后，李世民又狡黠地说："放心吧，你喝下去的不是毒酒，是醋，你是我大唐第一'吃醋'高手啊！"

于是，房玄龄继续从一而终，而大唐的流行语中多了一个词——"吃醋"。人们戏称房玄龄是醋坛子里走出来的"模范丈夫"。

然而房玄龄的惧内并非一以贯之，参考房玄龄的发迹史，他自48岁时仗策军门追随太宗开始，而房夫人则是他起自寒微时的结发妻子。据《新唐书》记载，一次房玄龄病重将死，嘱咐夫人："我死之后，你还年轻，不必为我守寡，好好地对待你将来的丈夫。"房夫人大哭，竟剜了一只眼睛出来，立誓不嫁。房玄龄大为感动，病愈后即礼之终身，不再纳妾。

不知道后人为何一味渲染吃醋的典故，却绝口不提房夫人的剜目明志。为了安慰病重的丈夫可以血淋淋的剜出一只眼睛来，情真如此，要求丈夫的专爱不惜饮鸩自尽，性烈如斯，房夫人也算得上是奇女子了，足以值得房玄龄敬之重之，是故房玄龄惧内，实在是理所当然。

第六章

狄仁杰

——不畏权势，举贤任能

狄仁杰(公元630年-700年)，武则天时任宰相，字怀英，并州太原(今山西太原)人。祖父狄孝绪，唐太宗时做过尚书左丞，封临颖男。父亲狄知逊，做过夔州长史，谥号"文惠"。狄仁杰两次拜相，深受信任，辅佐武则天矫正时弊，安抚民生，举贤任能，严肃法纪，匡复唐室，政绩卓著。

1.不畏权贵，案判天下

狄仁杰不仅办案严正，而且细心聪慧。有一年，蓬莱县令王立德中毒身亡，刑部派汪堂官前往勘查，但汪堂官并没有追查到什么线索就回京交差。他回京之前，在京中任户部郎中的王立德的弟弟王元德突然失踪，据说还盗走了大量库银。不久，京官中便传出风声：王县令兄弟二人合伙做了见不得人的事，怕暴露真相，于是一个自杀，一个潜逃。

当时，做了一年大理寺丞的狄仁杰，为查明真相，主动要求到蓬莱县接任县令。代理县令唐祯祥向刚上任的狄仁杰报告说，王县令酷爱喝茶，死于喝茶后中毒，时间是在深夜。但经查，并未见有人擅入衙内，而且茶叶和茶杯都无毒物，唯有茶壶可能事先已有毒物放入，王县令冲水入壶后，取而饮之，便中毒死亡。

狄仁杰自语道："这是件典型的密室案。"他决定居住在王县令死亡的县衙内房，看看究竟有何蹊跷。唐祯祥连忙拦阻："不可。王县令死后，常有人看见这内房有王县令的鬼魂出现，那个刑部汪堂官就是给吓跑的。"狄仁杰回道："我不怕！"然后吩咐随从将他的行李送到县衙内房，并要求一切陈设，包括茶具等物都按王县令在世时那样摆放。他仔细地观察这间内房，只见房屋年久失修，只有檩梁好像是新漆的，看来如果不油漆，怕是要被虫蛀穿了。安排停当后，狄仁杰就带领随从上街察访民情去了。

待狄仁杰从街上回来，在前衙吃过晚饭，打发随从各自去休息，自己独自一人回到内房时，天已经黑透了。他进得屋来，在昏暗的烛光下，看见一个人正坐在桌旁斟茶品味。再看此人，50岁开外，梳着发白的髻子，左颊上有一块铜钱大小的斑记，其模样正与唐祯祥所描述的王县令一般

无二。就在狄仁杰迟疑之时,那人站起来像是要走。狄仁杰忙招呼道:"先生可是户部郎中王元德?"那人反问:"何以见得?"狄仁杰说:"第一,我不相信鬼魂之说;第二,最能假扮王县令的只有他的弟弟;第三,最关心王县令这个案件的,也只有他的亲人。据我所知,王县令的弟弟,是他唯一的亲人。据此三点,我确信阁下定是王元德郎中无疑。"

狄仁杰料事如神,此人果然是王县令的弟弟、户部郎中王元德。他说:"我料想那刑部汪堂官来此只是敷衍塞责,免他滋事生非,就假扮家兄的鬼魂吓走了他。也为了不受干扰,就天天在此'作祟',好静静观察这房中的秘密,弄清家兄究竟是如何被害身亡的。"

两人正谈话时,一阵夜风刮来,吹得破旧的窗户"咯吱"作响。他们便推开窗户,向破落的后院望去,后院的围墙外是一条很深的河沟,想从那里偷越进屋是断无可能的。两人张望了一会儿,关上窗户,重又回到桌前坐下,秉烛品茶,商量案情。

王元德拿起茶杯继续喝茶,被狄仁杰一把拦住:"且慢,这茶中有毒!"王元德细看杯中之茶,果然有一层浊物浮在上面,心想:那凶手真残忍,害了哥哥不算,还要来害我!他不由自语道:"一转眼,就有人进屋来了?""人没有进来,风可是进来了。"狄仁杰仔细地看了那杯茶说,"是风吹落了梁上的灰尘,掉在茶中了。"

"原来是一场虚惊!"王元德觉得自己太疑神疑鬼了,但狄仁杰却从中觉察到了问题,按说,新漆的梁是不会积留灰尘的,他站在桌子上细看那屋梁,只见梁上有一小块地方未曾漆到,而且其中还有一个小洞。他用手摸那小洞,手上沾了一些滑腻腻的东西,再辨认一下,那滑腻腻的东西原来是蜡。狄仁杰高兴地说:"我知道王县令如何被害的了。"

狄仁杰告诉王元德,有人借油漆屋梁的机会,在梁上挖了一个小洞,内装砒霜,然后用蜡封住,王县令喝茶时,热气上升,溶化了蜡,砒霜就掉入壶中,而王县令喝了茶后就中毒身亡。

第二天，狄仁杰通过唐祯祥了解到漆工的姓名，立即派人将漆工捕进衙内。那漆工在事实面前，只得招供了犯罪事实。狄仁杰想：漆工与王县令无冤无仇，为何要毒死他呢？背后定有指使者。但是由于看守疏忽，漆工在狱中上吊自尽，线索又中断了。

当晚，狄仁杰询问王县令的弟弟王元德："郎中在检点尊兄遗物时可有什么发现？"

王元德说："刑部汪堂官比我先来到蓬莱。家兄所有的帐册文书都被封回京城。仅存几件常用衣服，现就穿在我身上。"

此时，王元德穿在身上的一件长袍已非常陈旧，而且在下摆上还打了块显眼的补丁。

狄仁杰觉得奇怪，一般衣服胸、背和领、袖处容易破损，但这块补丁却打在不易磨损的下摆处，于是他就撩起下摆仔细琢磨起来。那块补丁不仅缝得突兀，而且缝得很粗糙，轻轻一拉，就扯了下来。只见那块补丁的背面画着一根长杖，样子很像是根禅杖。"这根长杖必有讲究。"狄仁杰说，"王县令在任时必然察觉到了什么，他在为后任提供线索。"

但这根长杖又说明什么呢？狄仁杰让王元德潜回京城，查访被封带回京的王县令的帐册文书，自己则在蓬莱继续破案。

既然王县令提供的线索是根禅杖，那就应当到寺庙去查访。蓬莱最大的寺庙是城东的白云寺。这天，白云寺慧本方丈见新任县令驾到，殷勤地接待着。慧本年过六旬，很是健谈。他对狄仁杰说："我佛慈悲，庇护一方，多次显灵。京城主庙大相国寺也欲请去供奉，故而小寺日夜施工，赶塑一尊新佛。"说着，用手向偏殿一指，只见那里有若干匠人正在塑造一尊新佛，泥胎已成，只待装金修饰了。

慧本又说："待新佛运送之日，务请狄公主持盛典。"

狄仁杰向方丈告辞，慧本起身相送："老衲腿脚不便，恕不相陪了。"由于过于匆忙，方丈身子一个趔趄，差点摔倒，他便从座位旁拿起一根禅

杖,支撑身子。

狄仁杰的脑子里突然闪过一个问号:禅杖?莫非慧本与王县令之死有牵连?

狄仁杰满腹疑问地回到县衙,这时有随从向他禀报:"蓬莱口岸黄金走私猖獗。"说着,随从呈上一条黄金,继续禀报道:"这是在码头附近捡到的,想必是走私犯匆忙中丢失的。"

狄仁杰细看那条黄金:形状是细而长的圆形体,与一般看到的金块、金元宝大相径庭。这时,他恍然大悟地"唔"了一声。

隔了几天,白马寺慧本方丈送来请柬,说是新佛已经塑成,即将运往京城,请县令查验送行。狄仁杰如期来到蓬莱码头,那里已聚集了许多的善男信女,那尊新佛也已从白马寺用八抬大轿送到临时搭成的神台上。慧本方丈手握禅杖神情肃穆地侍奉在旁,只待狄仁杰主持盛典后就登船发运。

狄仁杰来到神像前仔细察看,他突然转过身来,对着聚集的百姓说:"这尊佛像塑工甚为粗劣,运送进京,有损我蓬莱的声名!"百姓哗然。说完,狄仁杰抽出佩剑,用力向佛像连砍几下。顿时,佛像身上出现条条剑痕,但并不见泥土飞落,而越发显得金光闪闪。众人都已看清,原来这尊佛像并非泥塑的,而是由黄金铸成的。

狄仁杰又一把拿过慧本方丈手中的禅杖,拔去禅头,露出了空心的杖柄。他对慧本喝道:"你还有何话可说!"当即将慧本带回衙内。在狄仁杰严厉的审讯下,慧本不得不招认了走私黄金的事实:从外洋运来的黄金,在船上被打成细长条子,寺内和尚在码头购买粮食和蔬菜时,将金条装入空心的禅杖运回白马寺积累起来,然后用这些黄金铸成神像,再运往京城牟取暴利。这事被前任王县令发现端倪,所以慧本指使漆工害死了王县令。而他们在京中的接应者,正是来调查王县令之死的汪堂官。

狄仁杰因执法严厉,破案神勇,被人们称为"狄公",与后来的"包公"一起,成为秉公办案、神勇破案的杰出人物。

2.犯颜直谏,救君之失

为了维护法律制度,狄仁杰甚至敢于犯颜直谏。仪凤元年,左卫大将军权善才误砍昭陵(唐太宗坟墓)柏树,狄仁杰判处其免职之罪,唐高宗李治大怒,命令改判他死罪。狄仁杰上奏说他罪不当死,唐高宗气得脸色都变了,大叫:"权善才砍了陵上的柏树,朕不处其死罪,是朕对先帝的不孝!"众臣一看龙颜大怒,纷纷给狄仁杰递眼色,让他赶快退朝。狄仁杰不但不退朝,还毫无惧色,奏道:"臣历览古史,深知忤逆皇上一定没有好下场。但也不尽然,如果是在夏桀王、商纣王时代,确实没有好下场,但如果逢尧、舜之君,就不会这样。"

"今恰值尧、舜(指高宗)在位,所以臣才不怕纣王杀忠臣比干的事发生……开明国君在真理面前是能改变错误决定的,忠臣也是不可以用权威吓倒的。如果皇上您不接纳卑臣的意见,百年之后,有何面目到九泉之下去见古代那些直谏的忠臣?国家大法,公布于天下,何种罪行判何罪,是分得清清楚楚的。哪有不够死刑的罪,判成死罪的道理呢?法律如果随意更改,天下百姓便不知什么叫犯法,什么叫合法了。皇上您如果非要改变法律不可,请从卑臣开刀吧!因为不慎砍了昭陵一棵树而杀一将军,千载之后,人们会怎样评价皇上呢?卑臣之所以坚持不杀权善才,是为了不陷皇上于不道不仁之地。"一席慷慨陈词,使唐高宗无话可说,权善才也终于免处死罪。

不久,狄仁杰被唐高宗任命为侍御史,负责审讯案件,纠劾百官。任职期间,狄仁杰恪守职责,对一些巧媚逢迎,恃宠怙权的权要进行了弹劾。公元679年,司农卿韦弘机作宿羽、高山、上阳等宫,宽敞壮丽。狄仁杰上

奏章弹劾韦弘机引导皇帝追求奢泰,韦弘机因此被免职。左司郎中王本立恃恩用事,朝廷权臣都非常怕他。狄仁杰毫不留情地揭露其为非作歹的罪行,请求交付法司审理。唐高宗想宽容包庇王本立,狄仁杰以身护法,说:"国家虽然缺乏英才,难道缺少王本立这样的人吗?陛下为何要怜惜犯罪之人,从而损害国家法律?如果陛下一定要曲意赦免王本立的话,那就请求陛下把我放逐到无人之境,以作为忠贞之士将来的教训!"在狄仁杰的坚持下,王本立最终被定罪,朝廷风气为之肃然。

狄仁杰对皇帝的不正当要求,也敢驳斥。

有一年,唐高宗要到山西祭奠汾阳宫(隋朝所建),途经妒女祠。并州刺史李冲玄上奏说:"如果华衣美服路过妒女祠,就会遭劈雷,刮狂风,请皇上改道而行。"可改道并不是一件容易的事,必须发动几万民工重开一条驰道。唐高宗以狄仁杰为知顿使,处理此事。狄仁杰来到并州,一看数万民工已动员起来,认为这样劳民伤财不应该,便对李冲玄说:"天子出行,风神扫尘,雨神洒水,不怕风雨,还怕什么妒女?"于是,也不上奏皇帝,就决定停止修驰道,还走原来的道路。而皇帝经过妒女庙也没有发生任何不测之事。事后,唐高宗才知道是按旧路走过来的,称赞狄仁杰是"真大丈夫矣",对狄仁杰不但未治罪,还升了他的官。

武则天信佛,要造一尊大佛像,估计要花费数百万两银子,国库无钱开销,武则天便下了一道诏书,让僧侣们每人每天节约一文钱相助此事。狄仁杰当着武则天面,提出反对意见,他说:"工程是由人干的,不能靠鬼神;物产不是上天送来的,而是土地生产的,虽说是让僧侣相助,那也必转嫁到百姓身上。如今边境不太平,国家应少向百姓摊派,宽省民力。即使是国家出钱雇工,也必然影响农业生产。再说,无论如何,政府也要有所耗费,否则佛像是建不成的,既费官钱,又耗民力,一旦边境有警,可就没钱支持边防了。"武则天觉得有理,便接受了狄仁杰的谏议。

狄仁杰从河南调到朝廷作官，当了宰相。武则天召见他说："因为爱卿在河南工作不错，所以我才调你到朝廷上来的，你可知道河南也上奏过许多告发你罪名的奏章吗？"狄仁杰回答道："陛下指出卑臣有何错误，卑臣一定改正。陛下如果认为卑臣无错，是卑臣三生有幸。卑臣在河南，与同僚相处友善，没听人当面反对过我。"武则天拿出几封告密信，说："爱卿是否看看这些？"狄仁杰摇头说："不看不看！"武则天对狄仁杰如此大度，深为叹异。

3.刚直不阿，宦海沉浮

后来，狄仁杰调任宁州刺史。他爱民如子，关心民间疾苦，为百姓排忧解难，深得人们的拥戴，大家立碑石歌颂他的功德。当时，御史郭翰奉旨巡察陇东各地，一路上弹劾了不少贪官污吏。当他进入宁州境内时，发现百姓安居乐业，人们都在称颂刺史狄仁杰的美德，郭御史回朝后，向武则天奏明狄仁杰施政有方，颇得民心的事迹，于是狄仁杰被提升为朝廷掌管工程建设的冬官侍郎。一次，狄仁杰以江南巡抚使奉旨持节出巡江南。吴楚一带祭祀的风俗很多，狄仁杰对这种迷信做法非常讨厌，下令关闭、拆毁祠堂庙宇一千七百所，只保留了夏禹、吴太伯、李札、伍员四所。

武则天当政初期，为了巩固自己的地位，依倚庶族官僚李义府、许敬宗贬杀了长孙无忌、褚遂良等元老重臣，诛杀了许多唐宗室皇戚，以至于谋害、幽禁自己的亲生儿子，重用武氏家族武承嗣、武三思等人，引起了李唐宗室的强烈不满。公元684年，柳州司马徐敬业以匡复唐室、拥立庐陵王为号召,在扬州起兵反武则天,人数曾发展到十余万,后遭败绩。公元688年,琅邪王李冲在博州、越王李贞在豫州又起兵反武则天,但因力量悬殊而遭败绩。为了尽快恢复豫州的平安,武则天对狄仁杰委以重任,派他任豫州刺史。当时豫州很多官吏都被卷入这一反叛武则天的事件中,因此获罪的达六、七百家,有数千人将被抄家灭族。狄仁杰到任后,司刑屡次派人催促他尽快将这些人处置。狄仁杰看到这样多的人将要被杀,心中委实难过。他向武则天密奏道:"这些人大都是黎民百姓,他们并不是想要反叛朝廷,只是受到威胁而在诸王军中服役的。我说的这些话,似乎是在为叛乱者讲情,但我如果知道实情而不说,又违背了陛下体恤百姓的本意,我请求陛下为他们减刑,将他们从轻发落。"武则天看过奏章后,认为狄仁杰的话很有道理,便同意赦免这些犯人的死罪,将他们发配到丰州。当这些衣衫褴褛、疲惫不堪的囚犯们经过宁州时,许多父老乡亲都出来迎接相告:"是我们的狄公救了你们的性命。"囚犯们于是拜服在狄仁杰的德政碑前,感动得痛哭流涕,整整三日方才告别了狄公的德政碑,继续赶路。到了丰州,囚犯们又亲手为狄仁杰立德政碑,感谢他的宏恩。

在镇压越王反叛武则天的战斗结束后,身为朝廷军队统帅的宰相张光辅自恃劳苦功高,纵容部下将士向豫州老百姓勒索钱财,滥杀无辜。狄仁杰对此大为愤怒,命令手下制止他们的不法行为。张光辅对狄仁杰的做法非常不满,厉声责问道:"你一个小小的州官,竟然敢管到我元帅的头上,真是活得不耐烦了。"狄仁杰慷慨答曰:"元帅息怒,让我把话讲完。以前在河南起兵作乱的,只有一个越王李贞。公率领30万大军进兵河南,圆满完成了平乱任务,可喜可贺。但是公如果听任部下将士抢掠百姓,横行暴虐,使无辜的百姓受到损害,生灵涂炭,那岂不是灭了一个越王,又出现成百个越王了吗？你身为大军统帅,却纵容手下的人屠杀已经投降的叛军,为邀功请赏而使豫州血流成河。我若手有上方剑,就先把你杀了，这样即便死了也没有什么遗憾的。难道你想驱民造反吗？"狄仁杰一腔正气，说得张光辅目瞪口呆，无言以对，却耿耿于怀。回朝后，张光辅以狄仁杰出言不逊，奏与武则天，狄仁杰因此被贬为复州刺史，旋又降为洛州司马。

公元690年，武则天改唐为周，以洛阳为神都，号"圣神皇帝"。在中国历史上，武则天是仅有的一个封建女皇帝，但她却是一位唯才是举、任贤用能的政治家。在她当政期间，百姓们基本上安居乐业，丰衣足食，社会经济在进一步地向前发展，为后来唐玄宗时期出现的开元盛世打下了雄厚的基础。武则天爱才、识才，因此狄仁杰的才能不会为武则天所遗忘。公元691年，武则天重新起用狄仁杰，任命他为地官侍郎同凤阁鸾台平章事(二级实质宰相)，参与国家管理。

当时，太学生王循之上疏，请求给假回乡，武则天准奏。以后太学生中要求见武则天的人很多，武则天也都一一满足了他们的请求。对此，狄仁杰颇有微词，他上疏说："我听说最高君王除了'赦免'、'诛杀'两个大权不交给别人外，其他所有国家大事，都由有关单位分层处理，所以对左右丞相以上官员们的争执，以及不能解决的问题，天子才予以裁决。太学生即是上疏，是秘书们的份内事，如果天子竟为它发布指令，则天下事情之多，指令岂不是发个没完了。如果一定不想使他们失望，那么就请建立一套规章制度，公布天下，让人们知道就可以了。"武则天于是采纳了狄仁杰的提议。

狄仁杰被擢升为宰相，说起来也多亏纳言娄师德向武则天大力推荐。但狄仁杰并不知道此事，而且言谈之间，还对娄师德流露出相当的蔑视，好几次把娄师德挤兑出朝廷。武则天察觉到这种现象后，对狄仁杰说："你看娄师德这个人怎么样？"狄仁杰回答说："他当将领，领兵打仗、守卫疆土还不错，至于其他方面有什么才能，我不知道。"武则天又问说："娄师德有没有知人之明？"狄仁杰回答说："我曾经跟他共事，没有听说也没

有发现他有知人之明。"武则天笑道："其实，娄师德这个人很有鉴才的眼光，我之所以起用你、信任你，就是娄师德的举荐。他有这样的眼光，你居然还一无所知！"狄仁杰深感惭愧，准备与娄师德携手共事，同做一番事业，可惜娄师德不久便因病去世。可见，狄仁杰也有看错人的时候，但他知错必改，反倒更增加了他的声望。

武则天改唐为周后，为了巩固政权，防止反抗，她不仅对政敌进行严厉打击，而且重用索元礼、周兴、来俊臣等酷吏，专办所谓谋反大案。酷吏们发明了许多可怕的刑具，对被告人进行骇人听闻的折磨和屠杀。他们在审案时，常先把刑具罗列出来，使被审人胆颤心惊，望风自诬，并广加牵连，构成大狱。据历史记载，索元礼、周兴所杀各数千人，来俊臣所破千余家，唐宗室贵族被杀的数百人，大臣所杀的达数百家，刺史、郎将以下被杀的无法计算。

当时，武氏家族依靠武则天的权势，狐假虎威，不可一世，大有"顺我者昌，逆我者亡"的姿态。武则天的侄儿武承嗣权倾朝野，在朝中横行霸道。大臣们生怕因得罪他而获罪，因此在武承嗣面前低三下四，唯命是听。唯独狄仁杰、魏元忠等刚直不阿，不买武承嗣的账。狄仁杰还极力反对武则天将武承嗣册立为太子，坏了武承嗣的大事。为了拔除这个眼中钉、肉中刺，公元692年，武承嗣与来俊臣密谋，诬陷同平章事任知古、地官侍郎狄仁杰、冬官侍郎裴行本、司礼卿崔宣礼、文昌左丞卢献、御史中丞魏元忠、潞州刺史李嗣真等七人阴谋叛乱。之前，来俊臣奏请武则天：第一次审问就自动招认的，得以免除死刑，而减轻一等处分。武则天批准，随后颁布实施。狄仁杰等下狱后，来俊臣拿出这套皇家训令，诱惑他们自动招认。狄仁杰回答说："现在是大周革命的时代，万物重生，我们是唐朝的旧臣，谋叛的确是实情。"另外几位被控谋反的大臣除魏元忠外，都和狄仁杰一样，全都立即服罪。来俊臣大喜，遂下令不用酷刑，只将他们收监。一天，判官王德寿到狱中探望狄仁杰，对他说："我受长官驱使，身不由己，打算靠着这个逆案，谋求小小升迁，请你在口供中顺便提一提平章事杨执柔为同谋，是不是可以？"狄仁杰听后十分愤怒，说："上有天，下有地，你居然让我狄仁杰干这种卑鄙无耻的事情！"说着便用力以头撞牢中柱子，血流满面，吓得王德寿连忙劝阻，不敢再说了。

狄仁杰承认谋反，来俊臣便放松了对他的监视。狄仁杰运用自己的聪明才智，从狱吏那里借来笔砚，偷偷撕碎被子，在碎布上写下申诉信，而后缝在棉衣里，说服一个狱吏将棉衣送回家去。棉衣送到家中后，狄仁杰的儿子狄光远认为当时正在冬季，父亲把棉衣送回，其中必有蹊跷。于是他剪开棉衣的里子，发现了那封申诉信，于是他立即想方设法把信送呈武则天。武则天看到狄仁杰写的申诉信后，大吃一惊，立刻召来俊臣进殿询问事情的真相，来俊臣进殿后毫无惊慌之色，他从容地对武则天说："陛下，臣并未对他们施以酷刑，是他们招认了犯罪的事实，虽然如此，臣仍旧把他们关在条件较好的牢房里。如果狄仁杰等人问心无愧，当初又怎么会自己招认谋反呢？臣估计是他们又反悔了。"对于来俊臣的这番话，武则天将信将疑，便委派中书舍人周琳前去狱中调查。来俊臣知道事不宜迟，定要将狄仁杰等人置于死地，他一方面要狄仁杰穿好朝服会见中书舍人周琳，一方面又命令王德寿代狄仁杰写一份请求赐死的《谢死表》，交周琳上呈给武则天。周琳是个胆小畏事的人，他明知道这份《谢死表》是来俊臣伪造的，但他生怕因为此事得罪来俊臣，因而一回宫，就把《谢死表》呈给了武则天。

武则天看了狄仁杰等人的《谢死表》后十分痛心。狄仁杰是她最信任的人，如今也要反叛她，失去狄仁杰的武则天在政治上无疑失去了左膀右臂。武则天爱才，有不同的见解可以争辩，但她绝不要推翻她的人在朝中为官。想来想去，武则天终于拿起笔准备批复来俊臣的奏文。

就在这关键时刻，一个9岁的孩子救了狄仁杰等人的性命。这个孩子是黄门侍郎乐思晦的儿子。乐思晦是三个月以前被处死的，其子已交工

部为奴,极其聪慧,于是入宫告变。武则天一见他长得聪明伶俐,顿生爱心,问他是谁。孩子回答之后,说有话启奏。武则天问道:"你有何事上奏,你父亲通过正当审判,确系犯罪,他死得并不冤枉。"孩子回答说:"事实不是这样。谁都怕来俊臣的苦刑,谁在他的苦刑之下也会招供的。先父确是冤枉,如果陛下不信,可将您最信任的朝臣交给来俊臣审讯,在他们的逼供下所有的人都得承认有罪。"

　　孩子的话使武则天恍然大悟,她下令从狱中带来狄仁杰等人当面对质。她问狄仁杰:"你既然承认谋反,为什么又私自写申诉信,要你的家人代你诉冤?"狄仁杰回答说:"陛下,我如果不承认谋反,恐怕活不到现在,哪里还有机会向陛下讲明实情!"武则天又问:"那么为什么你等又写了《谢死表》呢?"狄仁杰听了大吃一惊,回奏说:"陛下,我根本没写过什么《谢死表》。"另外几个大臣也否认曾经写过。武则天吩咐手下人把《谢死表》取出,递给狄仁杰等人观看。狄仁杰说:"这不是我的笔迹,是别有用心的人假冒我的名义伪造的。陛下如果不信,可以派人查实。"真相大白后,武则天如释重负,她马上下令释放了狄仁杰、魏元忠等人。但是,武则天的侄子武承嗣一伙却不肯罢休,他屡次对武则天说:"狄仁杰等人确有谋反的意图,陛下应该把他们杀死,怎么能释放他们呢!"武则天说:"我不想滥杀大臣,更何况他们并没有明显的叛迹,赦免狄仁杰等人的诏书已经下达,不可收回,你不要再说了。"接着,来俊臣等人又联名上奏,请诛狄仁杰等人,御史霍献可甚至于以头叩击宫殿石阶,苦苦相求武则天处死狄仁杰等人,武则天都没有理睬。虽然武则天释放了狄仁杰等人,但她并没有让他们恢复原职。狄仁杰被贬为彭泽县令,魏元忠、裴宣礼、任知古、卢献四人也被贬为各地县令,裴行本、李嗣真被放逐到了岭南。

4.劝谏武后，维护李唐

公元696年，北方契丹孙万荣率军侵犯大唐，并攻克了冀州城，冀州刺史陆宝积被杀，数千官兵惨遭屠戮。又转兵攻瀛州，河北为之大震，人心恐慌。武则天立即提升狄仁杰为魏州(今河北魏县、大名县等地)刺史，前去平息战乱。此前，前任刺史因担心契丹突然来袭，便让百姓全部迁入城里修补城墙，巩固城防。狄仁杰到任以后，却反其道而行之，他打开城门，让老百姓出城耕作。狄仁杰宣称，敌人离这里还很远，不必这样惊慌。如果敌军到来，他自有退敌制胜之策。果然，契丹听说狄仁杰到了魏州，竟不战自退。这下，魏州官民对狄仁杰的气势和胆略佩服万分，他们立碑感谢狄仁杰的德政。随后，狄仁杰改任幽州都督，武则天赐紫袍、龟带，并在袍子上亲制了12个金字，以表彰狄仁杰的功绩，以及对她的忠心。

公元697年，狄仁杰晋升为鸾台侍郎、同凤阁鸾台平章事，第二次做了宰相。复相后，狄仁杰遇到的第一件大事是派兵镇守疏勒四镇。

当时，正值王孝杰率军大破吐蕃军队，争回龟兹、疏勒、于阗、碎叶四郡。因这四郡为大唐的边塞要地，武则天要求派军驻守。但狄仁杰认为，派兵驻守四郡并非高明之策。建议仿贞观年间唐太宗册封阿史思摩为可汗，由他镇守四郡的旧例，封阴山贵族阿史那斛瑟罗为可汗，委坐四郡。这样不仅节省了大笔开支，还能达到安边的目的。虽然武则天最终没有采纳狄仁杰的意见，但狄仁杰为国家为百姓着想的心愿还是值得称道的。

公元698年8月，狄仁杰再次得到提升，拜为纳言，成了最高的监察长官，兼肃政御史大夫。同年，北方东突厥进犯河北，攻掠定州(今河北省定

州市)、赵州(河北赵县),杀死官兵无数。武则天命太子为河北道元帅,狄仁杰为河北道行军副元帅,征讨东突厥。为了鼓舞士气,武则天亲自送军队出征。狄仁杰率10万大军穷追猛打,东突厥迅速逃回漠北。当地的百姓因为曾受突厥驱使,生怕被官兵杀害,惶恐之中纷纷逃匿。武则天任命狄仁杰为河北道安抚大使负责处理此事,为快速平定事端、安抚百姓,狄仁杰上疏武则天,请求赦免这些百姓。武则天采纳了狄仁杰的建议,对被突厥驱使的百姓一律不问罪,许多逃匿的百姓纷纷回家。同时,狄仁杰还发放粮食,救济穷困百姓,并下令严禁官兵侵扰百姓,有违反的定斩不赦。在狄仁杰恤民政策的感召下,河北道很快安定下来。狄仁杰回朝后,被授予内史之职。

武则天称帝后,一直有一个问题困扰着她,让她夜不能寐。那就是在自己百年以后,将由谁来继承她的大业。唐睿宗虽是她的亲生儿子,又赐了武姓,但他毕竟是李唐王朝的后代。她想将她的侄子武承嗣或武三思册立为太子,但两人又缺乏品德和才能,不可能成为贤明君主。武承嗣在武则天改唐为周后,也确有想当太子的念头。但是,武则天一直也没定下来由谁当太子。狄仁杰便趁武则天犹豫不决时,对她说:"太宗皇帝不避风霜,亲冒枪林箭雨,九死一生,平定了天下,创立大唐基业,传给后世子孙。先帝驾崩时,把两位皇子托付给陛下。陛下现在打算把天下移交给别人,这恐怕有违天意吧!况且,姑妈与侄儿,亲娘与儿子到底谁亲?立儿子为太子,将来陛下百年之后,牌位送到皇家祖庙,可以陪伴先帝,代代相传。皇位如由侄儿继承,我可没听说过侄儿当皇帝把姑妈牌位送到皇家祖庙去的!"狄仁杰的这番话说得武则天无言以对。

后来,鸾台侍郎王方庆、内史王及善等也提出立庐陵王为太子的建议,武则天才有些心动。紧接着狄仁杰又说服张易之、张昌宗兄弟,让他们劝武则天立庐陵王为太子。武则天这才将庐陵王接回,立为太子。

狄仁杰为相,善于举贤任能,他先后荐举桓彦范、敬晖、窦怀贞、姚崇等数十人，其中有的成了治世名相。

契丹部落将领李楷固、骆务整归降唐朝后，许多大臣都说契丹人靠不住，留下必成祸患，纷纷要求将其处死，并诛灭九族。狄仁杰却建议赦免他们，并予以重用。武则天采纳了他的建议，任命李楷固为左玉钤卫将军、骆务整为右武威卫将军，派他们率军攻打契丹残余势力。二人大胜归朝，武则天非常高兴。在庆功宴上，武则天当着文武百官的面对狄仁杰说："这都是因为你的知人之明！"

狄仁杰举人，以德才为重，真正做到内举不避亲，外举不避仇。有一年，武则天要每位宰相各推举尚书郎一名，狄仁杰推荐其子狄光嗣。后拜为地官员外郎，很是称职，武则天称赞他有祁奚举亲的遗风。

因为狄仁杰知人荐才，当时人赞誉他："天下桃李，悉在狄公门。"狄仁杰却说："荐贤为国，非为私也。"

5.一代巨人，中兴唐室

狄仁杰忠于唐室，但在武则天势力强盛的时候，他只好三缄其口，暂时观望。就像武则天当年图谋大业时一样，狄仁杰也知道他需要忍耐，需要计划，需要时机。他知道，要重兴唐室，就需要一批胆大心细干练的有为之士，并且使他们官居要职，掌握实权。于是，他利用武则天对自己颇为重用的机会，接连向武则天举荐贤才数十名，武则天全都委以重任，为恢复大唐江山准备了有生力量。同时，他又说服武则天不立武姓子侄为太子，重立庐陵王李显为太子，把恢复大唐江山的目标向前推进了一大步。然而他深知，自己年纪大了，体弱多病，而武氏势力依然强大，唐李与武姓的争斗还会继续下去,而要扭转乾坤,恢复唐室,还需要一个大智大勇、干练果断之人,于是他想到了张柬之。张柬之虽沉默寡言,但老谋深算,精明干练又效忠唐室,必有大为。张柬之当时官居荆州长史,狄仁杰向武则天推荐张柬之担任宰相之职,参加朝政管理。狄仁杰认为,恢复唐室的力量已安排妥当,他的计划一定能够实现。

狄仁杰的刚正不阿、爱护百姓、知人善任,使武则天对他非常信赖,常常称呼他为"国老",而不提及他的名字。

由于一生操劳,狄仁杰的身体变得非常孱弱,常常觉得力不从心,他多次向武则天提出辞职,请求退休,武则天都不允许。狄仁杰每次进宫朝见,武则天总是阻止他叩头下跪,说:"看见'国老'下跪,连我身上都感觉到痛苦。"她告诉大臣们,不是军机要事,切勿打扰"国老"。

公元700年9月26日,狄仁杰病逝,终年71岁。武则天听到这一消息后禁不住老泪纵横,哭泣着说:"南宫(政府所在地)已成为空城了。"追赠狄仁杰文昌右相,谥文惠。以后,朝廷每遇到大事,而大家又不能作出决定的时候,武则天总是感叹说:"上天为什么这么早就夺走我的'国老'!"

狄仁杰逝世后,张柬之等人暗中策划,立誓要恢复唐室。当时,武则天宠爱面首张易之、张昌宗兄弟,政事多委以二张。二张凭借女皇宠幸,作威作福,权倾朝野,引起朝野大臣的普遍愤慨。同时,武则天本人也疾病缠身,身体一天不如一天,再也没有精力管理朝政。这是恢复唐室的绝好机缘,张柬之等人决定起事。

公元705年初,在张柬之、敬晖、桓彦范、姚崇等人的周密部署下,一部分羽林军包围了张昌宗的家,控制了其财产府第,一部分羽林军包围了皇宫,胁迫武则天让位。接着,张柬之命羽林军大将军李多祚去见太子李显,说明来意,请他一起参与。李显听说此事后,感到惊恐不安,一时不知说什么好。李多祚见此,对李显说道:"今天是非常之日,殿下知道臣等要做什么吗?臣等要恢复唐室,要恢复太宗皇帝的天下!臣等为正义不惜抛头颅,洒

热血，殿下只须出面领导即可。"李显仍然犹豫不定，他对李多祚等人说道："我知道张氏兄弟罪有应得，可是母后重病在身……而且这也太出乎意料"。李多祚不等他说完，赶紧道："殿下只要出去告诉众大臣殿下不反对就行了。如果大功不成，臣等就全家灭门了。"正当李显犹豫不决之时，李多祚马上令众人把李显扶上马，走出东宫。张柬之等人看见太子李显走出东宫，马上派兵士捉拿张易之、张昌宗兄弟，并将其杀死。接着，张柬之、李多祚等人簇拥着李显，来到武则天面前。武则天问道："为什么这么吵闹，你们怎么这么大胆，胆敢进里面来。"张柬之说道："请陛下恕罪。张易之、张昌宗犯有叛国之罪，臣等已将他们杀死，未能事先奏明陛下，请见谅。"这时，武则天一眼看见了自己的儿子李显，大声斥责："还有你，赶快回去，他俩已死，你也该称心了。"桓彦范迈步前进道："臣斗胆冲犯陛下，太子不能回去。先帝以太子委托陛下，陛下早应将皇位传与太子。今求陛下退位，太子登基。"听到这些话，武则天把站在面前的官员逐一看了一看，然后有气无力地说道："朕知道了，你们都下去吧。"

公元705年1月23日，李显以皇太子监国，二十四日武则天正式退位，迁居洛阳宫城西南的上阳宫，名义上享有"则天大圣皇帝"的尊号，李显登基，是为唐中宗。二月初一，朝廷举行唐朝光复的仪式。所有的旗帜、徽章、官衔、官衙名称，都恢复高宗初年的一样，洛阳由神都改称东都。唐室王公孙子都被蒙赦回朝，恢复原来爵位，由来俊臣、周兴流放的朝臣及家族都被赦回乡。由狄仁杰荐举的人，如张柬之、桓彦范、敬晖、姚崇等，都成为唐朝的中兴名臣。狄仁杰也被追赠为司空，唐睿宗时又追封为梁国公。

6.历史功过及后人评说

狄仁杰的一生,可以说是宦海浮沉。作为一个封建统治阶级中杰出的政治家,狄仁杰每任一职,都心系民生,政绩卓著。在他身居宰相之位后,辅国安邦,对武则天弊政多所匡正。狄仁杰在上承贞观之治,下启开元盛世的武则天时代,作出了巨大的贡献。

狄仁杰一生政绩显赫,刚正严明,其主要功绩有:

1.劝说武则天立李显为太子,并为恢复李唐天下作出重要贡献。在狄仁杰死后,他的学生张柬之发动政变,恢复了"唐"国号。

2.为唐朝举荐了一批优秀人才,如张柬之、桓彦范、敬晖、窦怀贞、姚崇等。时人谓之:"天下桃李,悉在公门矣。"狄仁杰回答说:"荐贤为国,非为私人也。"一时传为美谈。

在封建社会,一个司法官员的公正与否,很大程度上取决于他个人的道德品质。一次,狄仁杰在赴任途中,登上太行山,远远望见一片白云孤飞,狄仁杰告诉同行的人说:"我的亲人就在那片白云的下方。"说完注视良久,直到白云飘去才又重新上路。狄仁杰的同僚郑崇质将要被派往西北绝域执行公务,而他的母亲年迈多病,狄仁杰劝道:"你怎么可以让年迈的母亲在万里之外为你担忧。"于是觐见并州长史蔺仁基,请求代替郑崇质远行。蔺仁基被他们二人的友谊所感动,联想到自己与同僚李孝廉之间的种种不和,深感惭愧,于是主动与李孝廉和解。狄仁杰后来被酷吏来俊臣诬陷下狱,有人让他指证宰相杨执柔也是同谋,以求免死,狄仁杰气愤地说:"皇天后土在上,我狄仁杰怎么能做这种伤天害理的事情!"说话间,用头撞向柱子,血流满面,吓得游说者连忙安慰他。从以上种种可知,至亲至孝的狄仁杰不仅是一个相当合格的司法官员,而且也堪称是封建社会的道德楷模。

链接:

狄仁杰是如何成为"中国福尔摩斯"的?

狄仁杰,字怀英,唐代并州太原人,唐(武周)时杰出的政治家。他在身居宰相之位后,不畏权贵,辅国安邦,对武则天弊政多所匡正,可谓推动唐朝走向繁荣的重要功臣之一,后人称之为"唐室砥柱"。

与其他宰相级的大政治家不同,狄仁杰以擅长法治而名世。唐高宗仪凤年间,狄仁杰升任大理丞,他刚正廉明,执法不阿,兢兢业业,一年中判决了大量的积压案件,涉及1.7万人,无冤诉者,一时名声大震,成为朝野推崇备至的断案如神、摘奸除恶的大法官。

由于审案公正严明,狄仁杰在民间的知名度、美誉度甚高,其形象被民间美化与拔高。清初的时候,已经有一本小说《武则天四大奇案》风行于世,其主人公就是狄仁杰。虽然里面也有一些历史事件和人物,但内容基本都是编出来的一个个破案故事。后来有所谓"四大公案"小说,即《狄公案》(狄仁杰)、《包公案》(包拯)、《海公案》(海瑞)、《施公案》(施仕纶),这一类的"侦探小说",在社会上影响很大。

"四大公案"里面,包公是人们最为熟悉的。不过走出国门,名满全球的还是狄仁杰。为什么会这样呢?这得归功于一个荷兰作家,他叫高罗佩。

高罗佩,字芝台,是罗伯特·汉斯·古利克的中文名。高罗佩是荷兰汉学家、东方学家、外交家、翻译家、小说家。作为荷兰职业外交官,他通晓英文、中文、日文、梵文、藏文、德文、法文、印尼文、马来文、拉丁文、意大

利文、西班牙文、古希腊文和阿拉伯文15种语言,曾被派驻泗水、巴达维亚、东京、重庆、华盛顿、新德里、贝鲁特、大马士革、吉隆坡等地,职务从秘书、参事、公使到大使。尽管仕途一帆风顺,但流芳后世的却是他的业余汉学家的成就,荷兰人对中国的了解,在一定程度上也应归功于他对中国文化的传播。作为一个西方人,高罗佩不但能用白话文和文言文写出漂亮的文章,还擅长用中文写作律诗、绝句等近体诗词。

由于对中国文化的强烈认同和沉迷,高罗佩一心想找一位有教养的中国女子终身为伴。上世纪40年代,他在重庆任荷兰使馆一职时,爱上了当时在大使馆任秘书的江苏名媛水世芳女士。水世芳为清代名臣张之洞的外孙女,其父亲水钧韶曾在中国驻圣彼得堡总领事馆工作,后来任天津市长。水世芳不仅是名门之后,而且是齐鲁大学毕业生。1943年,高罗佩与当时22岁的水世芳结婚,育有4个子女。

在重庆时,高罗佩除了俘获中国美人的芳心外,还读到了清代无名氏小说《武则天四大奇案》,他对小说主人公狄仁杰屡破奇案大为折服,在把西方侦探小说和中国公案传奇做了深入的研究和比较后,高罗佩意识到书中所描写的中国古代法官的刑事侦讯本领,无论是在运用逻辑推理的方法、侦破奇案的能力方面,还是在犯罪心理学的素养方面,比起福尔摩斯、格雷警长等现代西洋大侦探来,均有过之而无不及。他还发现,中国公案小说在西方侦探小说问世前,就已在东方盛行了好几百年,而以探案为题材的短篇故事甚至在1000多年前就已在中国广为流传,其中英雄人物的形象或是出现在若干个世纪以前的古代中国舞台上,或是被当时的说书人描述得栩栩如生。

高罗佩还惊奇地发现,中国读者喜欢读的西方侦探小说,在西方人看来水平很低,而且在经翻译成中文后水平更低了,而中国源远流长的公案传奇在西方却屡遭讹传和贬低,中国古代法官的形象在西方也常受到歪曲和损害,高罗佩对此深为不平。他想到了这是将中国文化传播到国外的一个切入口，于是开始着手翻译《武则天四大奇案》——因为西方人特别喜欢侦探小说。高罗佩先是将之译为英文，后又以狄仁杰为主角用英语创作了《铜钟案》。

高罗佩原本准备在中国出版《铜钟案》的中文本，但由于中国出版商尚未意识到该作品的巨大价值，表现并不积极，高罗佩只好先出版英文本。

没想到《铜钟案》在西方大获成功，在出版商的一再催促下，高罗佩只得继续收集和组织当时中国民间流传着的狄仁杰断案的故事。但写着写着，他就觉得故事性太差，于是干脆自己编写，这下一发不可收拾，他一口气写了16个中长篇和8个短篇作品，于是世界上就有了《迷宫案》、《黄金案》、《铁钉案》、《四漆屏》、《湖中案》等名作。高罗佩将这些故事集在一起，统称《狄法官的破案故事》，即《狄公案》。它在西方引起了巨大轰动，狄仁杰遂成为家喻户晓的人物，被誉为"中国的福尔摩斯"，赢得了盛誉。上世纪80年代，这部巨著翻译成中文回到中国，成为"出口转内销"的经典产品，在读者中反响很大。

这部经高罗佩重新编排的中文小说《狄公案》，内容十分广泛，涉及唐代的司法、政治、行政、吏治、外交、军事、工商、教育、文化、宗教、民情、社会生活等各个方面。全书均以仿宋元话本体裁写成，这在世界汉学著作中是独一无二的，这也是高罗佩对世界汉学发展的一大贡献。

第七章

刘伯温

——料事如神,功彪千秋

刘伯温(公元1311年—1375年),青田(今浙江温州)人,著名政治家、思想家和文学家。元末进士,后弃官归隐。50岁时辅佐朱元璋一统大明。明朝建立后,负责立法编订、军卫制度的建立、朝廷体制的整顿等,对明朝的政治稳定和社会发展起了重要作用。他多才多艺,其诗词散文皆称明初的大家。

在民间故事和文学作品里,他常常神机妙算、未卜先知、洞察今古,并且呼风唤雨,"前知五百年,后知五百年",被传为神仙一般的人物。

民间传说,浩如烟海,影响广泛,使得历史上真实的刘伯温反而不被人们所熟知,人们只是笼统的知道他帮助朱元璋打下江山,是明朝的开国功臣。然而,历史上真实的刘伯温到底是个什么样的人物,他拥有怎样的传奇人生,关于他的众多故事又是真是假呢?

1.少年奇才，折戟仕途

刘伯温本名基，字伯温。古代的人在成年之后，别人出于尊敬，多称字而少称名，故后人也多称他刘伯温。

刘伯温14岁入郡庠读书，年龄尚少，颇为顽皮。其他同学读书时，都是手捧书本朗声诵读，唯有他却不如此。老师开始以为他是个偷懒的顽童，便将他的书本拿去，要他背诵课文。谁知他不慌不忙，叫背就背，从头至尾，有如高山流水，顺畅无比，一句不错，一字不漏，老师见状，不觉惊讶，忙问："你原来读过这本书吗？""没有。"刘伯温回答，"都是老师刚才教的。"老师不信，又教了他一段别的文章，让他拿回去诵读，有心试他一试。刘伯温回到书桌旁，刚默读了两遍，便又能一字不漏地背诵了。老师不禁暗中赞道："真是奇才，将来必非常人也！"后来，这位老师见了刘爚，竟忍不住当面赞扬道："刘君祖德深厚，得了这个儿子，将来必成大器，你们刘家要发迹了。"说得刘爚满脸堆笑，心里乐滋滋的。

刘伯温在郡庠读书，玩归玩，学习却也十分认真。凡是读过的书，无不能诵读全文。即使是闲时读些杂书，也能知其要领，明其大意。

公元1333年，刘伯温22岁，已是满腹经纶，才誉州县了。这一年正逢大比，他便整理行装，赴京应试。年轻人身强体壮，走起路来也快，赶到京城时，离开考还有几日时间，他便先找了一家旅店住下。也就是在这个时候，他演出了一段奇才异智的佳话来。

相传有一日，刘伯温闲来无事，到街上闲逛，偶见一家书店，便走了进去。浏览之间，忽见书架上有一本兵书。他随手拿过来从头至尾翻阅一遍，便放回原处。然而在与书店老板交谈时，他已能复述书中内容了。书

店老板见刘伯温如此聪敏，十分钦佩，决定将那部兵书相赠。第二天，那老板捧着兵书，找到刘伯温说："先生才智，令人崇仰。我这部兵书，就奉送给先生了。"但刘伯温听了，却笑道："不用了，这书已全在我的心中，我用不着它了，你还是留着卖吧！"刘伯温读书过目不忘，京城内外，皆称奇闻。传将过去，人人惊讶。

说话之间，考试之日已到。刘伯温便备好笔墨，入场应试。他在读书期间，早已将四书五经等各类经典古书读遍，天文、地理、历法、文学，等等，也无不涉及，举业为文，素有奇才，诗词歌赋，无所不会，应试之中，自然难不倒他。只见他各类试题，一挥而就，没到时辰，便已全数交卷。

数日之后，考试揭晓，刘伯温果然进士及第。古时科举制度，只要考中了进士，便可封官进爵，从此身价百倍。刘伯温既中进士，名扬宇内，仕途通达，前途无限，自然心中欢快不已。

然而，与科举的坦途相比较，刘伯温的仕途却显得坎坷得多。毕竟，科举在某种程度上取决于一个人的才华，而官运则更多地取决于一个人对于官僚体制的适应能力。

公元1333年得进士的刘伯温，直到至公元1336年才被授予了高安县丞的官职。县丞是协助县令处理政务的小官，秩正八品。此后20多年中，刘伯温先后出任过江西行省掾史、江浙儒学副提举、行省考试官、行省都事、行枢密经历、行省郎中、处州路总管府判等职。这些官职中，儒学副提举是从七品，行省都事是七品，处州路总管府判是正六品。20余年的宦途，不过一直是沉沦下僚罢了，对于自负不世奇才的刘伯温来说，自然极为郁愤。不幸，刘伯温的性格又是"疾恶如仇，与人往往不合"。刘伯温后来在与明太祖朱元璋的对话中也说自己"疾恶太甚"。在贿赂公行的元末官场，刘伯温的性格让他屡受打击。根据通行说法，最严重的打击分别出现在公元1354年和公元1356年。

公元1353年，43岁的江浙行省都事刘伯温因建议捕杀方国珍，与朝廷抚绥政策相左，次年春被羁管于绍兴。当时，刘伯温本人"发愤恸哭，呕血数升，欲自杀"。门人密理沙劝阻道："如今朝廷是非混淆，岂是先生自杀的时候？况且太夫人在堂，您死了，她老人家怎么办？"羁管绍兴，倒让刘伯温真正享受了一生中难得的一段轻松时光。他纵情山水，写下不少关于绍兴的游记。

公元1356年春，江浙行省的一纸调令激起了刘伯温心中的涟漪。虽然绍兴风景难舍，但治国平天下的强烈愿望还是使刘伯温马上接受了这一调令，离开了绍兴，出任江浙行省枢密院经历，与枢密院判官石抹宜孙等同守处州。

不久，刘伯温升任行省郎中。与石抹宜孙同守处州的这段时间，是刘伯温心情最激昂的一个阶段。他与石抹宜孙彼此赋诗酬唱，甚是相得。然而，刘伯温虽然守土功大，但朝廷仅将他授职为处州路总管府判。这一职位变动，使刘伯温对朝廷失望至极。据说，刘伯温收到朝廷的谕旨后，即于庭中设香案，拜敕书，称："臣不敢负世祖皇帝，今朝廷以此见授，无所宣力矣。"既然官职让充满抱负的刘伯温无法施展才能，他便决计弃官归田，隐居在南田山下。刘伯温之言表明，他不是有意不为朝廷效力，而是朝廷没有重视他，给他的职位太小，让他无法施展抱负。

此时，天下大乱，地处偏僻的处州路也不宁静。元将石抹宜孙镇守着处州路，其弟石抹厚孙镇守处州北面的婺州路（今浙江金华），那里是刘伯温好友宋濂的家乡。

处州路东面是占据浙东的方国珍，北面是势力强大的张士诚，西面朱元璋的军队也开始进逼。隐居的刘伯温一方面已无法再为朝廷效力，另一方面也从内心中瞧不上纷起的割据势力。在刘伯温心中，这些占据一方的"寇"最多也就是"勾践之业"，称霸一方而已，不值得投奔。于是，刘伯温一边组织乡人于乱世中自保，免遭方国珍的骚扰；一边著《郁离子》，以寄托自己的一腔幽愤。

在各路割据势力中，尤以朱元璋的势头最猛。公元1358年12月，朱元璋的部队攻克了婺州路，不到一年，即第二年11月，处州路也落入朱手，刘伯温的好友石抹宜孙败走，最后一块让刘伯温容身的净土也失去了。后来有人说："这一年，先生因不为元用，隐居青田。如果不是这样，势必与胡琛、章溢等同议守备，出奇制胜。"以刘伯温的谋略，朱元璋的军队是否能顺利攻陷婺州、处州，还真是难说。明代学者王世贞就说："元朝不用刘伯温，等于是将刘伯温送给了太祖朱元璋。不使刘伯温与太祖角力争斗，反而让刘伯温成为太祖的谋臣，为敌所用，真是奇特。"换句话说，若非被元弃用，刘伯温也成不了明朝的开国功臣。

2.才华盖世，屡建奇功

刘伯温为朱明王朝的建立立下了不少功劳。而他的出山，一半是被请的，一半是被逼的。

朱元璋对于刘伯温其实早有耳闻。明代张萱《西园闻见录》记载说，太祖朱元璋初在滁阳间，韩国公李善长举荐浙东宋濂能知象纬，谁知宋濂却说："依我看，我的本领不如青田刘伯温。"但对于刘伯温来说，投奔朱元璋实是不得已的行为。明朝建立后，《刘基行传》的作者为神化朱元璋、刘伯温君臣间的契合，就杜撰出西湖望云和陈说天命的故事。据说，刘伯温在做江浙行省儒学副提举时，曾游西湖，见异云起西北，光映湖水中，同游者鲁道原、宇文公谅等人都以为是庆云，将分韵赋诗。独刘伯温纵饮不顾，大声道："这是天子气，应在金陵，十年后有王者起其下，我当辅之。"当时，杭州城还是一片繁华，同游的人都以为刘伯温在说狂话，吓得

纷纷避走,说:"这不是要连累我们灭族吗?"刘伯温与门人沈与京痛饮而归。十年之后,即朱元璋攻破处州之时,刘伯温大摆筵席,向亲朋好友陈说天象。他说:"此天命也,岂人力能之耶?"于是与朋友叶琛、章溢应征赴金陵。其实,清人杜荫棠曾经指出过"西湖望云"的故事来源。他在其《明人诗品》中说,刘伯温在元时,有《和王文明》绝句云:"夜凉月白西湖水,坐看三台上将星。"有好事者遂附会说,刘伯温曾望西湖云气,实际上是胡说。

刘伯温出山,其实是不得已的。早在公元1359年处州被破时,朱元璋部将缪美就强迫刘伯温出山,将他带到金陵。无奈刘伯温确实不想留下来,朱元璋也只好放他回去。不过,刘伯温这样的人才肯定会始终被朱元璋惦记在心的。没过多久,朱元璋就指示他的另外一个部将孙炎去劝刘伯温出山。孙炎此时是处州总制官。

孙炎在明史上不是很出名,今天的人也不怎么知道他,但在当时,他可是朱元璋得力的干将之一。时人夏煜描述朱元璋与孙炎之间的关系说:"我皇入金陵,一见颜色厚,高谈天下计,响若洪钟扣。"根据宋濂、汪广洋等人的记述,孙炎身高六尺余,面黑如铁,有一只脚还有点跛,不怎么读书,却喜欢赋诗,往往有奇句,又善于雄辩,一开口就是数千言,在他的面前,人人都怕他那张嘴。孙炎还非常喜欢喝酒,喝了酒后作诗辩论,有如神助,豪情万丈。孙炎交友广泛,夏煜、宋濂、汪广洋都是他的好友。可以想见,孙炎确实是一个非常有人格魅力的人。

对刘伯温,孙炎一开始是派使者去请的。请了好几次,可刘伯温就是不肯出山,只是送了一柄宝剑给孙炎。孙炎将宝剑奉还,还作了一首《宝剑歌》,大意是说:"这宝剑是刘郎的传家宝,我不敢接受,还给您,希望您能够献给明主,好比大旱之后换了甘霖,这才合适。"其意是希望刘伯温能出来帮朱元璋做一番事业。此外,孙炎还附了一封信,洋洋数千字,说的也无非是这类意思。刘伯温没办法,只好去见孙炎。孙炎

见刘伯温来，高兴得很，摆上了酒，与刘伯温对饮，谈论古今成败的往事，好像大河奔腾、峡谷决堤一样，滔滔不绝，一点也没有阻碍。这让刘伯温佩服不已，说："我刘基开始时以为比您强，听了您的议论之后，我哪里敢跟您比啊！"孙炎以其豪情与雄辩折服了刘伯温，完成了朱元璋下达的任务。

行状的作者虽仍坚持陈说天象之事，却无意中记下了这么一笔："公决计趋金陵，众疑未决，母夫人富氏曰：'自古衰乱之世，不辅真主，讵能获万全计哉！'"无疑，处于各种势力纵横捭阖、互争胜负之际，声名在外的刘伯温想要安安稳稳地隐居几乎是不可能的，他必须做出选择，以"获万全"，而控制家乡处州的朱元璋无疑是一个最恰当的投奔对象！这时候，朱元璋正在努力争取他。刘基也看到在当时的割据势力中，只有朱元璋兵精将强，最有前途，更何况也许从总制官孙炎的身上他看到了另一个自己呢。在经过一段时间犹豫后，本来不情不愿的刘基也便顺水推舟，来到当时朱元璋的权力中心地——集庆路，从此踏上新朝的宦途。当时，朱元璋已将此地更名为应天府。

朱元璋对于刘伯温的了解，似乎局限于其"象纬之学"，即观天象、验谶纬的本领。所以，他征用刘伯温，最初的目的也许只是想借助他的术数之学。杨启樵先生指出，明太祖朱元璋崇尚方术，殆受当时风气之影响。元代诸帝都喜欢方术，在历朝皇帝中是最突出的。朱元璋生于元末，自然不能不受这种社会风气的影响。朱元璋的身边，也是术士颇多，如周颠、孟月庭、张铁冠等人。所以，在最初朱元璋的印象中，刘伯温也许不过就是个方术之士，未必真有学问。

据说，公元1360年3月，刘伯温来到应天府时，朱元璋问的第一句话是："能诗乎？"刘伯温的回答是："诗是儒者的末事，哪有不能的。"朱元璋指手中斑竹箸，让刘伯温赋诗。刘伯温随口念道："一对湘江玉并看，二妃曾洒泪痕斑。"朱元璋蹙眉道："秀才气味。"刘伯温说："不对。汉家四百年天下,尽在留侯一借间。"留侯指张良,他是刘邦的谋臣,也是汉朝开国功臣,曾借刘邦吃饭用的筷子,用以指画当时天下大势,为刘邦出谋画策。这就是"借箸"的故事。朱元璋听完刘伯温的话,大喜。一席对话,让朱元璋对刘伯温的印象由一个术士变而为一个酸儒,然后又变为一个张良般的谋略之士。朱元璋初见刘伯温的情景,还有另外一个说法。朱元璋见宋濂、刘伯温、章溢、叶琛,说:"吾以天下累四先生矣。"比较而言,后一种说法也许更合乎史实。四人既然同被征召,同时召见自然至极。而且,朱元璋起事之初,还是十分注意尊重儒士的,他似乎不可能边吃着饭边让刘那我对着自己的筷子赋诗。然而,初见赋诗的传奇,却逼真地道出了刘伯温的性格。刘伯温决不是一个单纯的术士,也不是一个只会作诗的文人,而是一个具有远大抱负的儒生。据说,刘伯温当时就向朱元璋呈了《时务十八策》,只是记录失载,后人无法得知具体内容。

其实,刘伯温要想真正成为朱元璋的重要谋士,自然要表现出让人信服的能力来。据说,当时诸将多半是朱元璋在滁州、濠州刚起兵时就跟随他的人,多年来力战有功。何乔远《名山藏》称,当时刘伯温以儒生"称军祭酒",一直到龙江之战时,朱元璋才令诸将拜其为"军师"。没有证据表明,"军祭酒"是不是朱元璋设立的一种官职,而且"祭酒"一词,虽然有"师"的意思,但似乎多少还表示,刘伯温在军中仅是负责一些礼仪性的事务,并没有真正地成为军中谋略的重要决策者。刘伯温真正成为"军师",乃是在朱元璋与陈友谅于南京城外的龙江一战之时。

公元1360年五月,陈友谅率军自上游浮江而下,攻陷太平(今安徽当涂),杀守将花云及朱元璋义子朱文逊。后又杀主徐寿辉篡位,改国号天完为汉,率军直逼应天府,声势颇大。朱元璋为此专门召集诸将,讨论对策。诸将议论纷纷,有主张投降的,有主张逃跑的。刘伯温因是最后进来的,见诸将所谈,无非投降或者逃跑,便瞪大着眼睛,一言不发。朱元璋见刘

伯温不言,遂召其入内间,问道:"今汉兵旦夕压境,诸将纷纷,先生默不言,有意乎?"刘伯温说:"请赐臣宝剑,先斩主张投降及逃跑的人,我再说话也不迟。"朱元璋说:"我想先听听你的议论,再赐你宝剑。"刘伯温说:"陈友谅凭借夺取太平城的胜利,浩浩荡荡地沿江而下,而我师士气不高,迎战必败。如今您刚刚在建康立足,要想图谋天下,必须与陈友谅的汉军决一雌雄。这一战,胜则为王,败则为俘。在这样的关键时刻,您怎么能够听任部下的意见不统一呢?您若打开府库奖赏军士来鼓舞士气,开诚布公地征求建议来稳定军心,那么您的王业此时就可以成就了。何况我曾经望二国气,敌衰我旺,一定能够活捉陈友谅。"这一番话,无疑是在告诉朱元璋:两军交战勇者胜,在生死决战的关键时刻,不应当被将领们的不同意见所迷惑,而是应该开诚布公,整合人心,努力奋战,争取胜利。当然,刘伯温也没忘了将自己观天象的本领展示展示,以进一步加强朱元璋的信心。据说,朱元璋听后大喜,赐他剑,令诸将都拜他为军师,有不服者斩之。诸将悚然听命,于是才有龙江之捷。《明太祖实录》记载此次作战的成果是:俘获陈友谅卒二万余人,获巨舰名混江龙、塞断江、撞倒山、江海鳌者百余艘及战舸数百。此后,朱元璋的军队能浮江而上,取安庆、九江等战略要地,都基于这次战役的胜利。

朱元璋称帝后,有一次在给刘伯温的诏书中说:"攻皖城,拔九江,抚饶郡,降洪都,取武昌,平处州,尔多力焉。"这些功绩,看来是朱元璋也认定的。然而,刘伯温在朱元璋帝业中最大的贡献,莫过于提出"先汉后周"的战略。当时,朱元璋政权的东面是张士诚所建立的周,西面是陈友谅的汉,北面是小明王韩林儿,南面则是福建山区,由效忠元朝的陈友定所控制。朱元璋要想成就帝业,最大的威胁来自张士诚和陈友谅。一般将领们的想法是先取张士诚,因为张士诚力量较弱,而且处于富饶的长江三角洲上。但是,刘伯温却提出了完全不同的思路。他对朱元璋说:"我们有两个敌国。陈友谅居其西,张士诚居其东。陈友谅占据饶、

九、荆、襄等地，几乎是半个天下的地盘，而张士诚仅有浙西地，南不过会稽，北不过淮扬，与您势力相当。不过，张士诚内心狡猾，对元朝阳奉阴违，这是守财奴式的敌人，不会有什么作为。陈友谅杀害他的君主，胁迫部下，人心不服。他有勇而无谋，不怕死，很容易就将他的百姓推上战场送死，几场战役下来，民力损耗殆尽。有这几点，陈友谅的汉国就很容易攻取下来。逮野兽就必须先逮凶猛的，擒拿盗贼就必须先拿下强壮的。今日之计，不如先讨伐汉国。汉国地域宽广，夺取之后，您一统天下的形势就有了。"应当说，刘伯温的这一战略分析对朱元璋后来取得胜利起到了非常的关键。从朱元璋灭张士诚时，单苏州城就围攻了近一年的事实看，张士诚虽然势力较弱，但也不是能轻而易举攻取下来的。而且，一旦朱元璋与张士诚开战，陈友谅必然会乘隙东下，那么朱元璋将陷入两线作战的境地。相反，自从张士诚的弟弟张士德被朱元璋擒杀之后，张士诚政权中基本上再无有进取心的将领。负责行政事务的幼弟张士信及女婿潘元绍不负责任，贪财好色，无心扩展张氏政权的势力范围。因此，刘伯温"先取陈友谅"的建议，基本上奠定了此后五年的用兵战略，而此战略的最后成功实施，使得朱元璋取得了西起武昌、东至苏州的广阔土地。

当然，作为军中的重要谋士，刘伯温对每一次的重大战役都会提出一些非常有效的妙计。例如，鄱阳湖之战，它可以说是朱元璋与陈友谅争霸战中的最后一场大战。当时，双方都将自己的主力投入战场，陈友谅甚至将家属、马匹、供给全部带到了船上。据《明太祖实录》记载，朱元璋投入兵力20万，陈友谅的军队据说是60万。一些学者考证说，各自的军队实际数量可能只有一半左右。但即使是这样，数量也很可观。公元1363年，陈友谅围攻洪州城(今江西南昌)，拉开了这次战役的帷幕。洪州守将朱文正是朱元璋的侄子，率领守军顽强抵抗。8月29日，来援的朱元璋军主力与陈友谅军主力在鄱阳湖相遇，双方激战了整整四天。这四天中，陈友谅的

军队损失惨重，陈友谅的弟弟陈友仁、陈友贵及大将陈普略先后战死，想来朱元璋的军队伤亡也决非小数。王世贞记载说："太祖的舟师跟敌人在鄱阳湖中大战，未决胜负，太祖当时心里实在是忧虑害怕。"看来，真到了性命相搏的时分，连朱元璋自己也没有必胜的信心。

就在这个时候，刘伯温提出了"移师湖口"一策，就是将战舰全部移往湖口，封锁鄱阳湖通向长江的水路通道，"关门打狗"。9月2日，朱元璋的战舰尾部都升起灯笼，陆续驶向鄱阳湖湖口，鄱阳湖成为一只扎住陈友谅军队的口袋。很明显，陈友谅的巨舰在相对狭隘的湖口水面上远远比不上朱元璋战舰那样灵活有用，所以，陈友谅始终未能攻破湖口。陈友谅的一些将领们主张弃舟从陆路回武昌。然而由于意见不统一，汉军内部发生争吵，接着发生了叛逃。更要命的是，双方相持时间太长，陈友谅军队的粮食已经吃完，而五百艘抢粮的船只也被朱文正烧了个干净。可以想见，缺少粮食的陈友谅军队最后突围而出时的窘迫情景。最后，陈友谅在激战中头中流矢，不治身亡。此战，朱元璋得胜的关键，正是刘伯温"移师湖口"这一计策的实施。

3.料事如神，精准预言

大明王朝刚建立不久。一天，皇帝朱元璋正在宫殿内吃烧饼时，恰好内侍禀报，大臣刘伯温觐见，于是他赶紧宣召。

然而当刘伯温觐见朱元璋时，后者突然心血来潮，要试探一下他的本领。据说，朱元璋将吃了一口的烧饼用碗盖住，然后在刘伯温进来时问道："先生深明数理，可知碗中是何物件？"只见刘伯温闭眼掐指一算，回答道："半似日兮半似月，曾被金龙咬一缺，此食物也。"打开一看，果然是被朱元璋咬了一口的烧饼。

朱元璋见状，对刘伯温更为叹服。接着，他突然神情严肃地命刘伯温预卜朱家天下的气数，他说："天下之事若何？朱家天下长享否？"刘伯温赶紧回答说："我皇万子万孙，何须问哉！"要知道，在古代封建王朝，为臣子的若在这类问题上答得稍有不慎，便随时可能掉脑袋，因此刘伯温赶紧极力奉承皇帝。但朱元璋并不满足，因为他所关心的，并非仅仅是自己在世时的王朝命运，而是朱家的天下能否延续的问题。

怀着这种疑问，朱元璋对刘伯温说："虽然自古兴亡原有定，况天下非一人之天下，惟有德者能享之，言之何妨，试略言之。"强令其预测一下王朝以后的命运。但因事关重大，刘伯温惊恐万分地跪下哀求道："泄漏天机，臣罪非轻，陛下恕臣万死，才敢冒奏。"于是，朱元璋便赐给他免死金牌一枚，令其大胆直言。就这样，君臣二人开始一问一答，刘伯温最终说出一系列预言。这些预言，被当时人记录下来，后世便称其为《烧饼歌》。

对于朱元璋身后之事，刘伯温首先预言道："我朝大明一统江山，移南偏北阙，虽然太子是嫡裔，文星高拱防乃孙。"刘伯温所说的"移南偏北阙"，便是预言王朝的国都将会迁移到北方。而所谓的"虽然太子是嫡裔，文星高拱防乃孙"，意思是说："太子朱标虽然是嫡出，可是文星却要继承皇位，而且需要注意的是您的孙子。"其中的"文星"，是指后来的建文帝，而他当皇帝后会遇到很多麻烦。果然在20年后，即公元1392年，太子朱标病逝，随后朱元璋便立孙子朱允炆为皇储。

听到刘伯温的一番话，对占卜一窍不通的朱元璋以为他说的是攻城守战的问题，便困惑地问道："朕今都城筑得坚固，守甚密，何防之有？"刘伯温又接着说："臣观都城虽巩固，防守严密，似觉无虞，除非燕子飞入京。此城御驾尽亲征，一院江山永乐平，秃顶人来文墨苑，英雄一半尽还

乡。"这一番话，即预言建文帝登位后将发生重大变故。其中的"除非燕子飞入京"，是暗指朱元璋四子燕王朱棣会兴兵攻打南京。而"一院江山永乐平"则指朱棣当上皇帝后，将改国号为永乐。

那么"秃顶人来文墨苑，英雄一半尽还乡"是暗示什么呢？原来，协助燕王朱棣发动政变的，有一个神秘莫测的人物，他就是姚广孝。姚广孝本是医学弟子，十四岁剃度为僧，法名道衍，又精通"阴阳术数之学"。洪武年间，朝廷命精通儒术的名僧集中礼部会考，道衍名列前茅。他本可以受封为官，最后却仅受僧服之赐。由于跟燕王朱棣志同道合，交谈甚为投契，道衍便跟随燕王北上，在北平主持庆寿寺。其实，他是以佛事来掩人耳目，暗中与燕王密谋，酝酿夺权。所以，燕王朱棣发动政变成功，正是得力于道衍的谋划。朱棣当上皇帝后，并没有忘记这位第一号谋臣，于是恢复他的本姓，赐名广孝。此外还要他蓄发还俗，给他送去美女、房子。然而，姚广孝都没有接受，依旧做他的和尚。后来，他又受命监修太祖实录，参与编纂《永乐大典》。这么一来，刘伯温所说的"秃顶人来文墨苑"就完全应在他身上了。至于"英雄一半尽还乡"一句，大约是指燕王朱棣篡位后，原属于建文皇帝的文臣武将大半返回故乡了。

随后，刘伯温又一口气向朱元璋预言了明王朝的一系列大事。主要有预言"土木之变"的"北方胡虏残生灵，御驾亲征得太平。失算功臣不敢谏，生灵遮掩主惊魂。国压瑞云七载长，胡人不敢害贤良。相送金龙复故旧，云开日月照边疆"；预言魏忠贤事的"天下饥寒有怪异，栋梁龙德乘婴孩。禁宫阔大任横走，长人金龙太平时。各练金龙精壮旺，相传昆玉继朝堂。任用阉人保社稷，八千女鬼闹朝纲"；预言李自成起义的"万子万孙层叠层，祖宗山上贝衣行。公侯不复朝金阙，十八儿孙兑上行。卦曰：木下一头了，日上一刀一戊丁。重文不重武，英雄豪杰总无春。戊子巳丑乱如麻，到处人民不在家。偶遇饥荒草寇发，平安镇守好桂花"；等等。

实际上，《烧饼歌》中的预言，从明太祖朱元璋开始，一直说到满清王朝被推翻以后。但由于牵扯到王朝更替这样的大事，刘伯温不敢过于明言。因此其中的预言往往藏头藏尾，像谜语一般，令时人颇为费解。不过仅仅过了20多年，明朝政局的发展，便惊人地应验了刘伯温的预言。

4.历史功过及后人评说

世传刘伯温对诸子百家、天文地理、阴阳五行、谶纬术数、军事韬略、兵法智术、农事医学、扶鸾占卦无所不精，带有神秘色彩的是能未卜先知、透彻天机，故有"智圣"之美誉，是我国历史上著名的政治家、军事谋略家、文学家、思想家和哲学家。

刘伯温的历史功绩主要在于能顺应历史潮流，积极帮助朱元璋勇敢地担负起统一中国的伟大任务。他主要干了如下六件大事：

1.帮助朱元璋废小明王而自立。朱元璋是郭子兴的部将，郭子兴死后，小明王韩林儿封郭天叙为都元帅、张天佑为右副元帅、朱元璋为左副元帅。朱元璋借用龙凤年号，名义上受小明王节制。在攻克南京，据淮河江左地区，下浙江后，朱元璋被手下奉为吴国公，置江南行中书省，仍奉韩林儿。"岁首，中书省设御座行礼，独基不拜。曰：'牧竖耳，奉之何为？'因见太祖，陈天命所在。"所谓天命，就是要朱元璋有雄心壮志、大展宏图、担负起建立新王朝的使命。

2.协助朱元璋制订"征讨大计"。朱元璋起于淮右，渡江后，势力发展较快，但仍只局限于浙江一带，且东有张士诚，西有陈友谅，均为劲敌，稍有不慎，就有败亡之危。当时，许多人认为张士诚据有苏湖富饶地区，宜

先攻取。但刘伯温认为"士诚自守房,不足虑;友谅劫主协下,名号不正,地据上流,其心无日忘我,宜先图之。陈氏灭,张氏势孤,一举可定。然后北向中原,王业可成也。"朱元璋采用了这战略决策,遂成帝业。

3.在重大战役中,刘伯温或运筹帷幄,或亲临前线指挥战斗。刘伯温因谙韬略,通天文地理,故往往"遇急难,勇气奋发,计划立定,人莫能测"。如公元1360年,陈友谅率精兵三十万,战舰五千只,攻下太平,进驻采石矶,直逼金陵,势甚嚣张。当时,朱元璋驻金附守兵仅十万余。由于双方力量对悬殊过大,朱元璋军中文武大臣乱成一团:有的主张投降,有的主张放弃应天,保存实力再作计较,有的主张出击,一决雌雄。独刘伯温一人张目不言,朱元璋就把他请到自己的卧室,征求意见。刘伯温说:"刘张投降和逃跑者,应杀头治罪,因他们不看大好形势,散布失败情绪。事实上,陈友谅自以为兵强势众,又打了几次胜仗,更是志得意满,目空一切。我们就利用他的骄傲情绪,设下埋伏,使计诱其深入,一鼓可破。"朱元璋听了刘伯温这番独见后,乃定征伐之计。刘伯温勇气奋发,计划立就,首先遣人诈降,使康茂才诱陈友谅夜来劫城,并约定陈友谅至江东木桥边呼"老康"为联络信号。陈友谅不知是计,结果点精兵三十万,行至江东桥边,并无木桥,是座铁桥,使人呼"老康",又无人答应。正在疑惑间,突遇暴雨,四下伏兵齐出击,陈友谅鼠窜狼奔,败退至江边。谁知原有渡江用的战舰,刘伯温以计尽将拘掠,仅留破船三百只于江边。陈友谅败军争先逃渡,行至江中,又突闻火炮声,破船连人沉没一半多。结果,朱元璋全歼陈友谅主力军,大败陈友谅的锐气,乘胜收复太平,攻下安庆、信州、兖州。陈友谅只得带领剩余的伤卒败将仓惶逃回汉阳。

公元1363年7月,陈友谅重整旗鼓,号称百万,再度与朱元璋在鄱阳湖中决战。在这胜负的关键时刻,刘伯温始终和朱元璋在一条船上参与军机,运筹帷幄。一次,他忽然发现水鸟惊飞,预计这是陈友谅的船队集中力量向朱元璋的指挥船开火的征兆,在这千钧一发之际,他立即拉起朱元璋转到另一条船上,当他们还未坐定,原来的那条船已被陈友谅的火炮打得粉碎。当时,陈友谅看到朱元璋的指挥船被打沉,大喜过望。不料朱元璋仍在指挥战斗,士兵越战越勇,最后大败陈友谅,陈友谅也在这次水战中败死。

4.公元1366年,刘伯温受命拓建南京城。次年授太史令,上戍申大统历,并与李善长、杨宪、傅献、陶安等一起定律令。平定张士诚后,有张昶者使人上书称颂功德,劝朱元璋及时行乐,刘伯温当即指出:"是欲为赵高也。"及时提醒朱元璋"居安思危"。

5.洪武开国以后,刘伯温奏立《军卫法》,提出"宽以待民与严惩贪吏"的主张,肃纲纪,整吏治,严惩贪枉。如中书省都事李彬坐贪纵罪,虽丞相李善长出面替其谊子说情,刘伯温仍将李彬奏斩。刘伯温还谏止营建东都,提醒朱元璋不要轻敌。奏曰:"凤阳虽帝乡,非建都地也;王保保(扩郭铁机)未可轻也。"

6.刘伯温61岁告老还乡,劝朱元璋"霜雪之后,必有阳春,今国威已立,宜少济以宽大"。临终前遗嘱次子仲璟,待胡惟庸败后上奏朱元璋:"夫为政宽猛如循环,当今之务在修德省刑,祈天永命,诸形胜要害之地,宜与京师声势联络。"

以上六件大事,前三件可谓是帮助朱元璋打天下,后三件可谓是帮助朱元璋巩固天下。说明刘伯温是位卓越的军事谋略家、政治家。他既是开国功臣,也是治国良臣。

蔡元培称赞刘伯温:"时势造英雄,帷幄奇谋,功冠有明一代。"日本学者奥野纯评价他:"际会风云,平定海宇,既辟一代之规模,又阐一代之文章,盖诚意伯刘公一人而已矣。"

民谣有云:"三分天下诸葛亮,一统江山刘伯温;前节军事诸葛亮,后世军事刘伯温。"

链接：

那些流传至今的"神算"刘伯温的传奇故事

在中国历史上，刘伯温是与诸葛亮齐名的人物。史载刘伯温自幼聪颖异常，天赋极高，对儒家经典、诸子百家之书，都非常熟悉，尤其对天文、地理、兵法、术数之类更是潜心研究。据说，当年朱元璋基本上按照刘伯温为他定下的战略、战术行事，最终才推翻元朝，建立大明皇朝。刘伯温作为开国元勋之一，被任命为御史中丞兼太史令，相当于今天的监察部长。

在正史中，刘伯温是元末明初的军事家、政治家及诗人，通经史，晓天文，精兵法。而在民间传说中，刘伯温却能呼风唤雨，撒豆成兵，关于他的传说可以说不胜枚举。

刘伯温救主

刘伯温是明朝的开国元老，此人文韬武略，上知天文，下知地理，神机妙算，精明过人。是朱元璋的军师，为他平定天下出谋划策。

在朱元璋平定天下统一全国的漫长征战中，不知经历了多少风险。一天深夜，朱元璋在中军营帐刚刚睡下，刘伯温就造访了，卫士一看是军师来到不敢阻拦，惊醒了朱元璋。朱元璋醒后听说是刘伯温深夜闯帐，不知有何要事。赶紧起床穿衣，请进刘伯温问其有何要事。刘伯温笑嘻嘻地说"我棋瘾犯了，睡不着觉，想和主上下盘棋。

朱元璋听后，哭笑不得，为了下棋竟然深更半夜将自己叫醒。但朱元璋是位明主，既然刘伯温深夜吵醒自己，就一定有原因。于是就和他摆上棋盘下起棋来。俩人刚走了十几步，突然听到外边大乱，有人来报，说太仓失火请令定夺。军队在外粮草为大，如有意外军心不稳，战事不利。于是朱元璋马上放下棋子，要起身前往，出营巡视。刘伯温却急忙起身拦住，说道："我的棋兴正浓，主公却要离去，肯请主公与我走完了这盘棋再说。先派个特使做车前去察看便是了。"朱元璋只得坐下，和刘伯温继续下棋，另派一个人坐着朱元璋的车去现场察看。

朱元璋和刘伯温的棋正下到激烈时，突然报来消息，说特使的车队在半路上中了埋伏，特使被杀。朱元璋听罢大惊，扔下手中的棋子深谢刘伯温。这时他才明白为什么刘伯温深夜来此下棋，他是为了救自己。因此对刘伯温非常感谢，并追问刘伯温是怎么回事。刘伯温说："我夜观天象，发现主公今晚有一劫难，所以前来救驾"。

朱元璋虚惊一场，躲过一劫自是十分高兴。他看着满天的星空，又看着眼前那盘没下完的棋，诗兴涌来随口作联一对，说道："天作棋盘星作子，日月争辉。"这个对联充分反映出朱元璋的博大胸怀和雄心大志。刘伯温在文才上要比朱元璋高，政治报负上也是和这位开国皇帝志同道合，所以这个对联对于他来讲实在不算什么难题，于是他随口答道："雷为战鼓电为旗，风云际会。"朱元璋也知道他这位军师才华横溢，看他对得好，非常高兴。

最后，刘伯温终于和一班开国元勋扶佐朱元璋一统天下，开创了大明朝。

刘伯温访师

据说，公元1356年某月某日，刘伯温在天台道上行路匆匆。山青水碧，柳暗花明。天台山名副其实的人间仙境他无心观赏，一心想尽快寻到一人，却连个问路的人也难找，好不容易看见一个老牛倌，他便急切地问道："请问老伯，徐隐士家住何方？"

那老牛倌没有直接回答他，而是审视着眼前这位神情疲惫但礼数周到、气度不凡的陌生人，不慌不忙地说："可知花是何处花，楼是何处楼，家是哪人家？"算是对陌生人的回答。刘伯温谢过老牛倌，按提示走了两三里路，果见数间楼房掩映在香樟古柏之间。他进去后，找到门前种有花卉的那一户人家，正想举手叩门，只听得一声童音："您找谁？"

刘伯温回头一看，见是个十来岁的男孩，正看守着一簟子的稻谷。他只顾寻路没注意到这孩子，颇不好意思道："小兄弟，徐隐士住这里吗？"小孩惊奇地睁大了眼睛，因为徐隐士是他祖父，这里正是徐隐士的家！

刘伯温这才揩了揩额上的汗，呼出一口气，看看天边乌云翻滚，闷雷阵阵，眼看就要下雨了，忙说："小兄弟，快落大雨了，赶忙收谷子吧。"

那孩子十分自信地答道："我爷爷说过，今天的雨只落到那只方箩脚。"

刘伯温吃了一惊，旋即想道："大雨隔瓦栋"也是常有的事，徐隐士能算出今天雷雨只落到方箩脚，淋不着大簟，真是闻所未闻。此人果真精通天文地理，神机妙算，我也不虚此行！

片刻功夫，徐隐士回来了，大雨也跟着脚后他到了，果然只落到方箩脚。此时，刘伯温已从孩子口里知道，他问路的老牛倌正是徐隐士。不等清茶润口，刘伯温就急切地说明由。

原来，朱元璋攻打集庆(今南京)数月不下，他不知从哪里打听到，天台山处隐有一高人，姓徐，精通天文地理，晓畅孙吴谋略，于是急命刘伯温星夜赶往天台山寻访。

徐隐士听罢说道："先生既来之，则安之。"刘伯温辞道："军机在身，十万火急，无心盘桓，望先生马上动身！"

徐隐士又说："实不相瞒，家父年事已高，我在家以尽孝道。然朱将军有命，不敢推辞。只是近日为家父寻得一方寿域，正穴何处，难以定夺，请先生帮个忙。事毕即随先生前往破城。"

刘伯温知道事情原委后心里有数，却并不多说，只要求给他一支长铁枪。来到预选的寿域，刘伯温前后左右端详了一番后，拿起铁枪选址定穴，把铁枪深深地插到土中。这时，徐隐士挖掉四周的泥土，只见枪尖上穿着一枚铜钱。

两人不禁相视而笑。原来，徐隐士早已选正穴位，把铜钱预埋在地下。一场较量，彼此佩服。他们来到集庆，但见城外千幡招展，城头严阵以待，僵持局面似乎不见尽头。徐隐士骑马绕城一周，转身对刘伯温说："这集庆是'蟹地'，'蟹壳'特硬，硬攻是攻破不了的，只有等到产'蟹仔'时，才能从'肚脐眼'处攻进去。"然偌大座城，何处是"肚脐眼"？即使找到了，何年何月才产"蟹仔"？"蟹仔"又是何物？刘伯温仍然心里没底。

徐隐士说："试试吧，你命士兵向城头喊话，叫他们赶快投降。否则一旦攻进城内，鸡犬不留；或者再围城一年半载，将他们困死！"城头上的士兵听后哈哈大笑，狂妄地说："别说围上半载一年，就是围困三年，粮食还是足足有余。"为显示其充足，他们将煮熟的米饭往城下撒。

刘伯温见了不禁暗喜，忙命军队从敌人撒饭处猛攻。池深城高的集庆终于被朱元璋攻下。

刘伯温巧施月饼计

元朝末年，统治王朝昏庸暴虐，却又害怕人民起来造反。他们禁止民间私藏武器，还规定十家合用一把菜刀，并派蒙古人来当"头头"，严管百姓，百姓恨之入骨，怨声载道。

朱元璋率领的农民军攻下温州以后，浙南各县的百姓纷纷前来诉苦，要求早日除掉这些"头头"。朱元璋就跟军师刘伯温商量。刘伯温想了一会儿，说："刘某可以不用一兵一卒，不出十天，保管除掉这些'头头'"。

中秋节晚上，刘伯温和朱元璋一道月下对弈。朱元璋没有心思下棋，连输两局，拉着刘伯温说："军师，清除'头头'的事怎么样了？我们何不到后营去商量商量。"刘伯温说："早哩，现在才子夜，等过了卯时吧。"

朱元璋一边下棋，一边侧耳注意更鼓声，忽见东路探子来报："'头头'杀光了！"朱元璋一听，半信半疑，正要问话，西路、南路、北路的飞马也接连而来，都说"头头"被杀得一个不剩。朱元璋又惊又喜，此时已是

卯时一刻。

原来，刘伯温想到汉族人有中秋赏月的风俗习惯，早在七天前，就派人分别到三郡各县去悄悄地向所有糕饼店定做几百万个月饼，叫他们在饼馅中放进一张纸条。又叫各县内线传话老百姓，中秋夜晚赏月，每人吃一个月饼，就可消灾避祸。

中秋节晚上，老百姓掰开月饼，突然发现一张纸条，上面写着二十个字：神明暗中佑，助民解冰冻；趁此子夜时，齐杀坏头头。

老百姓看了，开始很是惊讶，便悄悄地走家串户探听消息，才知道家家户户都有这么一张纸条。这下，大家对"头头"的满腔愤怒爆发出来，纷纷拿着菜刀、柴刀行动起来。一夜之间，那些"头头"竟被杀得一个不留。

刘伯温"点穴"葬朱檀

公元1363年，在决定朱元璋起义军前途命运的鄱阳湖战役中，朱元璋坐在船头指挥战斗，刘伯温站在他身旁。激战正酣时，刘伯温忽然脸上变色，急拉朱元璋到船舱里。在朱元璋深感奇怪之时，一发炮弹打过来，把朱元璋坐的椅子打得粉碎。

公元1368年，朱元璋在南京建都称帝，建立了明王朝，不久即实行分封诸王制，朱元璋将24个儿子陆续分封到全国各重要州府。其中，朱元璋的第十个儿子朱檀被分封为鲁王。

中国历代封建王朝的皇帝，向来注重自己百年之后的事情，并大都是在活着的时候选好陵墓的，朱元璋也不例外。坐定江山后，朱元璋就忙着组织专门班子，着手为自己和分封各地的儿子们选定陵址。这一天，刘伯温带领一班人马来到了鲁王朱檀的驻地兖州府，开始为朱檀选定陵地。

刘伯温身为一代文臣，自幼饱读儒学经典专著，对孔孟圣人推崇至极。来到了圣人之地，他做的第一件事情自然是祭拜先师，他先后到了曲阜孔庙和邹县孟庙，以隆重的礼节祭拜了孔子和孟子两位圣人。祭拜完圣人后，刘伯温才开始自己此行的工作，为鲁王朱檀寻找陵地。

　　一个阳光明媚的春日，正驰骋奔波于鲁国大地的刘伯温来到了位于曲阜和邹县之间的九龙山脚下，远远望去，只见九龙山连峰九座，逶迤如龙，由北向南横卧在邹鲁圣地之上。刘伯温是何等人物，他远眺九龙山势，心中便有了八分把握，心道：为鲁王选陵地的活儿算是到头了，但选在九龙山哪个地方，还要把量把量。

　　想到这里，刘伯温又和随从一起，漫步登上了九龙山南麓，此处正是"龙头"位置。站在"龙头"之巅，向南望去，只见山峦叠嶂，满目苍翠，远处朱雀山遥遥相对，东、西两边卧虎山、玉皇山纵横左右，"龙头"脚下一股泉水蜿蜒流淌。一代名臣刘伯温顿时心旷神怡，不由叹道："好一片风水宝地！"随即一指脚下，对随从命令道："鲁王陵地就是这里了，此为龙王含珠，属上上穴。"

　　那么刘伯温费尽千辛万苦为之选陵的主人——鲁王朱檀又是个什么样的人呢？

　　据《明史》记载："鲁荒王檀，太祖第十子，洪武三年生，生两月而封，十八年就藩兖州，好文礼士，善诗歌。"朱檀出生两个月就被封为鲁王，由于年纪幼小，不能亲政，直到公元1385年才去兖州就藩执政。朱檀原本谦恭下士，博学多才，深受朱元璋的喜爱，但他就藩后，信奉道教，终日烧炼"仙丹"以求不老之药，结果毒发伤目，只活到19岁。朱元璋得知后非常恼怒，认为他行为荒唐，故谥曰"荒王"。

　　朱檀死后，由他的儿子朱肇辉袭封鲁王，鲁王一支共传了十代十三王，历时283年，是明亲王中传世最长的一支。

　　明朝共建亲王府50多座，有246位亲王在各自的封地建立陵墓。荒王陵与其他王陵比较，具有以下特点：鲁王朱檀在亲王中第一个薨逝，陵寝为第一个建造，其建制和礼制为其他王陵所用；众多王陵中，荒王

陵陵园占地面积最大，地宫距地表最深，出土文物最为丰富，价值最高；鲁王中贤王最多，传位时间最长，所以荒王陵被称为"明代亲王第一陵"。

刘伯温为鲁王朱檀选定的风水宝地，没能庇护他长生不老，却保佑了他的子子孙孙代代相传。这正是：荒王长生梦，可怜命不长，点穴龙含珠，天佑子孙昌。

刘伯温巧建紫禁城

明太祖朱元璋的第四个儿子叫朱棣，此人能征贯战，帮助朱元璋把蒙元赶到漠北，收复了黄河以北的大片土地，功勋卓著，被朱元璋封为燕王驻守北平。朱元璋死后，皇孙朱允炆继位当了皇帝。燕王朱棣不服气，就以"清君侧"为名，率领几十万虎狼之师杀进南京城，赶跑了亲侄子自己登上皇位，改国号为永乐。

永乐皇帝朱棣觉得南京虽好，但始终不是自己的根基，他的地盘在北平，于是就将国都北迁，改北平为北京。可当时的北京由于连年战乱使得城破垣败，连皇帝住的地方都是茅屋草舍，没有一点皇家气派。朱棣于是决定重新在元朝大都的东边建一座新城，并顺便把皇城建起来。皇城一定得多盖点宫殿，房子还得大点，而且要华丽有气派，这样才能显出天子的尊严。可让谁操持这事呢？朱棣认为除了刘伯温，再找不到第二个更合适的了，于是准备传旨召刘伯温上殿。可还没等他传旨，刘伯温就不请自到了。

刘伯温三跪九拜后，十分神秘地对朱棣说："万岁，臣昨晚做了一个梦，这梦事关江山社稷，臣特向您禀报，请万岁定夺。"

朱棣一听急切地问："什么梦？快快说来。"

刘伯温定了定神，说："昨晚臣早早睡下，不知是何时辰，来了两个锦衣玉面的武士，把臣架起说玉皇大帝召臣。臣不敢耽搁，随他们乘风而去，不大工夫就到了凌霄殿上。"

朱棣瞧着刘伯温装神弄鬼的样子，心里暗暗发笑：这个牛鼻子老道准是有话不直说，跟朕转弯子呢，朕倒要看他玩什么鬼画符。

"玉皇大帝问臣：'你就是人间永乐皇帝跟前的刘伯温？听说他要筑新城建皇宫？'"

朱棣听后惊呆了，这是他心里的事，他谁也没告诉呀？玉皇怎么会知道的。他问刘伯温："爱卿如何回答？"

"臣答道：'天意难测，永乐皇帝未曾对伯温说过此事。'"刘伯温说，"玉皇对臣道：'既然如此，你把我的话转告永乐皇帝，方今天下战乱才停，百姓需休养生息。北京城要筑，但不能劳师伤民。永乐皇帝不用性急，可先建北京初型，后世的明君贤臣自然会锦上添花，精益求精，何愁北京不为人间第一帝王之都呢？至于皇宫，可现在动手兴建，只是有一点，不能超过我的天宫。他毕竟是人间天子，而我乃天廷之主，不能不顾及规矩。如遵我言，我将派三十六天罡，七十二地煞保大明江山风调雨顺，国泰民安。'玉皇大帝说完龙袍一甩，迎面扑来一阵香雾，就将臣吓醒了。臣恐遗忘，便赶紧上朝，禀报万岁。"

朱棣听完沉默半晌，心中暗想：什么玉皇旨意？老子就是玉皇，这分明是你刘伯温在捣鬼。可是此话也有道理，干脆就给刘伯温个面子，也显得我是个明君。于是他说："就按玉皇所言，北京城大小可量力而行，但我的皇宫不能比天庭小得太多！你去办吧。"

刘伯温也见好就收，领旨下朝而去。

过了些日子，刘伯温就把事情办好了。他请朱棣帝验收，朱棣不看北京城直奔皇城，一看宫殿巍峨、红墙黄瓦、金光闪烁、豪华气派远胜过明太祖朱元璋南京的皇城。他绕着皇城转了一圈也没数清有多少间房屋。刘伯温马上禀报说九千九百九十九间半，才比天廷少半间房。朱棣一听嘴都合不上了："玉皇大帝派的三十六天罡，七十二地煞呢？"

刘伯温说："请您随臣往太和殿前一看。"

　　君臣二人走到宽敞的太和殿前广场，刘伯温手指大殿前左右各十八口包金大水缸说："这就是三十六天罡。""那七十二地煞呢？"刘伯温请朱棣登上太和殿的三层汉白玉石台，用手一指南北排列的外朝内宫奏道："万岁，这下面有七十二条排水地沟就是七十二地煞也！"

　　朱棣哈哈大笑，连连称妙，说："这皇城就叫紫禁城吧！"

　　刘伯温的传说是民间文化的一座宝藏。他的形象极为丰富，而在丰富的形象中我们能感受到刘伯温传说所蕴含的丰富的民间文化内涵，能领略到刘伯温传说的巨大的文化价值。这些智慧故事，是长期以来广大民众实践智慧的经验总结，反映出民众的思维特点和思维方式。一句话，刘伯温传说是窥探中国民间文化的一个很好的窗口，是民众心灵的整个世界，举凡民众的智慧、道德、信仰无不包囊其中。

第八章

张居正

——帝王之师,救时宰相

张居正(公元1525年-1582年),明穆宗、神宗朝内阁首辅,字叔大,号太岳,江陵(今湖北江陵)人。张居正于嘉靖朝中进士,在主持朝政期间,大刀阔斧地改革,整吏治,强边备,改漕运,清土地,裁冗官,行"一条鞭法",是中国历史上杰出的改革家。

1.少年才俊,远近闻名

张居正祖上的出身并不高贵,到了张居正祖辈、父辈时,家境变得愈发清贫。张居正的父亲张文明,自幼被送入书院读书习字,虽弱冠即为秀才,但连续7次参加乡试均告失败。无奈之下,张家便将金榜题名、成侯拜相、光宗耀祖的理想寄托到下一代身上。

公元1525年,张居正在荆州江陵出生,迎接他的是曾祖父的一个白龟梦。梦中的月亮落在水瓮里,照得四周一片光明,然后一只白龟从水中悠悠地浮起来。曾祖父认定白龟就是这小曾孙,于是信口给他取了个乳名"白圭",希望他来日能够光宗耀祖。

白圭年幼时就表现出非凡的才赋。有一天,他的同堂叔父龙湫正在读《孟子》,才2岁的白圭在旁好奇观看,龙湫就和他开玩笑说:"孩子,都说你聪明伶俐,不过你要认识'王曰'二字才算本领。"又过了几天,龙湫读书的时候,白圭又来了。龙湫把白圭抱在膝上,要他认"王曰"二字,白圭居然真的认识,家人连连称奇。小小年纪的白圭成了荆州府远近闻名的神童。

公元1536年,才12岁的白圭报考生员,顺利取得秀才名号,时人纷纷称奇。这个看起来比其他考生矮一大截的孩子,以其机敏灵俐的特质深得荆州知府李士翱的怜爱,他嘱咐白圭要从小立大志,长大后尽忠报国,并替他改名为居正。此名寓意很深,古人云:"其身正,不令而行。"又说:"官正则民服。"李士翱为他改名,是希望他有朝一日能做一名堂堂正正、为民谋福的官员。

公元1537年8月,恰逢三年一度的科考。正是鹅黄绿肥、黄花满地,天高气爽，万里无云的日子，武昌城内，来自府县的学子云集在一起，车水马龙。此次秋闱这样隆重，与湖广巡抚顾璘的重视不无关系。这位当朝有名的才子，三年前赴任湖广，此次恰逢他在任的第一次秋闱，心情自然格外激动。他真心希望全省学子能各怀绝学，奋力考出优秀成绩，也不枉他勤勉为政的心血。倘能出一两个经天纬地之才，国家幸甚，桑梓生辉，岂不是给他脸上生辉！

这天早上，考官们开始阅卷。顾璘闭门谢客，独坐花厅，等候结果。忽然，他想起一件事来，那是一年前，本省学政曾告诉他说，荆州发现一少年才子，名叫张居正，12岁应考便以头名得中秀才。顾璘独自揣摩，不知张居正会不会来应试呢？这时，监试御史兴奋地跨进门来，急忙向顾璘汇报："此次秋闱可谓硕果累累，人才了得！"说完，随手将一摞试卷递了过来。

顾璘急忙问："御史大人，将要录取的头名是谁？"

"巡抚大人绝料不到，竟是一个13岁的少年秀才，名叫……"

"名叫张居正！对吗？"顾璘忙抢着说。

监试御史很是惊讶，只见顾璘放声大笑："我已有先见之明！"他随即抽出张居正的试卷仔细品阅，横挑细查，见其果然气度恢宏，辨析严谨，丝丝入扣，一股凛然才气跃然纸上。

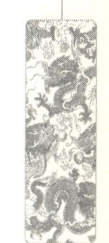

顾璘不禁拍案叫绝，立即派人召来了张居正。只见张居正唇红齿白，眉清目秀，方巾儒服，气度不俗。顾璘打量很久，顿生爱怜之意。

"张居正，你年未弱冠，我且问你，长大以后有何志向？"顾璘问道。

张居正忽闪着机敏清亮的大眼睛，略加思忖，亮开稚音答道："学生常听父母言及，昔行曾祖平生急难振乏，常愿以其身为褥荐，而使人寝处其上，使其有知，绝不忍困其乡中父老。学生当以曾祖为效尤，宏愿济世，不仅以身为褥荐，即有欲割取吾耳鼻，当亦乐意施与！"

顾璘大为惊异，想不到一个13岁的少年竟有如此大论，心中暗暗叹

服。他又手指厅外院墙边一丝翠竹说："你可否以竹为题,即刻作一首五言绝句?"

张居正凝神视竹,略加思忖,未等顾璘一口茶呷完,他已念出来:"绿遍潇湘地,疏林玉露含。凤毛丛劲节,只上尽头竿。"

顾璘一时呆愣在那儿,好半天没回过神来。他坚信张居正乃将相之才,将来必能成大器,不过,他又觉得张居正年纪太小,如果此次让他中举,他很可能会骄傲自大而误了前程,倒不如先不录取他,再刺激一下他,使其能更加奋发读书,才具老练,今后必将前途无量。

于是,尽管考试成绩名列前茅,但张居正在这年的科举考试中并未能如愿。直到3年后,16岁的张居正又参加了乡试,才欣然中举。

16岁中举,在当时也是少有的,许多人都很欣羡他、夸奖他。然而张居正并没有自满,还特地去见了顾璘。顾璘非常高兴,解下自己身上的犀带,送给张居正,感慨地说:"古人云'大器晚成',此为中才说法罢了。而你并非中才,乃大才。是我延误了你三年功名,直到今天才中举。你千万不能自满,再不求进取了。"张居正谦恭地作揖道:"感激您的教导,大人实乃学生的再生父母,指点之恩没齿不忘!"

顾璘见张居正很理解自己,甚是欣慰,不由得谆谆嘱咐道:"我希望你抱负远大,志向高洁,要做伊尹、颜渊,万不可只做一个少年英名的秀才,一个仅会舞文弄墨,歌风吟月的腐儒,要记住你的济世宏愿!"

在顾璘的指导下,公元1547年,23岁的张居正终于中二甲进士,授庶吉士(见习官员,三年期满,例赐编修),步入官场,开始登上政治舞台。

2.整饬边防,改善蒙汉

公元1567年,张居正入内阁参政后,鞑靼首领俺答率军直逼京师,北京危在旦夕,尽管后来敌兵在大肆掠夺之后引兵北退,但皇上和大臣均意识到非彻底整顿软弱无力的边防不可。

当时,任内阁首辅的是徐阶,有个任工科给事中的吴时来上疏推荐谭纶、戚继光驻兵于蓟州,加强北部边防。这一建议马上得到徐阶的支持,但由于新任兵部尚书霍冀对情况并不熟悉,而张居正与吴时来、谭纶、戚继光又都是徐阶所重用的人。这样一来,在内阁中主持整顿蓟辽、巩固边防的重任就落到了张居正身上。

张居正从整顿边防入手,正式开始了他酝酿已久的改革事业。

张居正大胆地任用了一批智勇双全的将领,对他们十分信任,因此他们都非常乐意接受张居正的指挥。他所重用的谭纶、戚继光、李成梁、王崇右、方逢时等人也都大显身手,充分发挥了他们的才华和智慧。

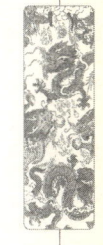

当时,北边战守的重心在蓟州,御倭名将谭纶、戚继光主持蓟州防务后,张居正给予大力支持。谭纶提议造筑敌台,张居正马上答复:"昨议增筑敌台,实设险守要之长策,本兵即拟复行。"谭纶遂与戚继光"图上方略,筑敌台三千,起居庸至山海,控守要害"。戚继光的军事才能在镇守蓟州期间再次得到了充分的发挥,他以对倭作战的浙兵为骨干,根据蓟州的地理条件和同蒙古骑兵作战的特点,从实战出发,加紧军事训练。在他镇守蓟州的16年间,一直整饬边防,进行战备。所以,蓟州边防一直能相安无事,主要是戚继光的功劳。在整饬蓟州边防过程中,张居正与谭纶、戚继光私人间也结下了深厚的友谊。公元1572年,张居正当国,谭纶入为

兵部尚书,直到公元1577年4月病殁为止,戚继光镇守蓟州16年,保证了边界安定。

在辽东方面,张居正派出身贫寒但有大将之才的李成梁镇守。从公元1567年起,李成梁在辽东屡败蒙古土蛮入犯,其后被提为总兵官镇守辽东。李成梁镇辽22年,先后奏大捷十,其武功之盛,是两百年来未曾有过的。公元1591年,李成梁离开辽东,十年间更易八帅,边备益弛。公元1601年8月,张居正再次起用李成梁镇守辽东,其时李成梁已76岁,在他二次镇守辽东的八年间,辽左少事,蒙古土蛮不敢入犯。

在宣、大方面,张居正派王崇古、方逢时镇守,他们修边墙,开屯田,加紧练兵,防御力量大大加强。

在张居正的主持下,经过几年的努力,扭转了长期以来边防败坏的局面。战守力量,日益增强,蒙古犯边,逐年减少。在加强防御力量的同时,张居正积极寻求改善蒙汉关系的方法。他命令沿边将帅,要抓住有利时机,发展同蒙古的友好往来。宣、大总督王崇古屡次派遣同蒙古有关系的人,深入蒙古内部,发表文告,宣布"番汉军民凡由蒙古投奔汉族地区者,一律以礼相待,接纳安置"。这类文告在蒙古地区果然引起很大反响,前来投奔的人越来越多。公元1570年,俺答的孙子把汉那吉由于种种原因,也来投奔。要不要接纳把汉那吉,在朝廷里出现了严重分歧。张居正积极主张接纳,认为接纳把汉那吉是改善蒙汉关系、发展同俺答友好往来的绝好契机。而很多大臣则反对接纳,御史叶梦熊认为,接纳把汉那吉必将招来大祸。也有人主张干脆杀掉把汉那吉,以绝后患。在"朝议纷然"的情况下,张居正嘱咐王崇古说:"接纳把汉那吉一事,至关重大,一定要慎重行事,切勿简单处置,坐失良机。"同时,张居正又将事情原委以及应采取的对策,报告给了当时的皇帝明穆宗朱载垕(朱翊钧的父亲)。在经朱载垕同意后,张居正才以皇帝的名义,慑服了反对派,"接纳"的主张占了上风。

接纳把汉那吉后，俺答果然亲率重兵前来索要，致使朝野震动，许多人都惶惶不可终日。不仅反对派认为"接纳"引来了祸患，就是一般人也都认为"接纳"捅下了乱子。这时，张居正一面要王崇古坚持初议，审定计谋，勿为众言左右；一面又给王崇古出主意，要他开展攻心战术。按照张居正的部署，王崇古立即派遣鲍崇德为使臣出使俺答军中，告诉俺答说："您的孙子把汉那吉生活得很好，明廷待他甚厚。"接着又说明，把汉那吉不是被引诱来的，而是他本人仰慕中原文化自动投奔来的。明廷对把汉那吉待之以礼，俺答反而兴师问罪，岂非恩将仇报！如若迫使明廷走上战争道路，把汉那吉的生死则难以预测。俺答听了言之成理，复派使臣至明。俺答的使臣到明后，王崇古让把汉那吉穿上红袍玉带与之会晤。随后，王崇古又以明朝皇帝的名义表示，愿礼送把汉那吉返回蒙古。把汉那吉十分感动，遂与王崇古洒泪告别。俺答见到其孙把汉那吉在明军的护卫下安全归来，欢喜若狂，立即决定退兵，并上表称谢，表示今后永不犯边。从此，明廷与俺答果真结束了长期以来的对峙状态和战争关系，揭开了和平友好的新篇章。

在蒙汉关系改善的基础上，张居正又积极主张对俺答实行"封贡通市"，即明廷封俺答以一定的官爵，定期朝贡、互市，和睦相处。

自嘉靖中叶以来，俺答在错综复杂的内部矛盾推动下，曾多次派遣使臣向明请求"封贡通市"。明廷礼送把汉那吉返回蒙古后，俺答再次请求"封贡通市"。按照张居正的意图，宣、大总督王崇古正式向明廷建议，对俺答实行"封贡通市"，发展友好往来，结果在明廷中又掀起一场轩然大波。兵部尚书郭乾以先皇圣训为依据，坚决反对。有的攻击王崇古与俺答有"密议"，有的说王崇古是害怕打仗，所以主张"封贡通市"。在"廷议"中，很多人认为，"讲和示弱，马市启衅，封贡通市，后患无穷"。张居正对这种观点，进行了具体的分析。他指出，现在是俺答乞求"封贡通市"，这与汉代的和亲、宋代的和议是完全不同的。不能笼统地说讲和示弱，马市启

衅。张居正在给王崇古的信中说："封贡事乃制虏安边大机大略，时人以媚嫉之心，持庸众之议，计目前之害，忘久远之利，遂欲摇乱而阻坏之。国家以高爵厚禄畜养此辈，真犬马之不如也。"张居正为了支持"封贡通市"，向朱载垕详细陈述了"封贡通市"的好处，并用明成祖加封蒙古和宁、太平、贤义三王的史实为依据，请求朱载垕援例实行。在张居正的努力下，终于议定：封俺答为顺义王，规定每年贡马一次，并在大同、宣府、山西、延绥、宁夏、甘肃等地选定十余处开设互市。

明廷与俺答缔结"封贡通市"盟约后，张居正坚持严守信义，不违约，不背盟。王崇古曾想延期开市，张居正得知后，立即告诉他一定要"按约进行"，不得改期，并强调要以安宁、互市和联合为重，切勿失信"起衅"，影响友好往来。随着时间的推移，互市贸易不断扩大，不仅由政府掌握的"贡市"(通过朝贡形式进行的贸易)、"马市"(政府之间进行的官方贸易)有很大发展，由于民族经济发展的需要，还出现了私人交易的"民市"和每月一次的"月市"。此外，在边远地区还有临时开设的"小市"。"封贡通市"的实行，有力地促进了蒙汉两族社会经济的发展。蒙古的金银、马匹、牲畜、皮裘、木料等物，源源不绝地流入内地；中原地区先进的生产技术、生产工具、种子等，亦在蒙古地区广泛传播开来。荒野变为良田，开矿、冶炼以及各种手工业技术，都迅速发展起来。俺答兴建的"板升"城(今呼和浩特市)，日益繁荣，逐渐发展为蒙古地区的商业都市和经济中心。

张居正通过重用英勇善战的将帅，整饬边防，加强战守，改变了正统以来边防日益废弛的局面；通过重用足智多谋的边帅，改善蒙汉关系，改变了自明朝开国以来一直与蒙古所处的敌对关系和战争状态，发展了两族之间的友好往来，促进了我国多民族的统一国家的形成和发展。

3.受命先帝，教辅幼主

公元1572年，明穆宗朱载垕去世，年仅10岁的朱翊钧登基。此时，皇帝的教育问题成了张居正的头等大事。他每日除安排好功课外，还专门为朱翊钧讲解经史；将每日早朝改为每月三、六、九日上朝，其余时间均安排给朱翊钧攻经读史；又请李太后移居乾清宫，让其与朱翊钧同住，以便朝夕照护，调理管束。

朱翊钧读书的地方叫文华殿，坐落在紫禁城东部，为历代皇帝就读省事之处。10岁的朱翊钧尽管身已为人主，心则终属童稚。他天性活泼，兴趣广泛，可当了皇帝后，一切就由不得他了。严厉而令人敬畏的张居正不仅亲自为他讲解经史，而且还为他任命了五个讲经说史的老师，两个教书法的老师，并为他编订了厚达一尺多高的讲义。每日上午，朱翊钧要学经书、书法、历史。这其中还要在冯保和其他宦官的协助下，把当天臣僚们上奏的本章一一亲览，在张居正"票拟"明制，内阁接到奏章后，用小票写好所拟批答，再由皇帝朱笔批出，名为票拟，亦称条旨或调旨。清初仍用此制，但与明代朱批实由司礼太监代写者不同。自设军机处后，重要奏章改用奏折，此制遂废。旁边用御笔作出批示。朱翊钧有时觉得很有趣，尽写些"如拟"、"知道了"一类的字，如同练习书法。吃过饭后的时间，本可以自由支配，他却仍不敢懈怠半分，因为李太后和冯保还叮嘱他要温习功课，第二天必须把所学的内容背诵出来。如果准备充分，背书流利，张居正就会颂扬天子圣明；如果背得结结巴巴或读了错字，张居正便会以严师的身份加以训斥，使他感到诚惶诚恐。

在这样严厉的督导下，朱翊钧的学业自然不断长进，然而他的天

性也日渐受到压迫。登位不过六个月，他似乎已尝到了皇帝不好当的滋味。

转瞬已是第二年正月，春回大地，花木伊始。再过三天就是上元节了，朱翊钧记起父亲在世时，每逢上元，便会牵着他满宫转悠，那遍地的烟火、新奇的宫灯，把紫禁城照耀得如同白昼，令人叹为观止，流连忘返。如今正值自己登位，正式启用万历年号的头一年，一元伊始，万象更新，自己为什么不趁机热闹一番，轻松一回呢？

想到这里，朱翊钧不觉心旌动摇，手握朱笔，字斟句酌，拟出一道手谕，要宫中精心布置，光扎彩灯，庆贺新元，并要为李太后整修行宫，以表节日不忘思孝之意，如此等等。写完，他反复看了几遍，自觉非常满意，这是他自登基以来第一次发号施令，感到很激动，不觉手舞足蹈起来。他叫随侍太监将自己的手谕立即送交文渊阁。

不到半个时辰，只见张居正匆匆赶来。一见面，就问朱翊钧："刚才的手谕真是陛下之意吗？"

朱翊钧见张居正面色庄严，吃了一惊，不知自己办错了什么事，讷讷回答说："是朕的本意，先生以为有什么不妥吗？"

"陛下有所不知，本朝自嘉靖、隆庆以来，国库日见匮乏，每岁收入仅250万两，而支出却高达400万两，如此入不敷出，足见国体倾危，生机凋敝，当全力开源节流，以图振兴朝政。陛下应力戒浮华虚荣，厉行廉洁节约，以作全国之表率。"

朱翊钧被张居正一番话说得无话可答，他认识到手谕必定是下不成了，心里很有些不舒坦。可张居正是内阁首辅，也是自己的老师，那道理讲得有根有据，不舒服也得听，于是他赶忙说："就依先生所言，朕即刻收回成命。"

朱翊钧勤学苦读，孜孜不倦。除了一早一晚在乾清宫起居，大部分时间全消耗在文华殿中。张居正作为老师，为了让朱翊钧学得快点、好点，就根据朱翊钧的年龄特点，亲自编撰了一部《帝鉴图说》供他学习。这部书里写了历代皇帝的故事，分成好的和坏的，一共117篇，每篇故事前边画了一幅图画，图画后面有文字解说，如同一部通俗的连环画，图文并茂，好读易记，朱翊钧非常爱读，整天翻来翻去地看。

一天，朱翊钧要练习写大字，张居正把明太祖的《太保箴》拿给他说："你就写这个吧！你不仅要写好，而且还要会背诵，会讲解。"朱翊钧像个小学生一样，仔细地写着、念着、背诵着，面对墙壁一句一句讲解着，张居正看了舒心地点了点头。

在张居正的谆谆教导下，朱翊钧一天天长大，一天天成熟起来，他已明白了不少为人处世的道理和治理天下的策略。为了检验朱翊钧的学习成果，张居正给他讲了宋仁宗不爱珠宝玉器的故事。故事讲完了，张居正说："自古以来，那些只看重珠宝的君主是不可能干出大事业的。"朱翊钧马上接着说："珠宝是没有用处的东西，贤臣良将才是真正的宝贝。"张居正一听，连忙夸奖说："陛下说得很对，凡是圣明的君主均重视五谷，而对珠玉看得很淡。因为五谷能养人，而珠玉呢，饿了不能当饭吃，冷了不能当衣穿。"

"先生说得有理。"朱翊钧说。

"陛下这样圣明，真是大明朝的福气，也是黎民百姓的福气。"张居正高兴地称赞着。一想到皇上已经可以担当起治理国家的重任了，张居正终于松了一口气，觉得自己总算没有辜负先帝的嘱托。

4.改革吏治，伸张法纪

明代中叶，吏治腐败达于极点。特别是严嵩当政期间，贿赂公行，朋党成群，政多纷更，事无统纪，上下务为姑息。针对这种混乱局面，张居正以推行考成法为中心，信赏必罚，刷新吏治，给腐朽的官场吹进了一股改革的清风。

张居正依据立限考成的三本账，严格地控制着从中央到地方的各级官员。公元1574年，张居正责令吏部尚书张翰、兵部尚书谭纶，把知府以上文武官员的姓名、籍贯、出身、资历等写在御屏上，每隔十天，根据升迁调改情况更换一次，随时掌握官员的变动。公元1577年是考核地方官的"大计"之年，张居正强调，要把那些秉公办事、实心为民的官员列为上考，把那些专靠花言巧语骗取信任的官员列为下考，这样就又把整顿吏治和惠及小民有机地联系起来，既稳定了统治秩序，又提高了行政效率，出现了中央号令犹如疾雷迅风，朝下而夕行的局面。

通过立限考成，每个官员都有了明确的职守。对于那些吃粮不管事的冗官，尽行裁革。公元1580年，张居正下令撤除苏松地区擅自添设的管粮参政，并责成吏部检查各省添设官员数，核实上报。公元1581年，一次性裁革冗官(闲散官员)169名。在他当政期间，裁革的冗官约占官吏总数的十分之二、三，其中南京官员裁革尤多。与此同时，张居正广泛搜罗人才，把那些拥护改革、政绩卓著的官员提拔上来，委以重任。公元1576年10月，明神宗朱翊钧审览了关于山东昌邑知县孙凤鸣贪赃枉法的报告后，问张居正："孙凤鸣进士出身，为何这样放肆？"张居正说："孙凤鸣正是凭借他进士出身的资历，才敢这样放肆。以后用人，当视其才，不必问其资历。"

朱翊钧赞同了他的意见。这样，张居正又以圣旨为令箭，打破论资排辈的传统偏见，不拘出身和资历，大胆起用人才。在起用人才时，他主张"论其才，考其素"，对才能和品德进行全面考察。同时，他又注意到每个人的长处和短处，用其所长，避其所短。被他选中的文武官员都在改革中发挥了骨干作用。

在整顿吏治过程中，张居正对各级官员凭借职权滥用驿站现象，也进行了整顿。明代从京师至各省的交通要道都设有驿站，负责供应使用驿站官员的吃、住、夫役和交通工具，称为驿递制度或驿站制度。明太祖朱元璋时，对使用驿站控制很严，非军国大事，不准使用，即或是公侯贵族，亦不例外。有一次，吉安侯陆仲亨从陕西回京，擅自使用驿站车马，就遭到朱元璋的严厉训斥。当时规定的给驿条例仅有六条，在一般情况下，是不能使用的。到嘉靖时，给驿条例由六条扩张为五十一条，使用驿站的官员逐渐增多起来，各级官员按照给驿条例领到勘合（约相当于现在的护照）后，便可凭勘合使用驿站。随着政治的腐败，驿站制度也开始混乱不堪，不仅各级官员滥用驿站，而且还将勘合转送他人滥用驿站。有时，一张勘合供数人乃至数十人使用。一些不法权贵，手持勘合到驿站后，为非作歹，百般索求，甚至捕人掠盗，残害百姓，成为明中叶的一种暴政。朝廷虽然多次下令整顿，然而都不过是一纸空文。公元1575年，张居正亲自抓驿站整顿，有些官员不以为然，依然滥用驿站车马，直到公元1577年1月，张居正对违制使用驿站的官员，严加惩处，才引起人们的重视。据《明实录》和《国榷》记载，公元1580年5至12月这八个月中，违制使用驿站受处罚者达三十人之多，其中革职者七人，降六级者十一人，降三级者八人，降一级者三人，降职者一人。公元1580年，张居正的弟弟张居敬，由京回乡，保定巡抚主动发给勘合使用驿站，张居正得知后，除令其弟交回勘合外，又对保定巡抚进行了严厉批评。这样，经过张居正的整顿，改变了长期以来滥发勘合、滥用驿站的混乱状态，既保证了军国要务的畅通，又节省了

大量开支,各省都因驿站积银有余,减免了驿银征派。

在整顿吏治过程中,张居正对宦官势力的干扰,也进行了坚决抵制。太监冯保既是张居正的主要支持者,同时又博得了慈圣太后的器重,权倾朝廷内外。就连神宗皇帝朱翊钧都不叫他的名字,而称他为"大伴"。张居正通过结好慈圣太后,巧妙地抑制冯保的势力,限制他参与军政事务。张居正借宦官引诱朱翊钧游乐事件,严惩了宦官孙海、客用,罢斥了司礼太监孙德秀、温泰、周海等人。其他宦官,凡属安分守己的,照旧管事,凡是为非作恶的,一概罢除。经过整顿,在张居正当政期间,宦官势力受到抑制,就连冯保本人也为恶不甚。

在整顿吏治过程中,张居正针对法纪废弛,君令无威的状况,把执法与尊君联系起来,以伸张法纪为中心进行整顿。他把不法权贵看成破坏法纪、祸国殃民的大患,坚决予以打击。辽王朱宪㸔原是他的少年朋友,朱宪㸔长大后在江陵一带横行不法,民愤极大,地方官莫敢谁何。朝廷派刑部侍郎洪朝选调查,由于朱宪㸔百般阻挠,公开抗拒,洪朝选不敢如实申报。张居正得知后,毅然决定过问此案,他根据朱宪㸔的罪行,秉公执法,毫不留情地把朱宪㸔废为庶人,惩办了荆州一霸。对洪朝选隐情不报的失职行为,也给予应有的惩处。黔国公沐朝弼,为非作歹,多次犯法,本应依法制裁,但朝中无人敢问。张居正不畏权势,挺身而出,伸张法纪,改立朝弼的儿子袭爵,把朝弼本人捆缚到南京,幽禁至死,一时"人以为快"。最有权势的太监冯保的侄儿冯邦宁,凭借其叔父的权势,横行不法,醉打衙卒,触犯刑律。张居正一面派人向冯保说明情况,一面将冯邦宁杖打四十,革职待罪。由于他雷厉风行地伸张法纪,有力地抑制了强宗豪民的违法活动。

5.一条鞭法,安民强国

作为一名杰出的理财家,张居正深知只顾节流尚不足以解决问题,要彻底改善国家财政状况,还需要进一步开辟财源,增加收入。

但张居正反对通过"开利源"来理财,在他看来,"夫天地生财止有此数,设法巧取,不能增多"。他早年曾较多接触下层人民,深深懂得"先安民养民,后国富"的道理,他指出:"窃闻致理之要,惟在于安民。"那么如何才能增加国家财政收入呢? 当时明王朝的庞大机器都由田赋支撑,但田赋收入因土地兼并和负担不均,已经很难增加。为此,张居正提出惩办贪污,清理欠赋和清查田亩等三项措施,其中尤以清查田亩声势浩大。

公元1578年,张居正以福建为试点,清丈田地,结果"闽人以为便"。于是在公元1580年,张居正上疏并获准在全国陆续展开清丈土地,并在此基础上重绘鱼鳞图册。

全国大部分地区都根据户部颁布的《清丈条例》对田地进行了认真的清丈。公元1580年,全国田地为7013976顷,比公元1571年增加了2336026顷。随着额田的增加,加之打击贵族、缙绅地主隐田漏税,明朝田赋收入大为增加。尽管张居正清丈田亩、平均赋税的做法被海瑞等人认为是下策,并不能真正解决民间赋税不均的问题。但从理财的角度看,清丈田亩对于朝廷比较全面准确地掌握全国的额田,增加财政收入起了积极作用,更为重要的是,它还为不久后推行的"一条鞭法"的赋税改革创造了条件。

张居正很清楚,仅靠清丈田亩还远远不能彻底改变赋役不均和胥吏盘剥问题,不进一步改革赋税制度就无法保证中央财政收入的稳定增长,将会有更多的贫民倾家荡产,不利于社会的安定。赋役改革是一件十

分棘手的事情,一旦过多触犯权宦土豪的利益,弄不好就会引起强烈的反对,使自己的所有心血前功尽弃。

早在公元1531年2月,南赣都御史陶谐在江西实行"一条鞭法",取得了成绩。公元1581年,张居正终于下令在全国范围内实行"一条鞭法"。

"一条鞭法"初名条编,又名类编法、明编法、总编法等。后"编"又作"鞭",间或用"边"。主要是总括一县之赋役,悉并为一条,即先将赋和役分别合并,再通将一省丁银均一省徭役,每粮一石编银若干,每丁审银若干,最后将役银与赋银合并征收。"一条鞭法"代表了明代管理者试图获得一种理想状态的各种努力:徭役完全取消,里甲体系不管是在形式上还是实质含义上都不再存在,任何残留的人头税都将并入田赋之中,而纳税人可以通过分期支付单一的、固定的白银来履行对国家的义务。

"一条鞭法"着重于役法改革,也涉及田赋。明代徭役原有里甲正役、均徭和杂泛差役,其中以里甲为主干,以户为基本单位,户又按丁粮多寡分为三等九则,作为编征差徭的依据。丁指16至60岁的合龄男丁,粮指田赋。粮之多寡取决于地亩,因而徭役之中也包含有一部分地亩税。这种徭役制的实行,以自耕农土地所有制广泛存在及地权相对稳定为条件。

张居正的理财并不限于一味地为朝廷公室谋利,而且也十分重视人民的实际生活。他通过多种渠道设法减轻人民的赋役负担,有时还直接提出减免人民的税负。公元1582年,随着清丈田亩工作的完成和"一条鞭法"的推行,明朝的财政状况有了进一步的好转。这些做法顺应了历史的发展潮流,在一定程度上减轻了百姓的负担,缓和了一触即发的阶级矛盾,对历史的发展起了积极的推动作用。

在中国封建社会后期,"一条鞭法"的出现具有一定历史意义。首先,明代中叶后,由于官绅地主的剧烈兼并,各里之间的土地多寡日益悬殊,原以里甲为编审单位的徭役制使民户的负担越来越不平均,不少农民破产逃徙。改行"一条鞭法"后，役银编审单位由里甲扩大为州县，对里别之间民户负担畸轻畸重的现象有一定调节作用，使由赋役问题产生的阶级矛盾暂时缓解，有利于农业生产的发展。其次，明初为保证赋役征发而制订的粮长制和里甲制，对人户实行严格控制，严重限制了人民的行动自由，"一条鞭法"的实行，使长期以来因徭役制对农民所形成的人身奴役关系有所削弱，农民获得较多的自由。另外，相对明初赋役制而言，"一条鞭法"较能适应社会经济的发展，对商品生产的发展具有一定促进作用。赋役的货币化，使较多的农村产品投入市场，促使自然经济进一步瓦解，为工商业的进一步发展创造了条件。

由于历史条件的限制，有明一代，"一条鞭法"未能得到认真的贯彻执行。在已实行的地区，有的地方官府仍逼使农民从事各种徭役，有的额外加赋，条鞭之外更立小条鞭，火耗之外复加秤头；更严重的是借"一条鞭法"实行加赋，有的地区条鞭原额每亩税银五分，崇祯年间为了抗击清军，有的加至一钱以上，给胥吏横征暴敛留下了可乘之机。

6.鞠躬尽瘁，人亡政息

张居正变革的目的是为了维护大明王朝的统治，但这一系列改革措施又触动了一些官僚集团的利益，加上张居正对政权的牢牢掌控，必定得罪一些觊觎权位的人，而他自己的专权也给反对派留下了一些口实，最终导致在他病逝后，新法全部被推翻，他自己也身败名裂。而这些事情的导火线则是公元1577年，张居正父丧的"夺情"事件。

封建社会，官员父母去世，必须离职回家守孝三年(至少27个月)，但如

果政务紧急，不能离开，那么皇上可以"强迫"他留在位上，不回去尽孝子之情，此即"夺情"。这一办法只能在极特殊的情况下偶然一用。张居正父亲去世时，神宗皇帝朱翊钧只有十五岁，还离不开他，张居正也觉得变革正在开展，如若离开，中间恐怕会有变数。户部侍郎李幼孜想讨好张居正，就首先上疏提出丧期内张居正不去职，以丧服办公。两宫太后也不愿张居正离职，于是张居正决定遵旨"夺情"。不过，当时也有许多人认为这样做不合情理，但这些人都遭到了廷杖、贬斥，甚至流放。

第二年，张居正的父亲死去一周年，张居正请假回原籍安葬父亲，朱翊钧给了他三个月假。张居正带着随从和护卫还乡，一路上地方官员郊迎郊送，还送上许多赆仪和奠金。而江陵城为了张居正的父亲葬礼，更是倾城出动，葬礼空前盛大。张居正安葬完父亲后回京，司礼太监何进代表皇帝携百官在郊外迎接，两宫太后也各派太监李琦、李用来宣谕慰问，恩宠甚佳。但朱翊钧自即位以来，由冯保照料他的生活，关怀备至，稍不听话，马上去报告慈圣太后，慈圣太后对朱翊钧训导很严，每每说："要是张先生知道了，怎么办？"因此朱翊钧自幼很怕张居正。等到朱翊钧渐渐长大了，心里总有一种压抑感，便开始厌讨张居正。而张居正自从父丧后，也更加偏激、骄纵，对官员的升贬大多凭个人好恶，他周围办事的人也时有接受贿赂之事。他的三个儿子都考中了进士，家奴游七捐钱买官，置身士大夫行列，人们对张居正越来越不满。

公元1581年，57岁的张居正终于劳累病倒。公元1582年6月20日，张居正病逝，舍弃了他16年始终不放的权力，十年来竭诚拥戴的皇帝，撒手人寰。死后，朱翊钧为之辍朝，赠上柱国，谥"文忠"。

张居正的改革不可避免地触碰了一些豪门贵族、地主阶级的切身利益。张居正病死后不久，多年来生活在张居正阴影下的朱翊钧开始亲政，而朱翊钧对张居正态度的急剧转变使一些改革的反对派重新积聚起来，开始酝酿反攻，一场清算张居正的运动由此展开。

张居正逝世后的第四天，御史雷士帧等七名言官弹劾潘晟，朱翊钧命潘晟致仕。潘晟乃张居正生前所荐，他的下台，标明了张居正的失宠。被冯保、张居正排挤走的前任首辅高拱送来《病榻遗言》，为自己申冤。辽王妃王氏也上来奏疏，说张居正诬陷辽王霸占王府（张居正在老家江陵城住的是获罪辽王的王府）。

张居正当国十年，所揽之权，是皇帝的大权，这固然是因为张居正推行改革的需要，但他当权就意味着皇帝的失位。在权力上，张居正和皇帝朱翊钧成为对立面，他的效忠国事，独握大权，在年轻的朱翊钧心里便是一种蔑视主上的表现。张居正既死，朱翊钧这个历史上以享乐和嗜财为天性的皇帝便开始寻找一种复仇的快慰。他下令取消"一条鞭法"，给张居正加上了"诬蔑亲藩，箝制言官，蔽塞朕聪……专权乱政，罔上负恩，谋国不忠"等罪，下诏抄了张居正家，并削尽其官秩，追夺生前所赐玺书、四代诰命，以罪状示天下，还差点剖棺戮尸。张居正带着平生的抱负埋入了江陵的墓地，可他哪里知道，自己一生为国任劳任怨的功德，换来的竟是家族子孙的大难。他的家属饿死的饿死，自杀的自杀，流放的流放，逃亡的逃亡，一代能相之家竟然落得如此凄凉的下场。张居正在位时所用的一批官员也是削职的削职，弃市的弃市。而朝廷所施之政，也一一恢复到以前弊端丛生的旧观，致使刚刚中兴的明朝又走上了下坡路。整个神宗一朝，没有人敢为张居正呼冤。

人亡而政息，可以说，张居正的失败是封建时代改革家很难幸免的悲剧。张居正死后，他的改革政策几乎被全盘否定，明朝进一步陷入朝纲废驰的颓败境地。直到公元1622年，国家日益艰难时，才想起昔日张居正的大功。为激励臣下，明熹宗朱由校着手为张居正平反，恢复他的官秩，重新予以葬祭，然而一切都已经太晚了。公元1644年，朱家王朝走向了历史的尽头，此时距张居正病逝仅仅62年！

张居正一生以天下为己任，以他强烈的责任感，过人的胆识和胸怀，

承担起一个国家的安危。在他当政的整整十年中,明朝的经济、政治、军事、财政等各方面都有了显著的改善,延缓了明王朝的衰败,这巨大的功劳将永垂史册。

7.历史功过及后人评说

不同时期的人对张居正的评价是不断变化的。在明朝，由于他的权势,张居正生前的那些盛赞可以不计;张居正死后不久,由于世态炎凉,人们对他的追讨、贬斥也可以不计。万历末年,关于张居正的风波已经尘埃落定,在政局纷乱之中,人们又怀念起这位治世能臣。公元1612年刊刻的《张太岳文集》卷首的《太岳先生文集评》就出现了这样的句子:高皇帝为生民以来未有之神圣,开天而作君;太岳先生为生民以来未有之异人,中天而作相。张居正的乡人对他有这样的说法,是不足为怪的。

到了20世纪新史学出现后,梁启超在有着广泛影响的《中国历史研究法补编》中评价明代政治时说:"明代有种种特点，政治家只有一张居正。"可见其对的张居正的评价相当高,但他也只是从张居正作为一名"政治家"的角度而言的。

上个世纪30年代,邓之诚《中华二千年史》第一次以大量篇幅叙述了张居正的事功,其中说道:"张居正当国十六年,最初即以六事上陈,一省议论,二振纲纪,三重诏令,四核名实,五固邦本,六饬武备,得君专任,力行不息。万历初政,百废俱举,四境宴然。太仓、太仆积六七百万金,京通仓积粟八百万石。居正为政,可谓能起衰振敝……首辅中当以居正功最显。"邓之诚对张居正盛赞有加,但他就事论事,没有给张居正戴上任何桂冠。

　　1943年出版的朱东润的《张居正大传》，在谈到张居正施政时，使用的是"建设"与"成功"这样颇为中性的词。尚钺主编的《中国历史纲要》，是新中国建立后第一部简明中国通史，用了较大的篇幅叙述王安石变法，却没有提到张居正。翦伯赞主编的《中国史纲要》在谈到张居正时，说到他对军事、政治、经济的"整顿"，"特别是着重于经济的改革，企图扭转嘉靖、隆庆以来政治腐败、边防松弛和民穷财竭的局面。"在内政方面，他反对因循苟且，奖励官员"急公进取"。"他更希望统治阶级内部的行动能够取得一致，以加强专制主义中央集权的统治"。而"加强专制主义中央集权的统治"正是张居正执政的核心理念。《中国史纲要》同时指出，张居正的成就最突出是在经济方面，丈量土地和赋役改革是张居正颁行的重要的经济政策。在谈到"一条鞭法"时说："把嘉靖初年已在福建、浙江等地实施的'一条鞭法'，推广在全国范围内实施。"对于"一条鞭法"的影响，作者认为它"不仅在客观上促进了明中叶后商品货币经济的继续发展，也说明农民对国家的人身依附关系比以前又有一定的松弛了。"该书较早地使用了改革一词，也较早地把张居正的政绩与社会经济的进步联系了起来。

　　作为一个改革家，张居正不愧有杰出的才干和坚强毅力。他治学，人谓"最称严核"；他治家，人谓"教子极严"；他治国，人谓"有才有识，故能担荷宇宙，勿徒以权臣相拟"。风云际会中形成他刚毅、深沉、傲然、机警的品格，在改革中充分展示了他卓而不群的风采。然而，他骄横、专断、偏狭，喜奢华，且好听阿谀奉承之词，致使他用人选才失误，加速新政的破灭，是改革失败的主观因素。

　　张居正生前起用了一批得力的改革派，其善用文官武将的佳誉已经载入史册，但他在用人方面唯一的，也是最大的失误，就是没有及时物色一个能肩担重任的后继者。他并非是没有深谋远虑之人，但他从没有想

到由于他威权独揽，气势夺人，以至没有第二个能孚众望的继承人取代他的声威。

刚愎自用，偏听偏信，使张居正自蔽视听，不能客观地考察人选，更让他万万没有想到的是，正当58岁精力犹旺之时，一场宿疾痔疮的复发，三个月即告病危。弥留之际，匆促接受司礼太监冯保的建议，保举原礼部尚书潘晟入阁，潘晟本是平庸之辈，还未上任就因遭到弹劾而辞职，继任者是一向受到张居正垂青的张四维，此人家资万贯，倜傥有才，但品行素来不端，可他攀附权势，曲意奉承，"岁时馈问居正不绝"，极尽逢迎拍马之能事。一朝大权在握立即转向，起用一批被张居正罢职的官员，首先发难攻击张居正的李植，就出自他的门下，废除乘驿之禁也是他的授意。继任的申时行也是张居正的助手，他以一手漂亮的文字博得张居正的欢心，于公元1578年入阁，协理政务。但他的为人正如明末著名戏剧家汤显祖的评价，"柔而多欲"，是个貌似宽厚，实则利欲薰心的伪君子。张四维回乡奔丧，他继任首辅后，拟旨宣布张居正"诬蔑亲藩"、"专权乱政"、"谋国不忠"等几大罪状，而在他主政期间，一切新政全都报废。如果没有这样的两面派和伪君子窃居要职，推波助澜，新政尚可延续时日。张居正英明一世，却毁于偏好奉迎，没有洞察埋伏在身边的异己分子，以致祸发萧墙，遭此败绩。

张居正熟读经书史籍，对历代改革家的厄运并非无动于衷，明人史书记载说，他晚年"亦自知身后必不保"，但他仍然矢志不移推行改革，一再嘱告下属："诸公宜及仆在位，做个一了百当。"充分表现出他的坚强意志和自我献身的精神。虽然张居正有过人的胆识和魄力，驾驭群臣有使"百僚皆惕息"的威势，但他无法变更改革蕴有的脆弱性质，这是时代注定的局限，不会以他个人刚强性格为转移，呈现在新政之中。

可以说，张居正的失败也是他的成功招致的必然结果，这是封建专制主义时代改革家很难幸免的悲剧。他以一农家子弟的身份，登上宰相的宝座，推行皇亲贵戚难以容纳的新政，自是困难重重，他也不是没有沮丧的时候。在遭受困扰时，他仰天长叹："奈何积习成风，因循难振。"种种努力无异是"顾涓流徒烦于注海，而寸石何望于补天"。自述"仆以孤焰，耿耿于迅飚之中"。一个威权盛极一时的最大当权派，力图推进一些改良，其处境竟然像是狂风中的孤焰，摇摇欲灭。明知改革如涓流入海，寸石补天一样无改于发展的颓势，但他还是一如既往，不改初衷，即如孤焰置于风口，也要以那微弱的光芒照亮王朝复苏的通途。这就是一个末世英雄的自白。

张居正不惜摩顶放踵为之点燃的革新之火，为衰败的王朝赢得一度光华。明末时有人说他是"救时宰相"，这是褒奖，也是不幸而言中，救时者救得了一时，救不了一世。那发生在衰老机体上蓦然一现的迴光，还没来得及招还逝去的青春，就被匆匆泯灭了。

在张居正身后迄于明亡的六十多年中，各种社会矛盾一发不可收拾，再也没有一个能人志士能够力挽狂澜。这表明当权派再也不能医治封建社会的痼疾，即便是有识者也不过尾随张居正的后尘，梦想"循居正成规"，要求各衙门按照万历十年前的规章行事，作一东施效颦。当初因大骂张居正是禽兽，而被廷杖致残的邹元标，竟然拖着一条拐腿，为张居正的昭雪奔走呼号，试图召回失去的新政，然而无可奈何花落去，古老的帝国大厦终究还是被历史的巨浪冲击得分崩离析了。

历史就是这样令人悲欢啼笑，当年诽谤新政的又何尝料到日暮途穷时，自己会梦想着追回改革的盛景？然而时不再来，一代勇士燃起的点点星火，最终只能长留在中华民族浩瀚的星空，永世闪闪发亮！历史无情地嘲讽张居正推行的改革，同样也玩弄着断送改革的封建专制主义体制，这是必然注定的一种结局。

大明万历帝为何狂热收藏白银

张居正的税收思想是超前的,可他的征税手段却是落后的。他在"一条鞭法"的实施过程中规定,老百姓交上来的"碎银子"要熔化重铸成银锭后,才能收归国库。这个过程称为"煎银",而在"煎银"过程中损失的白银就叫做"火耗"。

明代实行"一条鞭法"后,不得不另征"火耗"费。而"火耗"率之高,竟然占到了税银的20%~30%。实际上,"火耗"相当于官员的额外工资,这就大大助长了贪污行为,让百姓痛恨不已。

到了清代,官员们仍沿用了这种做法,而且清代的"火耗"更是不断加重。一般州县中,每两税银会有二三钱之多的"火耗",更有甚者达到四五钱。偏僻的州县由于赋税少,官员为牟利,使得"火耗"甚至会数倍于正赋。清朝初年的征税"火耗"率,曾达到50%。虽然顺治、康熙年间也发过禁令,但并不起什么作用,这以后,清政府也就默认"火耗"了。

另外,明代中国在"弛用钱之禁"、恢复使用铜钱之后,开始重新铸造铜钱。而"弛用银之禁"后,却没有及时铸造"银钱"。

"银元"一词,专指从外国人那里来的银币。比如,西班牙当时已经在墨西哥铸造了大量"银元"并流入中国。但这些银币在中国却不能流通,中国人要大费周折地把银元熔化掉,再铸成碎银、银元宝,仍然用"两"来称重。这种中国特有的白银流通方式,被称为"银两制"。

明朝的银锭按重量划分有不同的等级,其中最大的为五十两一锭,也叫"元宝"。"元宝"的造型很漂亮,两边上翘犹如双翅。外国人看到后可能觉得它更像一种工艺品,而非货币。小银锭一般叫做"银锞"、"锞儿",零碎的银子则叫"碎银"。

到了明英宗时代，则把上好的银锭称为"纹银"。"纹"就是指成色，"足纹"就是成色较足。此外，还有"雪花银"、"细丝"、"松纹"等词汇，也都是明朝人发明的，在明代小说中都很常见。

在人类历史上，主要有两种独立的货币文化，一是西方货币体系，以金银为主，没有穿孔，币面铸有图案；另一种是东方货币，以铜为主，有方孔，币面只有文字，没有图案。而明代的"元宝"、"纹银"和"碎银"，却处在这两种货币体系之外。此外，明代的白银使用起来非常麻烦，要看成色、称重量，好像中国突然间退回到春秋战国的"杂币"时代了。

时而"超前"，时而"复辟"，既有包罗万象的胸怀，又坚守着顽固的自负，这就是处在那个时代大变局中的尴尬明朝。

不仅如此，当时也出现了假银子和银子成色不足的现象。假银子在刚投入使用时比较好分辨，但使用时间长了外观上就与真银无异，这令政府很头疼。

为了防止缴税中的作弊行为，从明朝嘉靖年间起，户部尚书建议不但要把各州、府、县上缴的银子铸成标准银锭，还要刻下年月和官吏、工匠的姓名。然而，这种方式也不能遏制"火耗"等贪污方式的盛行。

既然使用"银两"这么麻烦，为什么明朝人既不像外国人那样铸"银元"，也不将白银铸成"圆形方孔钱"呢？

对此，史书没有给我们答案。也许是因为白银仍不够充足，也许仅仅是出于习惯，不愿意改变"祖制"，等等。然而，明朝的很多皇帝重视白银，就像同一时代很多欧洲的国王迷恋黄金一样。其中，万历皇帝朱翊钧可以称得上中国历史上对金银最为热衷的皇帝。虽然他没有认真推行老师张居正所制订的"一条鞭法"，但他对白银的热爱却一天胜过一天，想尽一切办法把白银收归国库。

为了敛财，朱翊钧还想出了一个"奇招"，就是让地方官吏定期向他进贡，并把进贡钱财的多少作为考核官员政绩的主要标准。有了这样一个

爱钱的皇帝，朝廷各级官员的敛财之风可谓上行下效。不仅如此，朱翊钧还豢养了许多官宦到各地去横征暴敛，大肆搜刮民脂民膏，老百姓即使是养一只鸡也要向皇帝缴纳税金。

不仅如此，朱翊钧还格外"抠门儿"。在他小的时候，张居正对他进行了严格的教育，常常是衣服旧了也不许更换。张居正认为，贤明的君主要厉行节俭，不能把珠玉之类的奢侈品看得太重。甚至逢年过节时，朱翊钧给太监宫女们的赏赐都很寒酸。

严厉的教育早使得朱翊钧暗中不满，于是，张居正刚刚去世，他就派人抄了张居正的家。当他从张居正家中抄出黄金万两、白银十余万两时，他顿觉老师言行不一，旧日的信念彻底崩溃，令他对钱财的爱好变得更不一般了。朱翊钧唯一保持的儿时习惯，就是他一生很少置换新衣。

朱翊钧在20岁时，曾有一段时间勤于政务，后来因为和大臣们闹矛盾而罢朝，从此把朝政丢给大太监刘瑾，几十年不上朝，致使很多大臣一辈子也不知道皇帝长什么样。

深居宫中的朱翊钧则自顾自地沉浸在"发财"的白日梦中。他把后宫的许多宫殿"装修"成店铺的式样，然后命人从宫外买些商品回来，摆放在其中，自己则堂而皇之地坐在椅子上，以"掌柜"身份自居，命令太监召唤大臣进宫购物，商品价格则由自己定，既不准还价，也不准不买，这样的"模拟市场"令他乐此不疲。

因为热爱银子，朱翊钧还十分重视采矿业。从公元1596年起，明朝又打破了除了银禁、海禁之外的另一禁——矿禁。过去，民间是禁止私自开采银矿的，而现在，虽然允许个人开矿，但要交很高的"矿税"。

每遇奏报开矿，皇帝就派宦官前往监督。这些公公们只顾搜刮金银，有矿无矿他们根本不放在心上。见到矿主的良田美宅，就虚报地下有银数量，借此敲诈一番。甚至于有些地方根本没有开矿，却把"应得收入"分摊到百姓身上，号称"包矿"。

如此大肆搜刮，自然"成果"丰厚。仅公元1601年一年，宦官们进献给朱翊钧的白银就高达90余万两、黄金1575两，此外还有大量的珠宝。不过，进奉皇帝的其实只有十分之一，而十分之九的金银都落入了宦官们的腰包里。

这种胡作非为自然引起了民间的极大骚动。不但百姓反抗，朝中官员也纷纷给皇帝上书，劝他废除民愤极大的矿税。后来，朱翊钧因为立太子的事又和大臣们闹别扭，他再次躲到深宫中"罢工"，不理朝政，却唯独有关矿税的奏报都批复得特别快。

有一次，朱翊钧生了大病，觉得自己快死了，这才准备废除矿税。可到了第二天，他的病竟然奇迹般地好了，他第一个反应便是派太监传令内阁，要追回那道废除矿税的谕旨。

朱翊钧搜刮了这么多钱却舍不得花，全都囤积在府库里。尤其令人称奇的是，边境四处发生战事，朝臣们苦苦相求，他才拿出一点无济于事的小零头，而且银子竟然因为窖藏太久已经变黑发霉了。

上有皇帝"带头"藏银而不用，更别说大臣和百姓们了，他们竞相把银子埋在地下。

直到万历皇帝死后，矿税才算宣告停止，而这几十年的横征暴敛也将大明王朝推向了灭亡的边缘。很多历史学家更是认为，明朝的灭亡是由过度开采金银而引发的。

那么，明朝的银矿开采业到底发展如何呢？据史料记载，自公元1597-1605年，各地所进的银矿税银将近300万两，平均每年20多万两，即使加上宦官们中饱私囊的数目，其开采出来的白银总量仍不足以应付当时的货币支付需要，经济发展所需要的大量白银仍然要靠"进口"。

值得一提的是，此时欧洲的采矿技术已逐渐传入中国。可以猜想，明朝的皇帝也许已经从外国传教士的口中得知了西方采矿技术的新发展，甚至可能得知了关于"新大陆"(这自然是当时中国人很难理解的概念)丰

富的白银蕴藏。可能就是因为朱翊钧不甘心，他不相信自己的领土上没有"波托西"那样的富矿区，于是他在自己的国土上寻找、发掘，誓要找到更多的白银！

很多人都认为，朱翊钧是中国历史上口碑最差的皇帝之一，就连当时的大臣们也都认为这位"当今皇上"脑子不太正常，为开采金银，竟弄得民不聊生。对此，"言官"田大益在疏奏中不客气地说："皇上嗜利心滋，布满狼虎，飞而食人，使百姓剥肤吸髓，剜肉刺骨，亡家丧身。"

不过，从另一个角度看，朱翊钧的横征暴敛，或许正是幼年时的心理压抑，令他对张居正的报复心态转化成一种疯狂的攫取欲望，使得他一心想把更多的钱收归国库，而忘了考虑百姓的疾苦。

自然，这个从一开始禁用白银、闭关锁国的朝代，这个曾充分享受着白银带来贸易好处的朝代，也将因为皇帝对白银的贪婪而彻底葬送。这就是晚明，在这一时期的全球经济化浪潮中，中国人并没有睡大觉，也并不像后来有些人说的那样：抱着天朝大国、夜郎自大的心态闭关锁国、固步自封。

这时的中国人，从公元1500年前后，开始了一场持续上百年、与世界同步的"白银货币化运动"。这一过程中，白银从"非法货币"转变为"合法货币"，从"辅助货币"转变成"主要货币"。白银的使用，先是从民间影响政府，然后又从政府向民间推广，渗透到当时社会的每一个角落，影响到国家财税制度的每一步变革，波及到人们的日常生活，最后，确立了中国的银本位制度。

第九章

和　珅

——权倾一时,盛极而衰

　　　　和珅(公元1750-1799年),乾隆朝大学士、军机大臣,一等公爵。原名善保,字致斋,姓纽钴禄氏,满洲正红旗人。和珅早年在宫廷担任侍卫,因善于逢迎献媚,深得乾隆帝的赏识,并长期担任内务府大臣与吏部尚书,是乾隆帝手下红极一时的权臣。在20余年的政治生涯中,和珅利用把持的大权与乾隆帝的高度宠信,打击异己、网罗亲信、贪赃枉法、祸国殃民,导致了乾隆在位后期的政治混乱、吏治败坏。乾隆帝死后,他即被嘉庆帝赐死,结束了罪恶的一生。

1.媚上有方，得宠乾隆

和珅，原名善保，字致斋，姓钮祜禄氏，满洲正红旗人。他的高祖尼雅哈纳曾以军功被赐"巴图鲁"称号，并赐封轻车都尉世职。他的父亲常保曾任福建副都统，封一等云骑尉。

和珅出身于一个有相当地位的八旗官宦家庭，从小就受到良好的文化教育。童年时代，他就和弟弟和琳在家中接受私塾先生的启蒙教育，后来兄弟二人一同被选入北京咸安官学学习。这所学校最早是雍正帝提议创办的，主要是为了培养内务府的优秀子弟。到了乾隆年间，除继续招收内务府子弟外，还招收了八旗官员的优秀子弟入学。到这里来学习的学生都是经过严格选拔的，他们不但品学兼优，而且长相俊秀。和珅生性机灵，记忆力尤其好，在咸安官学学习期间，他不仅背熟了《四书》、《五经》，而且满、汉文字水平也提高得相当快。此外，他还掌握了蒙文与藏文。当时的著名学者袁枚曾称赞和珅兄弟二人知书达理，聪慧机智。和珅虽然为中等官僚家庭子弟，但由于他父亲长年在外做官，开销较大，又因为他们兄弟两人与继母关系不是很融洽，因此手头并不宽裕。为此，在学习期间，兄弟二人曾与家人刘全四处借钱，以应对他们在咸安官学数额不小的花销。

公元1769年，和珅正值弱冠之年，完成了在咸安官学的学业。这时的和珅风度翩翩，仪表非凡，他上学时就被身居高位的英廉看中了，于是英廉把自己的孙女嫁给了他。英廉是内务府镶黄旗人，公元1732年中举，当时已是刑部尚书兼户部侍郎和正黄旗都统的高官，有了这样的姻亲靠山，和珅自然仕途顺畅，也就在这一年，他承袭了父亲的爵位。

后来，在英廉的帮助下，和珅被挑选去给乾隆帝当銮仪卫听差。这差事虽然品位不高，但能接近皇帝，如果能得皇帝的青睐，那以后的前途就无可估量了。正因为如此，和珅便处处留神，伺机博得乾隆帝的好感。

不久，机会就来了。公元1775年的一天，乾隆帝要外出，侍卫人员一时找不到"黄盖"，惹得乾隆帝十分不愉快，他借用《论语》中的一句话问道："是谁之过？"其他侍卫瞠目结舌，不知如何回答，只有和珅明白皇上的意思，于是他引用古书上的一句话回答道："典守者不得辞其责。"乾隆帝见这个青年侍卫声音嘹亮，一表人才，于是怒气顿然消失，问他说："你读过《论语》吧？"和珅恭敬地回答说："读过。"乾隆帝又问了他的家世、年龄等情况，和珅一一作了回答。乾隆帝见和珅口齿伶俐，很是赏识，便将他提升为侍卫。

和珅升为侍卫以后，和乾隆帝接近的机会就更多了，他凭着自己的机灵，留神观察，对乾隆帝的脾气、心理、好恶等，了如指掌。他费尽心计，想方设法使乾隆帝满意，对乾隆帝的心思真可谓是看得准，摸得透。据说，有一次顺天府乡试，题目照例由皇帝"钦命"。和珅通过宫内太监，了解到乾隆帝在命题时，信手翻《论语》，当第一本快翻完时，忽然似有所悟，立即提笔命题。根据这个情况，和珅揣摩一番，说："这次肯定要考《乞醯》这一章。"后来考题发下时，果然和他猜想的一样。原来，这一年是乙酉年，"乞醯"两字中正好分别包含着"乙酉"两字。和珅因为生性乖巧，办事能干，深得乾隆帝的欢心，其职务从此也就迅速升迁。第二年正月升为户部侍郎；三月，升为军机大臣；四月，兼任总管内务府大臣。

和珅虽不会治国统军，无甚功业，但却特别擅长于揣摩帝意，迎合君旨，玩弄权术，还会为皇上聚敛银钱，供皇上支付各种不便公开动支国库的费用，故能博取乾隆帝欢心。这在公元1781年废除"名粮"，增补绿营兵额，给武职养廉银上，表现得非常清楚。这时，乾隆帝八十大寿时以国库充盈，下诏要取消武将"名粮"，改为给予养廉银，增补绿营兵，每年要增

加军费白银300万两。乾隆帝询问阿桂有何意见，阿桂奏称，费银太多，不应增补。乾隆帝不听其言，下谕说，现在国家"财赋充足"，"户部库银尚存七千余万两"，支付这新增的300万两，绰绰有余。著大学士会同九卿科道详议。和珅深知乾隆帝必欲实行此法，故极力赞成。乾隆帝于是下谕批准大学士九卿等的复议，每年增支军费银300万两。

正因为和珅擅长逢迎，摸透了乾隆帝晚年志得意满、好大喜功、爱听谀言、文过饰非、自诩明君的心理，按其旨意办事，又善于敛财以供乾隆帝享用，所以受到特别宠信，成为乾隆帝的唯一心腹。

公元1775年，和珅受命赴云南处理李侍尧贪污案，这一次的办事进一步显示了他精明强干的能力，由此更加得到了乾隆帝的倚重。李侍尧是清初功臣李永芳的后裔，他的父亲曾任户部尚书，他自己曾任户部侍郎、广州将军、两广总督，案发时为云贵总督、武英殿大学士。由于出身显赫，加上位高权重，李侍尧把很多大臣都不放在眼里，对和珅自然也不屑一顾。这一年，云南粮道、曾任贵州按察使的海宁，被解去职务，调任沈阳奉天府尹。海宁趁入京谢恩的机会，向和珅揭发了李侍尧贪污的事情。和珅由于平素就看不惯李侍尧，因而趁此机会向乾隆帝加油添醋地把李侍尧贪污一事申述了一番。乾隆帝便委派他到云南查办此案。和珅一到云南，第一步就是把李侍尧的管家拘捕，严刑拷问，获得了李侍尧贪污营私的第一手材料，进而迫使李侍尧俯首认罪。在处理此案的过程中，和珅了解到云贵两省吏治腐败，各府州县财政亏空等问题重大，当即写了一份详细的奏折派人送给乾隆帝。乾隆帝阅后，相当满意，在和珅回京的路上即任命他为户部尚书兼议政大臣。回京后，和珅又向乾隆帝面陈了云南盐务、钱法、边防等方面的问题，并提出了解决这些问题的建议，这一下，更使乾隆帝对他刮目相看，于是又授他御前大臣兼都统的职位。

公元1736年，和珅兼步兵统领。两年后兼任崇文门税务总督，总管行营事务，补镶蓝旗满州都统，旋又授正白旗都统，领侍卫内大臣。公元

1779年，乾隆帝亲赐和珅长子丰绅殷德，并把心爱的小女儿固伦和孝公主许配给他。固伦公主当时仅6岁，喜欢作男孩子打扮，每次见到和珅，就称他为夫人，和珅听后更是美不自禁。在这以后，乾隆帝对和珅更是宠信无比，各种殊荣纷纷落到他的头上。同年，授户部尚书，《四库全书》馆正总裁；公元1782年封太子太保；公元1783年任国史馆正总裁；1784年授一等男；1786年授文华殿大学士；1788年授三等忠襄伯；乾隆晚年、嘉庆初年任首席军机大臣兼管吏、户、刑三部；公元1798年封为一等公爵，集军政财务大权于一身，一时权倾朝野。

　　和珅"为人狡黠，善于逢迎"，作为皇帝的近臣与姻亲，他非常会投乾隆帝之所好，想乾隆帝之所想。乾隆帝喜欢作赋吟诗，和珅就经常作诗习字，奉和乾隆帝的诗作。他现存的诗集《嘉乐堂诗集》中就有不少奉和的作品。清代诗歌评论家钱泳评论他"诗律妥贴，颇有佳句"。和珅不仅精通满、汉文，而且通晓蒙、藏文，并能用蒙、藏文为皇帝拟诏书，当时的满汉大臣中，像他这样通晓四种文字的并不多。乾隆帝好巡游，曾多次离京巡幸江南，东巡祭祖，朝拜孔庙。不管走到哪里，和珅总是形影不离，随侍左右，借这些机会，曲意讨好乾隆帝。他还利用长期主管户部和内务府掌管钱财的大权，扩建圆明园和避暑山庄供乾隆帝享乐。扩建后的圆明园方圆30里，拥有150多所精美的楼殿，40个风景区，是乾隆帝极为满意的游乐与休憩场所。至于平日对乾隆帝生活上的服务，和珅更是做到了无微不至。乾隆帝年岁较高，偶感风寒便咳嗽不断。每当上朝时遇到乾隆帝咳嗽，身任首辅之臣的和珅便当着文武大臣的面，为这位老迈的皇帝手捧唾盂。这种体贴与周到，使乾隆帝对和珅的信任与喜爱，甚至超过了自己的四位皇子。后来乾隆帝退位当太上皇，嘉庆这位新登基的皇帝对和珅也得退让几分，嘉庆"平居与临朝，沉默持重"，不喜不怒，谨小慎微，"凡于政令，唯是听，以示亲信之意"，他所做的一切，就是要使和珅不起疑心。

2.结党营私，打击异己

　　为了巩固自己的权位，谋取更多的实利，和珅到处纠集党羽，大搞裙带关系，结党营私。他的弟弟和琳只是个生员，由于和珅当朝，他前后任杭州织造、内阁学士、工部侍郎、工部尚书、四川总督等职。和琳把大学士傅恒的儿子傅长安引进军机处，充当他的帮凶，并把他的老师吴省兰、李璜、李光云分别安排了侍郎、太仆寺卿等职，并兼任学政，掌握了科举轮选的大权。和琳的亲家苏凌阿，贪赃无能、臭名昭著，但因为是和琳的姻亲，和珅对他着意提拔，他先任兵部、户部侍郎，后又升为户部尚书、两江总督。此时的苏凌阿已老迈得两眼昏花，步履维艰，需人搀扶，被人讥笑为"活傀儡"。和珅害怕御史对他的不法行为提出弹劾，就选一些老而无能的大臣充任御史，这些人对他感恩戴德，哪里还会和他为难呢？

　　和珅和阿桂是一对冤家对头。公元1781年，甘肃回族首领苏四十三起义，进逼兰州。乾隆帝命和珅为钦差大臣，与大学士阿桂一起前往镇压。阿桂因病未痊愈，让和珅先行一步，和珅却故意拖延时间，一路上走走停停。等到达兰州时，清军已打败了回民军。在攻打回军老巢时，由于和珅指挥无方，致使总兵图钦保阵亡，但他在向乾隆帝汇报战况时，却把作战失利的责任推到诸将身上，说他们不服从调遣，又隐瞒了图钦保阵亡一事。阿桂到前线后，下令对不服从调遣者杀无赦！第二天，他们共同部署战事，阿桂亲自指挥，诸将都积极响应，于是阿桂反问和珅说："诸将不见有怠慢的，应该杀谁呢？"和珅非常恼恨，乾隆帝知悉内情后，下诏斥责和珅行动迟缓，贻误战机，并且混淆是非，颠倒黑白，说阿桂在军中处事有条理，认为只阿桂一人就可以平定叛乱，将和珅召回。和珅因此嫉恨阿桂，终生与之不和。阿桂以功晋升为首辅，他极其鄙视和珅的为人，入阁办公甚至不和他共处一室，而和珅也极其仇视阿桂，多次对其诋毁、阻挠，排挤倾轧，使阿桂不得安位于朝，只好经常到各地巡察或带兵外出打仗，和珅则乘机独揽朝政。公元1797年8月，阿桂去世，此后和珅则更加肆无忌惮了。

当然，也有一些人见和珅深得乾隆帝的宠信，于是就卖身投靠，与他狼狈为奸，如孝圣皇后的侄子福长安。福长安的父亲曾任户部尚书、军机大臣、大学士，封为太子太保，死后赠郡王，是乾隆朝代的一位名臣，福长安本人也娶了皇族女为妻。福长安因为年轻貌美，深得乾隆帝喜欢，由侍卫逐渐升为军机处行走。福长安见和珅位重势高，便依附于他，甘心听从他的摆布，和珅曾举荐他代理自己的户部尚书一职，两人在一起，干了不少伤天害理的事情。和珅贪赃枉法的罪行他知道得最多也最清楚，和珅事发之后，嘉庆帝多次启发他揭发和珅的罪行，他充耳不闻，甘心充当和珅的死党。福长安的小舅子湛露，是个连满语都说不好的混混，因为福长安与和珅的特殊关系，湛露被和珅安排为广信知府，在一次考核政绩的"京察"中，和珅特意将他列为"保送一等"。

和珅独揽大权，胡作非为，一些忠直大臣因此备感愤慨，有的甚至甘冒风险对他进行弹劾，但和珅凭仗乾隆帝的喜爱，对谏臣进行打击、陷害。公元1785年，监察御史曹锡宝弹劾和珅管家刘全仗势营私，衣服车马超过了朝廷礼制规定，当时和珅正在承德避暑山庄陪侍乾隆帝，他先看到了奏疏，然后马上将刘全召来，让他迅速将超制的房屋车马拆散，把有关衣物隐匿转移。一切准备妥当后，和珅才将奏疏呈乾隆帝，并说他对刘全已进行审讯，曹锡宝所告之事都不符合实际，恳请朝廷派人查处。

乾隆帝阅疏后，便下了一道谕旨，说和珅家人刘全长期在崇文门为主人代办税务，他本人的收入也不菲，即便有些积蓄也属常理，至于盖造几十间房屋住，车马服用稍有润饰，也属人之常情。谕旨中还指责"曹锡宝

弹劾刘全是隐约其辞,对和珅旁敲侧击",并令有关官员和曹锡宝本人一道到刘全家查验证实,不能徒作"无根之谈"。由于刘全住宅衣物已经全部转移和"加工"过,曹锡宝等人前往查验一无所获。在这种情况下,曹锡宝本人感到十分尴尬,面对乾隆帝的压力与和珅的淫威,他只得承认自己是道听途说,言语失当,请求治罪,乾隆帝则命令他革职留用。曹锡宝受此打击,从此一蹶不振,后郁郁而终。

监察御史谢振定深知和珅罪恶深重,对他的爪牙倚仗他专横霸道,尤其深恶痛绝。一次,谢振定带着士兵巡视京城,见一辆华丽高大的马车在街道上横冲直闯,他立即上前令车停下。得知乘车的人是和珅的妾弟后,谢振定大发雷霆,命士兵将他从车中拖出,用皮鞭痛加抽打,并当场将马车烧焚,围观的民众人人拍手称快。和珅闻讯后,对谢振定忌恨在心,几天后,他便指使亲信捏造罪名弹劾谢振定,并罢免了他的职务。

乾隆帝晚期,对和珅更是信任极专,凡收到揭发和珅的材料通通都交给和珅自己处理,结果使得上奏书的人身遭横祸。如陕西一个读书人冒死上书乾隆帝,揭发和珅贪赃枉法的罪行,乾隆将此信转给和珅,结果此人全家遭和珅党羽戕杀。

敢于与和珅作对的人下场都非常惨,不过有一个却是例外。公元1782年,御史钱沣弹劾和珅党羽山东巡抚国泰和布政使于易简,和珅故技重演却没有得逞,那是因为左都御史刘墉在背后鼎力支持钱沣。乾隆帝命和珅、刘墉、穆诺清协同查办此案,刘墉探听到和珅将派人去山东通风报信,于是和钱沣商量如何应对,最后他们决定将计就计。钱沣提前化妆南下,在北京不远的良乡遇到和珅所派的人,他暗中记下此人长相,快到济南时,见此人策马北归,钱沣当即命随从拿获,从他身上搜出国泰给和珅的回信。

到达济南后,和珅主张当天抽查完事,他有把握国泰已补足了库存的银两。钱沣不同意,他命令随从贴上封条,次日继续查检。第二天,钱沣将所有的库银逐包拆开验收，结果发现银子成色不对，不符合统一的库银标准，倒像是商人的银两。钱沣于是贴出告示，宣布商人自行领取，否则罚没充库。商人们络绎前来，只顷刻间，库银一空。乾隆帝闻讯大怒，将两人捉到刑部大牢，令他们自尽。和珅无法可施，因此恨极了钱沣。钱沣索性再上一本，弹劾和珅身为军机大臣，不到军机处办公却独坐在以前值班官员的休息室内办公，除了阿桂之外，其他军机大臣都学和珅自己找地方办公。这种做法违背常情，乾隆帝命钱沣兼任"稽查军机处"一职，不到一年，钱沣暴毙。虽然没有确凿的证据表明这一定是和珅所为，但另一个御史、同样是和珅劲敌的管世铭刚说要上章弹劾，也突然暴卒，死得颇不寻常。

史称和珅"用事将二十年，威福由己，贪黩日甚，内而公卿，外而藩府，皆出其门。"而纳贿谄附者，多得重要之职；中立不倚者，难免潦倒；敢于揭露、指陈其罪行者，则被其置于死地。

3.巧取豪夺，穷奢极欲

和珅除总揽军政大权外，还先后任户部侍郎、户部尚书、内务大臣等职，长期管理户部三库。他在初任崇文门税务总监督时，利用手中的大权肆无忌惮地横征暴敛、贪污受贿、聚积财富。

和珅管辖的内务府负责宫廷服装、食物、武装守备等方面的事务，内廷和皇帝的一切开销也都由内务府供应。乾隆帝一生好大喜功，尤其喜欢外出游山玩水。和珅作为内务府的负责官员，为了满足宫廷奢靡的开支，借各种机会对各级官吏和富商大肆搜刮，和珅本人则借机掠取。各地

进贡的礼品或外国使臣朝贡的珍宝，首先都得经过和珅这一关。乾隆帝每次从中不过收取一小部分，而大部分都被和珅吞占。时间久了，和珅家中的奇异珍宝比皇宫的还要多，他家所藏的一颗珠子比乾隆帝御用的皇冠顶珠还大，至于户部、内务府的大宗钱财更是由和珅任意支用。对这样一笔湖涂账，乾隆帝从不过问。

和珅曾长期负责议罪银事务。所谓议罪银，实际是为皇帝聚财的措施，又称罚银或自行议罪银，其对象主要是各省督抚、盐政、织造、税关监督等大员。这些朝廷大员一旦犯了罪，只要缴纳一定的罚银，就可以免于或减轻查处。罚银的数额按罪状的轻重不等，但大都是数万或数十万两，绝大部分议罪银都缴入内务府银库，成为皇帝的私人财产。和珅作为议罪银的主要负责人，不仅可以轻而易举地将一部分议罪银占为己有，而且还可以借此机会索贿受贿。因为有相当一批官员，他们担心自己会随时被议罪，便想：与其被罚巨款，倒不如趁早向和珅行贿，一旦真的获罪，有和珅从中周旋，也就可以大事化小，小事化了。对于这些人，和珅从来是来者不拒，多多益善的。长此以往，和珅勒索百官的价码越抬越高，单是两淮盐政征瑞一人，先后就贿赂了和珅40万两银子。

和珅贪财纳贿的伎俩非常明显，就是经常打着皇帝和朝廷的招牌，假公济私，中饱私囊。乾隆帝是一个好大喜功的风流皇帝，喜欢游山玩水，寻欢作乐，晚年更是有增无减。他曾数次南巡，登五台山，告祭曲阜，东谒三陵，浏览天津、嵩山等地，至于避暑山庄，更是往来不绝。每次出巡都穷奢极欲，尽情挥霍，再加上连年用兵，大兴土木，使得每年费用都超过正常经费亿万之巨。这些事，乾隆帝多半都交给和珅安排办理，国库亏空，他也要和珅想法子筹措。这给和珅的贪污受贿带来了极大的便利，和珅更是抓紧这个机会巧取豪夺。如此这般，大清王朝的国库越来越空虚，而和珅家的仓库却越来越紧张，盖了一个又一个，仍然不够用，以至于"夹墙藏金"，"地窖藏银"。

和珅大肆挥霍通过贪污受贿得来的钱财,过着极其腐化糜烂的生活,从后来清查他的家产的账单上看,单就衣服一项,就有貂皮1500多张,狐皮1000多张,其他各种上等皮毛不计其数,另有绸缎库2间,各种衣服5300多件……真可谓"男人俱是轻裘,女人俱是锦绣"了。

　　和珅有三处花园供其玩乐,其中以淑春园最为豪华,其装饰比皇宫有过之而无不及。淑春园约在乾隆初年开始修建,遗址位于今北京西北郊海淀一带。乾隆帝晚年时期,和珅权力无比,原来位于城内的宅第尽管一再扩建,但毕竟不太符合其身份和要求了,因此乾隆帝就把淑春园赐给了和珅。和珅成为淑春园的主人之后,将淑春园改名为"十笏园",寓意"怀揣十笏、手掌大权"。和珅不惜重金,对全园进行了一次大改造。掘地为湖,叠石为山,修建成了一座山水相间、风景宜人的园林,内部的建筑完全仿照圆明园的布局,据说和圆明园中的蓬岛、瑶台如出一辙。园内遍植名花异草,房屋式样均依照大内宁寿宫的建筑,富丽堂皇,雍容华贵。淑春园的修建,花费的人力物力真是难以计算,仅是园内的一座太湖石,就花费了数千金才运来,后人发出"曾移奇石等黄金"的感慨,实在是一语中的。

　　公元1789年,和珅的儿子丰绅殷德结了婚,新娘是早在十年前就已定婚的固伦和孝公主。乾隆帝对这个最小的女儿非常宠爱,陪送的嫁妆比以前的几个女儿都要多。婚礼当天的排场更是大得让人难以想象。和珅安排丰绅殷德夫妇住在淑春园的西半部分,自己和妻妾们则住在东半部分,好不荣耀。

　　和珅的妻子是英康的孙女冯氏,死于公元1798年春,葬礼极其隆重,当时的王公大臣无不前往吊唁。除了正妻之外,和珅还有许多姬妾,姬妾之多,令人瞠目。据说有一次庆典,和珅单为姬妾们买花就用了数万两。在他众多的姬妾中,和珅最宠爱的有两个,一为长二姑,府中人称二夫人;一为吴卿怜,苏州女子,查办贪官浙江巡抚王亶望的部分财产里,就

有这位吴卿怜。和珅大约非常迷恋这位绰约风姿的吴卿怜，为了讨她欢心，还专门为她建了一座小楼，起名迷楼。在和珅被抄家时，这位吴卿怜也引颈自尽了。

和珅家有大量的家奴和婢女，除此之外，他还利用职权，大量使用公役人员，步军统领巡捕营在和珅私宅供役的就有一千余人。这些人平时仗势欺人，勾结权贵，敛财纳贿。和府大总管刘全，造的房子有一百多间，完全可以和王公大臣的府第相媲美，很多士大夫都争着把女儿嫁给他，家产也有二十余万。

和珅对自己这种纸醉金迷、灯红酒绿的生活并不感到十分惬意，虽然他享尽了人间的荣华富贵，但毕竟是臣属，与皇宫内廷的生活相比，还是相形见绌，还有很多皇帝享用的东西他不能享用的，若是用了，就是图谋不轨。为了满足自己的这一点愿望，每到夜深，和珅就在灯下穿戴皇帝的衣服，把窃取来的朝珠悬挂在脖子上，对着一面大镜子，往来迈步，边走边对着镜子说话、微笑。不过他声音压得很低，生怕被人听见。直到过足了皇帝瘾，他才把衣服、朝珠脱下来。

乾隆帝在平定回民起义后，曾命人用和田玉凿了一匹高二尺、长三尺的玉马，存放在宫中。和珅对此御用宝物也是垂涎三尺，他设法将玉马偷了出来，专供其与爱妾在洗澡时乘坐享用。

和珅就连给自己安排后事也要跟皇帝攀比。他在冀州城外选了一大块土地，为自己建造坟墓，并在墓前立一石门楼，石门前一地，下隧道，盖正房五间称为享殿，东西厢房各五间，称配殿，大门称宫门。墓外有围墙周长二百丈，在围墙的西侧还建有房屋二百一十九间。这套陈设和建筑，完全超过了规定，当时亲王墓地的周长也不过百丈，和珅的墓比亲王的还长了一倍多，简直与皇帝不相上下了。因此，人们都把和珅的墓称为"和陵"。但具有讽刺的是，尽管他如此苦心经营，死后却没能享受到这份"哀荣"，白费了一番苦心。

4.乾隆驾崩,失势自裁

公元1795年,乾隆帝85岁,已在位60年。他登基时曾发誓绝不超越圣祖(康熙帝)60年的在位时间,因此,他召集和珅及诸大臣商议传位太子之事。和珅知道,多延长乾隆帝的在位时间,也就能更长久地保住他自己的地位,乾隆帝一旦退位,他就会失去靠山,地位也将不会稳固。所以他上奏说:"我国历史上帝尧活到100岁,在位73年方传位于舜。圣上您龙体康泰,精力充沛,再在位一二十年后传位于太子,也不算迟,何必急着议论此事呢?"乾隆帝将他的誓言说明,和珅无话可说。乾隆帝命人打开密匣,内有他御书的绢条,写明传位于十五皇子颙琰(嘉庆帝)。乾隆帝让人草拟诏书,准备于9月3日正式宣布。

和珅虽然对乾隆帝的退位感到很失望,但他还并不绝望,他知道要想保住自己的地位和权力,就必须投向新皇帝的怀抱。为了讨好即将即位的新皇帝,和珅于9月2日抢先送去了一柄象征吉祥的如意,呈献给颙琰,暗示天大的喜事就要降临,他是提前来表示祝贺的。颙琰对和珅的谄媚很反感,但他不露声色。九月三日,颙琰正式继皇帝位,是为嘉庆皇帝,乾隆帝退位做太上皇,仍掌握着大权。嘉庆帝虽然极度讨厌和珅,想要早日除此一害,但苦于父亲乾隆帝仍不放大权,所以也不愿因过早惩办和珅而刺激乾隆帝,表面上还不得不对和珅格外优待。

在嘉庆帝还是皇子时,他就了解到上下内外对和珅的愤恨,满朝文武"竟无一人奏及者",表面上看,朝臣是担心乾隆帝"圣寿日高,不敢烦劳圣心",实则"畏惧和珅,钳口结舌"。如若他登基后,继续重用此人,就会不得人心。和珅在朝廷大权在握,一呼百应,一手遮天,说不定还会发生

逼位的事，这对他来说是一个很大的威胁。另外，他也无法容忍一个臣子的财产超过皇室。出于种种原因，嘉庆帝下决心一定要除掉和珅。然而父亲乾隆还在世，名为退位，实际上还大权在握，并且仍然宠信和珅，他的旨意也仍然经和珅向外传达。因此，嘉庆帝只好强压下怒火，免得投鼠忌器，引起种种变故，反而不妙。

老奸巨猾的和珅这回却没有摸透新皇帝的心思。从表面上看，嘉庆帝对他既客气又尊重，有要奏请太上皇的事，他自己不去，还让和珅转奏。而对和珅的献媚讨好，嘉庆帝则不置可否，让人捉摸不透，这使得和珅一直惴惴不安。于是，和珅就派自己的老师吴省兰去给嘉庆帝抄录诗草，其实是想让他了解了解嘉庆帝的心思。嘉庆帝十分谨慎，吟咏之中不露任何痕迹。左右的近臣有人批评和珅，他却说："我正在依靠和相公处理国家大事，你怎么能这样非议他呢？"这些话，当然很快就能传到和珅耳中。和珅在经过一段时间的观察后，见嘉庆帝并没有对自己不友好的表示，才稍稍定下心来，也因此放松了对嘉庆帝的防备。公元1799年1月3日，乾隆帝驾崩，嘉庆帝开始亲政。和珅的靠山倒了，他的官运和命运也快走到尽头了。正月初五，身着孝服的嘉庆首先向全国发布一道谕旨，表示其对将帅懈怠、军事连连失利及官场中种种恶习的极度不满。诏谕要求从上到下重新振作精神，整顿纲纪，革除弊政，并下令内外大臣，特别是负责监察的台监官员，要指出朝政弊端，检举大臣的不法行为。

嘉庆帝的表态得到朝中不少大臣的响应，吏部给事中王念孙首先站出来检举和珅，紧接着御史胡季堂也列举了和珅的种种罪状，把嘉庆帝御旨中提出的几个问题通通归罪于和珅，主张给予其严厉制裁。嘉庆帝见时机已成熟，就在数天后，下令将和珅以及与和珅关系密切的户部尚书福长安革职查办，并委派大员组成调查组，调查和珅的罪状。同时，凡属和珅的庄园财产，全部贴上封条，进行查抄。此时，和珅的党羽们也知道形势不妙，为避免自己受到牵连，纷纷反戈，站出来揭发和珅的罪行。

嘉庆帝指令王公大臣联合审讯和珅，敦促其交代罪恶。他还亲自审讯和珅，责问道："你家中盖楠木房屋，木材是否自宫中窃出？房屋均照宁寿宫的式样，是何居心？"

和珅不得不如实回答："楠木是奴才自己买的，曾派遣胡太监往宁寿宫画下图样仿造，所以与宫中一样，其中水晶柱是由宫中窃出。"

"你家所藏珍珠子串比皇宫的还多几倍，你的大珠比朕的帽顶上的还大，你拥有的宝石比内务府的多，这些难道不是你贪盗不洁的证据吗？"

嘉庆帝还问到和珅将出宫妇女选入家中、擅坐椅轿出入皇宫等罪恶，和珅都一一供认不讳。

在弄清了和珅犯罪的根本事实后，嘉庆帝在当月11日下诏宣布了和珅的二十大罪状。这些罪状的内容主要有以下几个方面：泄露机密，拉拢皇太子，抢拥戴之功；对乾隆帝大不敬；欺瞒军机要事，隐匿边报；专断军机处，把持户部；任人唯亲，所举非人；称和珅墓为和陵，园林房屋超制，有谋反之心；大珠、宝石、珍珠物串都超过御用，衣货千万，金银财产不计其数；开当铺、钱店，与民争利；纵容家奴到处勒索，广置财产；步军统领巡捕营一千余兵丁供和珅私宅役使等，不一而足。

嘉庆帝在宣谕和珅罪状的诏书中，同时公布了和珅家产查抄清单，所见者无不目瞪口呆，说不出话来，查抄结果是：田土8000余顷，房屋2000余间；银号10处，本银60万两；当铺10处，本银80万两；金库内赤金58000两；银库内银元宝8955000多个；珠宝库、绸缎库、人参库都充盈其中。

不过，公布的这些数字，并非是和珅财的全部，只是短短几天内查抄记录下来的，而和珅转移、隐藏的财产并未包括在内。依据《清朝野史大观》记载，有个叫萨彬图的副都统，当时就对此提出过疑问，建议嘉庆帝应继续追查，嘉庆帝知道他的话有道理，但却对此讳莫如深，不表态度，

反而怪他多嘴。故此，世间对和珅到底有多少家产一直众说纷纭，因此便留下了许多和珅家产的清单，其中以薛福成《庸庵笔记》所载"查抄和珅住宅花园清单"流传最广。

据薛福成的记载，和珅的家产，除房屋住宅花园之外，有田地八千顷，生沙金200余万两，赤金580万两，元宝银940万两，金银元宝各1000个，当铺75座，银号42座，其他如珍珠、白玉、绸缎、珊瑚、玛瑙、宝石、瓷器、古鼎人参、貂皮等不计其数。当时查抄和珅家产共有109所，其中已估价的26所，值银2200多万两。如果依据梁启超的估计，和珅的全部家产，则有8亿两之巨，比清廷十年收入的总和还多。这些财产抄没后，嘉庆帝除了拿出一部分赏赐给他的亲信和大臣外，其余的都为他自己所占有，因此民间广泛流有"和珅跌倒，嘉庆吃饱"的谚语。

给和珅定罪后，大臣们一致奏请将和珅凌迟处死。于是，嘉庆帝下令将和珅斩首弃市，因为和珅儿媳固伦和孝公主的苦苦哀求，加上嘉庆帝也念和珅曾任首辅，改赐和珅自尽。正月十八日黄昏，执法官到监狱宣读圣旨，和珅跪拜领旨谢恩，然后整理一下装束，悬梁自尽。

不过，嘉庆帝对和珅的功绩和才能还是肯定的。公元1814年，清国史馆将编好的《和珅列传》送嘉庆帝过目。嘉庆帝见记载极简单，只记录了和珅的官阶履历，很不满意，他批示道："和珅并非一无是处，他'精明敏捷'，任职30年期间还是做了很多事的。只是和珅'贪鄙性成，怙势营私，狂妄专擅'，才不得不加以重罚。"为此嘉庆下令重新编写《和珅列传》。

5.历史功过及后人评说

世人知道和珅,大多是因为他"天下第一贪官"的名号,但是他真的就仅仅是个贪官而已吗?还是让我们来看看历史上的记载吧。

通过了解历史我们知道,无论是在以《清史稿》为代表的正史、还是在我们现行的初中、高中和大学的历史教科书中,和珅都是中国历史上典型的反面教员的形象。

根据这些历史书籍的记载,和珅的家产至少是清朝15至20年收入的总和。但和珅除了"第一贪"外,其实还是有很多功绩的。

文学方面:

与和珅同时代的钱泳曾评价他的诗说:"他的诗偶有佳句,很通诗律。"和珅的诗作统统合乎乾隆的审美趣味,乾隆帝阅后,怎能不喜。很多时候,乾隆帝就命和珅即景赋诗,以代替自己亲为了。和珅的诗集《嘉乐堂诗集》中,就有很多首诗是奉乾隆帝的命令所作的,我们现在看到的北京故宫重华宫内屏风上的诗文是乾隆帝书写的,而挂在故宫崇敬殿的御制诗匾,据专家考证,那其实是由和珅代笔的。从中可见,和珅的书法造诣颇高。另外,他还是四库全书总裁官,可谓文学卓著,是满人中难得的饱学之士。

能力方面:

和珅担任的职位很多,重要的有抓崇文门关税、内务府库银(皇上自己的钱库)、国库。刚刚上任的时候,国库、内务府库银空虚得很,又得花钱办事,如修《四库全书》、用兵、修园林、修皇陵、修河、救灾等。和珅凭借自己的能力,在短短几年里,就把空虚的库银变得充盈起来,而且还有大

把大把的银子让国家去办事,让皇上去开销。和珅虽然聚敛,但他确实善于理财,在他之前的几任,都因无法充盈国库而被罢职。和珅一生任职过60多个要职,这其中除了乾隆帝对他的宠信,他的能力过人也是一个重要原因。

早期清廉,破除大案:

和珅最初为官时一心报效国家,与朝中的清官一起打击福康安、福长安等贪污官员,更在26岁时就任管库大臣,管理布库。他的勤朴管理,令布库中布的存量大增,他也凭借这些才干,得到了乾隆帝的赏识。公元1775年,和珅擢为干清门御前侍卫,兼副都统,11月再升为御前侍卫,并授正蓝旗副都统。公元1776年1月,授户部侍郎,三月授军机大臣,四月,授总管内务府大臣。这两年间,和珅为官清廉,勤奋好学,成为一位有为的青年。公元1780年1月,海宁揭发大学士兼云贵总督李侍尧涉嫌贪污,乾隆帝下御旨命刑部侍郎喀宁阿、和珅和钱沣远赴云南查办李侍尧。起初毫无进展,后来和珅拘审李侍尧的管家赵一恒,向赵一恒严刑逼供,赵一恒一开始还拼死抗争,拒不招认,后来终于奈不住痛楚,把李侍尧的所作所为一一作了交待。和珅有了坚实的证据,心里就有了底,踏实下来。他把赵一恒交待的事项记录下来,又命人召来了云南李侍尧属下的官员,当着他们的面宣告了赵一恒的供述,那些原来忠于李侍尧的官员见和珅已掌握了证据,于是他们纷纷出面指控李侍尧的罪行,就连那些曾向李侍尧行贿的官员,也申明自己是迫于李侍尧的淫威,被迫行贿的。和珅取得了证据,迫使精明干练的李侍尧不得不低头认罪,而他也因此被提升为户部尚书。

生财有道:议罪银

议罪银是一个拿钱减刑的制度,官员如果因罪被判刑,只要交一笔钱,就可减刑。全国刑徒多如繁星,得到的银两之巨,不言自知。虽然此举不当之处甚多,但如果没有这项举措,恐怕乾隆帝下江南也没法去的那

么爽快。

千叟宴：

乾隆帝举办过两次千叟宴:第一次因为老人们等待皇帝太久,导致菜肴凉冷不甚成功;第二次千叟宴由内务府总管和珅筹措,和珅改革旧式个人小火锅,发明今制大火锅加烟囱,热呼呼的宴席让数千位老人吃得眉开眼笑,乾隆帝面子俱足。公元1783年1月10日,乾隆帝在乾清宫办了530桌火锅席以宴请宗室,盛况空前,更是巩固了和珅在内务府(也掌管国库能敛财)的地位。

乾隆帝对和珅的评价:

于清文、汉文、蒙古、西番(藏文)颇通大意。——乾隆《平定廓尔喀十五功臣图赞》

承训书谕,兼通清汉。旁午军书,唯明切断。平萨拉尔,亦曾督战。赐爵励忠,竟成国干。——乾隆(和珅成为钦定二十功臣之一,被绘入紫光阁,乾隆亲题)

去岁用兵之际,所有指示机宜,每兼用满、汉文,此分颁给达赖喇嘛及传谕廓尔喀敕书,并兼用蒙古、西番字。臣工中通晓西番字者殊难其人,唯和珅承旨书谕,俱能办理秩如,勤劳书旨,见称能事。——乾隆(《平定廓尔五功臣图赞》中乾隆注)

公元1799年1月18日, 离乾隆帝去世仅半个月,距和珅下狱也只有7天,嘉庆帝派大臣前往和珅囚禁处所,赐他白绫一条,令其自尽。和珅知死期已至,不禁悲从心来,提笔写下了一首诗:

五十年来梦幻真,今朝撒手谢红尘。

他时水泛含龙日,认取香烟是后身。

此诗似偈似谣,前两句含义尚明,因为和珅生于公元1750年,至今刚好50岁。从权力的顶峰一下子跌落到深渊,对他来说当然是一场梦,而且是一场噩梦。后两句的含义较为隐晦,大概是属于某种诅咒,或者是身后

报应之类,只不过不便明说罢了。赋诗完毕,和珅悬梁自尽,黯然地结束了自己的一生。

链接:

和珅获宠之谜

据说和珅"少贫无籍",科举仕途坎坷,然而从公元1775年算起,至公元1780年,仅仅5年时间,他竟有十次升迁,真正可以算得上"火箭式"的升迁轨迹。至于他为何受到万千的恩宠,历史上有许多不同的说法,但大都只是推测,至今无定论,成为千古未解之谜。

中国自古以来,有作为的明君屈指可数,乾隆帝是其中较为突出的一个,但令人奇怪的是,在这样的一个贤君身边,竟时刻跟随着一个奸臣和珅,和珅究竟为什么会这般受乾隆的宠幸呢?在清朝官方的记载中,和珅起自贫寒,所谓"少贫无籍,为文生员。"然而,从公元1775年11月起,和珅蒙受乾隆帝赏识青云直上,在官场上出现了一系列令人眼花缭乱的升迁。

公元1775年10月迁乾清门侍卫;11月,升为御前侍卫,并授满洲正蓝旗副都统;公元1776年1月,授户部右侍郎;3月,命其在军机处上行走;4月,授内务府总管大臣,为皇帝理财;11月,命其充任国史馆副总裁,赏戴一品朝冠;12月,令其总管内务府三旗事务,并赐其享受紫禁城内骑马(一般官员要在六十五岁以上,经个人申请并得到批准才可享受这一待遇),和珅此时年仅26岁;公元1777年,命其兼任吏部右侍郎;公元1778年,和珅又兼步军统领,监督崇文门税务;公元1780年是他最春风得意的一年,这一年,他口衔帝命赴云南查办总督李侍尧贪污案,晋户部尚书兼议政大臣,同时兼御前大臣,补镶蓝旗满洲都统,授正白旗领侍卫内大臣,充《四库全书》馆正总裁，兼办理藩院尚书事务，同年5月20日，乾隆帝又特下谕旨："尚书和珅之子赐名丰绅殷德，指为十公主之额驸，赏戴红绒结顶、双眼孔雀翎，穿金线花褂，待及岁时，再派结发大臣，举行指婚礼。"

和珅受乾隆长久宠爱，民间和宫廷有许多传说，其一说是与和珅的长相与身世有关。说是乾隆还是皇子时，一天他偶入后宫，看见一妃子正在梳妆，只见她秀发如云，身姿婀娜，让情窦初开的乾隆看得怦然心动。他忽然迅速地从妃子身后用双手捂住了她的眼睛，同她闹着玩，妃子不知道是乾隆，大为惊慌，就拿着梳子向后打去。正好打中了乾隆的额头，乾隆负痛才松手而去，可额头上留下了一道伤痕。第二天，乾隆进宫向雍正皇后请安时，额上的伤痕被她发现了，雍正皇后再三追问，乾隆只得如实问答。雍正皇后听后大怒，怀疑是妃子调戏太子，下令"立赐妃死"。乾隆懊悔万分，闻讯赶往妃子的住处，到那里后见妃子已经上吊，马上就要气绝身亡了，乾隆立即用手指在妃子的脖颈上按了一个红印指痕，并哭着说："是我害死了你，如魂魄有灵，20年后再来相聚，当以此为凭。"

20年后的一天，已成为皇帝的乾隆驾临圆明园，偶然遇到和珅，见他唇红齿白，恍惚间觉得似曾相识，回宫后仍念念不忘，便反复回忆少年之事。忽然忆起和珅的外貌与那位已故妃子十分相似，便立刻秘召他入宫，又发现和珅的脖颈上面朱红的指痕宛然尤在，乾隆帝不禁暗自吃惊，确认和珅定是妃子的后身。笃信佛教，信奉生死轮回的乾隆帝从此以后便在和珅身上广施恩德，来弥补20年前对那个妃子的亏欠。或许乾隆帝是想以此来弥补当年的愧疚，并求得心理上的平衡。在乾隆皇帝这种微妙心理的支配下，和珅平步青云，终于成为一人之下，万人之上的第一权臣。佛教轮回说似乎奠定了和珅的前途。

还有人认为这些与和珅对乾隆帝"言必称臣，必曰奴才，随旨使令，殆同皂隶"，善于揣度乾隆帝的心思有关。

据《朝鲜李朝实录》记载，和珅在贵为大学士之后，也像当年做御前侍

卫那样恭谨用命，"皇帝若有咳唾之时，和珅以溺器进之。"比起那些正人君子的大臣来，和珅连仆役下人的活都能干，乾隆帝怎么能不喜欢他呢。

乾隆在晚年时仗着国家繁荣昌盛，生活奢华，大兴土木。他六次南巡，沿途建造了三十所行宫；他在圆明园和避暑山庄，仿造江南风景；建造娱乐场所；80岁时举行万寿大典。这些都需要大量的银子，当时国库已枯竭，银子从哪里来？在这种情况下，乾隆帝非常需要像和珅这样的人，因为和珅是一个弄钱好手。他在不大动用国库的情况下，就能想方设法地满足乾隆的需要。

乾隆帝八十大寿，和珅命外省三品以上大员都要进献，在京各部长官要捐出工资，淮南淮北的盐商要捐银四百万两。

努尔哈赤后人昭梿在《啸亭杂录》中说，和珅多方搜刮勒索，使得原来入不敷出的内务府，没用几年的时间就扭亏为盈。和珅不仅在崇文门税关勒索商人和官员士子，而且通过各种方法搜刮大量银两与珍宝。其在填满皇帝腰包的同时，也在毫不含糊地往自己怀里装银子。凡是外省进贡皇上的礼物，都要经过他这一关，有时他只交一两件给皇帝，其余的都落在自己手里。这些珠宝被藏得非常隐蔽，有一部分珠宝就藏在特制的夹墙里。

这种打着效忠皇上的旗号做的事情，自然不容易被人发现，就是发现了，也没有谁敢说三道四的。和珅就是认准了这一条：只要能讨得皇帝欢心，其他什么都好办，哪怕是犯了什么过失或是顺便也给自己捞钱，皇帝也不会在意。

此外对乾隆帝独宠和珅还有许多说法，不过也都是乡野杂谈，无从考据。

曾国藩

——文胆武略，官场楷模

　　有人说，如果以人物断代的话，曾国藩就是中国古代历史上的最后一人，近代历史上的第一人。其实，这句话从某一角度，概括了曾国藩的个人作用和社会影响。不可否认，他是近代中国最显赫，也是最有争议的人物。

　　曾国藩(公元1811年－1872年)，汉族，初名子城，字伯函，号涤生。中国近代政治家、战略家、理学家、文学家，湘军的创立者和统帅。与胡林翼并称"曾胡"，与李鸿章、左宗棠、张之洞并称"晚清四大名臣"。官至两江总督、直隶总督、武英殿大学士，封一等毅勇侯，谥曰"文正"。

1.天资聪慧，少年得志

曾国藩的出生，给曾家带来了一派兴旺的气象，特别是对于曾国藩的祖父曾玉屏来说，真是一大幸事，因为他曾经渺茫的希望，终于在孙子出生的这一天有了可供描绘的蓝图。

为什么这么说呢？因为曾玉屏早年失学，常引以为耻，于是便望子成龙，企盼有朝一日他的儿子能金榜题名，弥补他平生最大的缺憾。但事与愿违，儿子曾麟书天资平平，屡考屡败，因此曾玉屏便只有寄希望于孙子了。曾国藩是曾麟书的长子，曾玉屏、曾麟书父子都把他视若珍宝。当然，也把光宗耀祖的任务，在不经意间寄托在他的身上。

其实，曾国藩最初并不叫曾国藩。从小到大，他有过好几个名字。据说，在他刚出生时，他的曾祖父给他取的名字叫宽一。公元1829年，曾国藩到衡阳唐氏家塾读书，家人为他取名子城，取字居武。第二年，他转到湘乡涟滨书院读书，改号为涤生。公元1838年，他中了进士之后，便改号为伯涵，后又取名国藩。

曾国藩6岁时，祖父曾玉屏便为他请了个先生，教他识字。第二年，父亲曾麟书在自己家里设了一个私塾，取名"利见斋"，有十几个儿童入学读书，曾国藩也开始跟随父读书。

曾麟书自知天分不高，想取得些功名是没有什么希望了，于是便把满腔热忱都灌注在曾国藩身上。他在读书方面也没有高招，只是让曾国藩下苦功夫，从早到晚不停地督促、指导他，有时候爷俩还相互提示，背诵诗书、议论文义。

曾国藩天资很高，而且记性也好，在父亲的苦心教导下，不到9岁他就读完了五经,开始学作八股文。读到14岁时,他在当地的读书人中已很有才名。那年,父亲的好友衡阳廪生(资历高的老秀才)欧阳凝祉(字沧溟)到湘乡来看曾麟书,读了曾国藩的诗文后大加赞赏。欧阳凝祉是衡阳、湘乡一带有名的学者,尤其诗文作得好,功名虽不高,但平日自负得很,能让他称赞的人实在不多。为了试一试曾国藩的才学,他当场出题考问。曾国藩对答如流,据题赋诗,使得欧阳凝祉大为惊奇。欧阳凝祉认为曾国藩将来一定大有作为,当即与曾氏议婚,成就了曾、欧阳两家的儿女亲事,欧阳之女便是后来曾国藩的结发原配。

曾国藩16岁那年参加了长沙府举行的童生府试,考取了第七名的成绩。为了前程,家人又送曾国藩赴衡阳读书,是年19岁。只用一年,曾国藩就学完了该校的课程,然后又回到本县的涟滨书院就读。随着年龄的增长和知识的丰厚,曾国藩渐知自己过去各方面的幼稚,许多想法也不对,必须从新做起,奋勉不懈,才能真正有所长进。为此,曾国藩在涟滨书院读书期间,特为自己取了个"涤生"的名号,即有洗涤过去,从新做人之意。

公元1833年,曾国藩23岁,这一年可以说是他人生旅途上的转折点。这一年,曾国藩参加了科考,最终榜上有名,成为生员(俗称"秀才")。他的父亲曾麟书苦苦挣扎了20多年,考了17次才博得的功名,他却如此早的就获得了,怎么能不令曾家人感到欣欣鼓舞!同年末,曾家为曾国藩和订婚已九年的欧阳小姐办婚礼,诚可谓"双喜临门"。

公元1834年,曾国藩离别妻子,进入省城岳麓书院读书。岳麓书院是北宋初年创建的,是当时全国最著名的四大书院之一,大理学家朱熹和张载都在此讲过学。该书院是当时极负盛名的学府,其山长(相当于校长)和主讲是当时名声很高的欧阳坦斋先生,他是公元1799年的进士,曾任郎中、御史等官,以母先告归后在该书院任主讲。他为书院主讲长达27年之久,前后教出知名的学生3000余人,所以有"弟子三千"之称。

曾国藩能诗能文，是书院中屈指可数的才子，备受欧阳坦斋先生的赏识，当然，他的才华也引起了同窗的妒忌。据说有位同学性情急躁，因曾国藩的书桌放在窗前，那人就说："我读书的光线都是从窗中射出来的，你书放在这里岂不是遮着了，赶快挪开！"曾国藩说："那你叫我放在什么地方？"那人说："放在床边好了！"于是曾国藩就照他的意思移置了。曾国藩晚上读书非常用功，而且常常要念叨到很晚才睡。那人又说："平常不念书，夜深还要聒噪人吗？"曾国藩只好无声默诵。但不久之后曾国藩中举，传报到时，那人却更大怒："这屋子的风水本来是我的，反叫你夺去了！"旁边的同学听着不服气，就问他："书案的位置，不是你叫人家放的吗？怎么能怪他呢？"那人说："正因如此，才夺了我的风水。"同学们觉得那人不可理喻，都替曾国藩抱不平，但曾国藩却毫不在意，可见他气度之大，非一般常人能比，而这年他也才二十四岁。

曾国藩在岳麓书院学习不到一年，就参加了公元1834年秋天的省城乡试，得中举人。两年连中两级，成了"举人老爷"，这对于曾家来说，已是破天荒了。全家喜庆尚未结束，曾国藩便打起行装，前往北京，准备参加来年的进士会试。

公元1835年，曾国藩第一次独自一人走出大山，"公车"北上，参加礼部会试。经过千辛万苦，他终于到达北京，参加了礼部的会考，但杏花春榜一发，他名落孙山。幸运的是，这年恰巧逢皇太后六十大寿，照例增加会试一次，叫"恩科"。曾国藩认为下年旅资不够不说，时间也浪费掉了，倒不如干脆留在京城。在征得祖父、父亲同意后，曾国藩住进设在京城的"长沙会馆"（长沙府应试举子在此驻留，开销也不多）。这一年，曾国藩除了功课之外，还目睹了京城文物名胜，大开了眼界。这时的他，也不再是蛰居湖南山乡的寒门儒生了。

第二年的"恩科"，曾国藩依旧榜上无名，他只好收拾行李回家。虽然有些失望，但转念一想，自己年纪尚轻，将来机会还很多。归家后，曾国藩足不出户,用心苦读,八股、制艺自然大有长进。

公元1838年,又逢会试之期。父亲曾麟书又让曾国藩进京参试,曾家以农为业,本就不富裕,此时家道衰落,更是无钱供其路费了,只好东挪西借。恰好他的一个堂舅,人称南五舅江氏的人主动送来了他家的所有现金——12吊钱,家里又凑了20余吊钱,于是曾国藩怀揣着这30余吊钱上路了。到了北京,身上仅余3吊钱。曾国藩知道这次是孤注一掷了,如果再不中榜,可能连回湖南都难了。

幸运的是,3月春榜发布,曾国藩取得礼部会试第三十八名进士。接着又连续进行殿试、朝考,成绩越来越好。殿试取得三甲第四十二名,朝考取得一等第三名。朝见皇帝之后,更是被钦点为翰林,授翰林院庶吉士,亦是"红翰林"。红翰林应该是科举试途中的巅峰了,因为中央的极品大员、地方的封疆大吏,绝大数都是从翰林里选拔的。换句话说,曾国藩成功了!

经过20多年的寒窗苦读,曾国藩的努力总算没有白费,他终于叩开了科举的大门,正式转入仕途。点翰林那年,曾国藩虚龄才28岁。要知道,大多数成为翰林的人,顺利一点的是由秀才、举人、进士,一阶一阶地爬,熬到这一阶少说也得四、五十岁了,而多数士子有的根本是连翰林的边都摸不上,更有一些人,中举人时就已经是两鬓苍苍了。就拿曾国藩的父亲来说,他数十年努力学习,直到40多岁才考上秀才,可见,28岁就当上翰林的曾国藩,真可谓是少年得志,平步青云。从此之后,他一步一阶的踏上仕途之路,后来还成了军机大臣穆彰阿的得意门生。

2.贵人相助，十年七迁

在晚清的官场里，曾国藩仕途之顺畅，官运之亨通，足以达到今人眼红的地步。按他自己的说法就是"十年七迁，连跃十级"。

曾国藩少年得志，在京做官的十几年中，升迁极快，可谓平步青云。公元1838年，曾国藩中进士；公元1840年，授翰林院检讨；1847年，升内阁学士、礼部侍郎；公元1849年，迁礼部右侍郎。以后的四年兼任过兵部右侍郎、工部左侍郎、刑部左侍郎、吏部左侍郎。从官阶上看，他从翰林院检讨的七品，升迁到了礼部侍郎的正二品。

清朝的官制一共是"九品十八阶"，每一品级有从品和正品之分。也就是说，一个官位上有从、正两级。这样算起来，曾国藩在十年京官期间，由七品到正二品，的确是连跃了十级。纵观清朝官场，极少有人升得这么快的。

通常，一个人的成功，除了具备良好的品德、成就大事业的能力，最重要的还是需要有贵人相助。在晚清官场中，曾国藩飞升之快、官运亨通的原因有很多，比如他个人的勤苦努力，对自己的要求严格，同时又广泛结交京内名流，在京官中造成了勤恳好学、为人正直、谦恭有礼的好声望。当然，在封建官场之中，如果没有实权派的大佬赏识和提携，即使你有再高的才学，再大的名望，也未见得能官运亨通。曾国藩能够在官场上迅速飞升，其实也离不开朝中大佬的着力提拔，其中最主要是穆彰阿的援引与扶持。

学过中国近代史的人，可能对穆彰阿都比较熟悉。在历史书上，穆彰阿被认为是第一次鸦片战争中的投降派，陷害林则徐，并被世人骂为"道光年间的秦桧"。

穆彰阿（1782年–1856年），字鹤舫，满洲镶蓝旗人，郭佳氏，翰林出身。穆彰阿是曹振镛一类的人物，曹振镛是"多磕头，少说话"处世哲学的创造者，穆彰阿奉之为金科玉律。曹、穆二人极得道光宠信，穆彰阿为军机大臣二十余年，尤其控制了中央科考选拔官员的大权，自嘉庆至道光两朝，进士考试、殿试、朝考、庶吉士考差、翰詹大考，他都有参与。这是"衡文大权"，亦即选官大权。凡由阅卷、主考官手下产生的进士等功名者，都视考官为最亲近、终生不改的"老师"，自己是考官永久的门生，比学校中最亲近的真正的老师还要尊重。

穆彰阿手握几十年的"衡文大权"，利用门生故旧，广树党羽，时称"穆党"。凡是他想要推荐的或打击的人，没有不成功的。例如罗惇衍、何桂清、张苪，他们是同年翰林，张苪、何桂清散馆后都拜穆彰阿为"老师"，唯罗惇衍不拜。结果何桂清、张苪同得考差，唯罗惇衍因"年轻"未得考差。实际上三个人里边罗惇衍是年岁最长的，在上谕待发时，穆彰阿恼罗惇衍不拜自己为师，竟让皇帝收回成命。

那么曾国藩又是怎样结识军机大臣穆彰阿的呢？这还要从曾国藩第三次赴京会试说起。曾国藩在第三次赴京会试时，才得第三十八名，殿试考试才得三甲第四十二名。根据惯例，他这种成绩尽能分到各部任主事，或到各地去任县令，这对一心想进翰林院的曾国藩来说是个很大的打击，他连朝考也无心参加，打算收拾行李来年再考，后来，在同窗的劝说下才勉强留下参加朝考。

幸运的是，这次朝考曾国藩得到了贵人的帮助，这个贵人自然就是当时担任会试主管的穆彰阿。他特别调阅了曾国藩的试卷，为他的文章做了最后审批，当即取为一等第三名。朝考结果呈给皇上审核时，穆彰阿还特意在道光帝面前把曾国藩的文章称赞了一番。在穆彰阿的极力推荐下，道光帝觉得曾国藩的说理与文风甚好，于是又把他调升为

第二名。这样，曾国藩的成绩就由殿试的三甲第四十二名，一跃成为朝考第一等第二名，这个结果令关注此次朝考的人，甚至让曾国藩本人都非常的意外。

在这次考试之后，曾国藩便拜见了穆彰阿。穆彰阿对曾国藩的文章、学问和行事都十分赞赏。他们谈了很多事，曾国藩对内政外交都有自己独特的观点，很多想法竟与穆彰阿不谋而合，这使得穆彰阿越发觉得自己没有看错人。穆彰阿还给曾国藩说明了翰林院的重要性，叮嘱他好好为国效力。临别时，曾国藩一再拜谢穆彰阿的知遇之恩。公元1843年，翰林散馆大比，穆彰阿又是总考官。试后，曾国藩又亲自拜见了穆彰阿，并把自己的考卷誊清，呈给穆彰阿，于是曾国藩又得到了不错的成绩。

穆彰阿对于曾国藩的帮助不止这些，他还对曾国藩在觐见皇帝、升官晋爵的关键之处直接指点扶植。有一次，皇帝要召见曾国藩，曾国藩于是预先到穆彰阿处请教对答的内容。穆彰阿让一个干练的文员告诉曾国藩，以四百两的酬金赠送给某内监，就可以买得皇帝的诏对内容。于是曾国藩照此办理了，结果在皇帝召见时，其所问的问题果然是四百两白银买到的"历朝圣训"的内容。此后，曾国藩的官运就更加飞黄腾达了。

后来，在穆彰阿的一再提携下，曾国藩在翰林院步步高升，后来擢升为内阁大学士，官居二品。连升数级这样的好事，在之前的汉臣中是从未有过的。当然，曾国藩也是个懂得感恩的人，对于穆彰阿的鼎力帮助，他也一直铭记在心。在此后的岁月里，曾国藩对穆彰阿一直执弟子礼，不论是在京任职，还是出外做官，曾国藩必到穆府问安。穆彰阿去世后，曾国藩还照常到穆府探望其家人，不忘贵人知遇之恩。二十年后，曾国藩赴任直隶总督，进京陛见时，又专程去拜访了穆氏的后人。后来，他又让儿子曾纪泽去拜访了穆彰阿之子穆萨廉。

曾国藩的成功虽然与穆彰阿的提携有一定的关系，但在京城十余年的宦海生涯中，曾国藩能够取得仕途上的辉煌，当然最主要、最直接的原因还是和他自己的努力分不开。

3.创建湘军,镇压起义

公元1851年1月，洪秀全在广西桂平县金田村发动太平天国农民起义。经过两年多的奋战，起义军势如破竹，从广西进入湖南、湖北，然后顺长江而下，攻占江西、安徽、江苏。太平军于公元1853年3月攻占南京，随即定都南京，改称天京，建立了与清政府对立的农民革命政权。

此时清朝的主要军队八旗兵和绿营兵都已衰败不堪，清政府先后调集大批军队前往广西、湖南镇压太平天国起义军，结果纷纷溃败。无奈之下，清政府只好起用地方武装力量来协助镇压太平军。

公元1853年，太平军进入湖南，清政府令两湖督抚劝谕地方士绅兴办团练。此时，曾国藩因其母病逝在原籍守制。这年十月，曾国藩接到咸丰帝的上谕，要求其以在籍侍郎的身份协助张亮基"办理本省团练乡民"，曾国藩随即启程赶赴长沙，着手筹办团练武装。

曾国藩到达长沙后，面对日渐恶化的军事形势，他心里明白，八旗兵、绿营兵等正规武装力量根本抵挡不住太平军的进攻，更不用说剿灭太平军了，就算是小股的团练武装也无济于事。鉴于此，曾国藩认为必须从根本着手，建立和训练出一支组织严密，并有顽强战斗意志和实战能力的新的地方武装力量，这样才能维护封建统治秩序。

在长沙解围之后，湖南巡抚张亮基从湘乡等地调来了一千多团丁，以加强长沙防守。曾国藩到达长沙后，将这一千多人分为左、中、右三营，由罗泽南统率中营，壬叁统率右营，邹寿琼统率左营，每日进行操练。这就是最初的湘军。经过半年的招募扩充，至公元1853年8月，湘军队伍已发展到十营六千人。

与此同时，曾国藩考虑到太平军在长江有一支庞大的水师，并控制着从武汉到南京的长江水域，因此想建立一支水师队伍。恰好此时清政府有创建水师的计划，于是曾国藩到了衡州以后，就着手创建水师。至公元1854年2月，湘军水师建成。至此，经过整编后，湘军拥有陆军十营，共五千人，以塔齐布为诸将先锋，水师五千人，以诸汝航为各营头领，合计员异、兵勇、侠役共一万七千人。

湘军的编制与八旗兵、绿营兵不同，是曾国藩效仿明代戚继光所编练的戚家军进行编制的。湘军以营为基本战斗单位，设营官一人，掌管五百兵勇，营下设四哨，哨下设八队。对官兵的选拔采取层层选拔的办法，即大帅挑选统领，统领挑选营官，营官挑选哨弁。从而逐级加以节制，全军由曾国藩一人节制。在将士的选择上，将官多以绅士与儒生为主，而且主要将领间大多是同乡、同学、师生、亲友关系，士兵以年轻力壮、朴实的农民为主。对士兵进行严格训练：训主要是进行封建伦理和纪律教育，练则指练队伍和练技艺。

这样，曾国藩利用封建宗法关系作为维系湘军的纽带，组成了一支私人武装，成为太平军的死敌。曾国藩因为杀人过多，因而被人称为"曾剃刀"、"曾屠户"。

公元1854年，湘军建成，曾国藩发布《讨粤匪檄》，率湘军东征。曾国藩在两湖地区与太平军展开了战斗。是年三月，战斗主要在岳州一带进行，结果湘军大败，太平军乘胜攻占了湘潭。

曾国藩率水军想夺回湘潭，结果再败。曾国藩羞愤交加，投水自杀，为部下所救。太平军伤亡也很大，于是退去。曾国藩率领湘军休整三个月后，又重新夺回岳州。

公元1855年，风云突变。此前，湘军本来已在水军上取得很大优势，可是此时太平军派石达开进行西征。石达开率军夜袭九江湘军水师，烧毁湘军战船多艘，并俘获曾国藩的座船。曾国藩再次投水，被人救起送至罗泽南营中。

天京事变后，太平天国由盛转衰，形势急转直下。曾国藩趁机反攻，于公元1856年12月攻陷武昌。公元1859年，曾国藩开始把攻取安庆作为湘军的战略重点。曾国藩决定采取稳扎稳打、步步为营的战术进攻安庆，先取安徽，再及于江、浙。

经过长期围困，公元1861年9月，湘军曾国荃（曾国藩之弟）部大败太平天国英王陈玉成部，陈玉成战死，安庆被攻陷。

同年，咸丰帝病逝。十月，慈禧太后与恭亲王发动"辛酉政变"，夺得最高统治权。为了尽快扑灭太平天国等起义，公元1862年，慈禧任命曾国藩为两江总督，加协办大学士衔。于是曾国藩开始加快了对苏南、浙江进攻的步伐，在他的支持下，曾国荃部包围了天京。

公元1864年7月19日，曾国荃攻陷天京，并纵兵对天京大肆烧杀抢掠。天京陷落标志着太平天国起义的失败。

清政府得知后，论功行赏，对一百二十余位在攻占天京中有功的湘军人员大加嘉奖。当然，对曾氏兄弟尤其嘉奖。曾国藩赏加太子太保衔，封一等侯爵，并赏戴双眼花翻；曾国荃加太子少保衔，封一等伯爵，并赏戴双眼花翎。

曾国藩此时可谓权倾一时，尤其是曾国荃进兵雨花台后，湘军人数达十余万。正所谓功高震主，此时，以慈禧为首的清政府对曾国藩的态度开始有所改变。曾国藩毕竟是一位饱读经书、深谙为官之道的人，他知道要保全性命，就只有退让。于是曾国藩上书请求裁撤湘军，还代曾国荃奏请回老家养病。几天后，清政府批准了曾国藩的奏请，对曾国藩也就放心

了。公元1864年10月，曾国藩设两江总督衙门于英王陈玉成府内，正式任两江总督。

太平天国失败后，其余部赖文光等仍然转战各地，并与张宗禹的捻军相会合，对部队进行整编，形成了新捻军。公元1865年5月，新捻军在山东荷泽西北高楼寨，将负责围剿其多年的僧格林沁击毙，并歼灭其所部七千余人。清政府大惊，急忙宣召曾国藩，命他以钦差大臣身份督师剿捻。曾国藩根据捻军流动作战、行踪不定的特点，决定采取重点设防、坚壁清野、画河圈围的对策。他坐镇徐州，并在临淮、周口、济宁等地驻防重兵，进行堵截，重点围攻，另外派遣精锐马队跟踪追击捻军。但是，捻军兵分东西两支，往来穿插，纵横驰骋，清军仍处于被动挨打的状态。公元1866年9月、10月间，捻军两度攻破清室河防。曾国藩自认"剿捻无功"，奏请辞去协办大学士、两江总督职务，"剿捻"一事由清政府另派钦差大臣接替。于是清政府命曾国藩南返仍任两江总督，以李鸿章来接替他继续镇压捻军。

4.中兴无望，抑郁而亡

太平军被平定之后，曾国藩继续任两江总督，驻留南京数月。在此期间，他致力于恢复江浙地区生产力工作，在饱受十五年战乱之苦的江南地区恢复学术活动。公元1864年初，曾国藩在安庆大营建立起官办书局，刊刻经史典籍。战乱平定以后，他延聘著名学者主持书局，事后他遣返大部分湘军回乡归农，军中某些文官则受雇担任书局校对。当年，他颁布条例，在南京、苏州、扬州、杭州及武汉各地建书局，此即"官办五局"。同时，于当年12月20日恢复南京乡试。在被太平军占领期间，这个地区的乡试中断多年。

公元1865年6月，清政府下谕旨令曾国藩前往山东征剿捻军，曾国藩受命统领山东、直隶及河南军事。但曾国藩北方剿捻一年多，不但没有取得令人满意的战果，捻军还日益壮大。同年十二月十二日，清政府令李鸿章于继任其职，曾国藩返回南京。

早在公元1863年，容宏曾向曾国藩建议，在上海筹建铁工厂，此即后来的江南造船厂。经曾国藩同意后，容宏开始从国外购进机器。公元1866年，江南制造局成立。公元1868年，该局建成中国第一艘轮船，并驶至南京请曾国藩检验。

公元1867年，曾国藩拜大学士，公元1868年9月，曾国藩出任直隶总督。任期内，曾国藩开始着手处理一大批长期悬而未决的案件，改进了办事效率，并制订出一项建立常备军的方案。

曾国藩多年以来，视力微弱，常患晕眩之症。剿捻无功而回任两江总督之后诸事棘手，心情沮丧，忧思过度，身体愈衰。公元1869年又北上出任直隶总督，日理万机，更加劳累过度。公元1870年，右眼失明，更是雪上加霜。可就在此时，"天津教案"发生了。

公元1870年，曾国藩奉令调查并处理"天津教案"。天津作为当时清朝京师门户，在第二次鸦片战争后开放为对外通商口岸，也成为西方列强在中国北方的侵略基地。他们在这里划定租界，设立领事馆、教会，租地造屋，一味逞强，早为中国人民深恶痛绝。

这一年5月，法国天主教育婴堂所收养的婴儿不明不白死亡的达三四十人，那时百姓的孩子也经常失踪，因此百姓中就流行着一种传言，说是天主堂的神父和修女经常派人用蒙汗药拐了孩子去挖眼剖心。而天主堂坟地的婴儿尸体又有不少暴露在野外，被野狗刨出吃了，"胸腹皆烂，腑肠外露"。百姓见了，更是群情汹汹，说这正是洋人挖眼剖心的证据。

5月21日，一个名叫武兰珍的拐犯被群众当场抓住，扭送天津县衙。经审讯，武兰珍承认自己是受教民、天主堂华人司事王三指使，迷药也是王三所授，先曾迷拐一人，得洋银五元。教民王三是一个开药铺的商人，倚仗教会势力，欺压良善，早已引起公愤。

在这种情况下，通商大臣崇厚和天津道周家勋拜会法国领事丰大业，要求调查天主堂和提讯教民王三与武兰珍对质。

丰大业答应了这一要求，将王三交出与武兰珍对质，结果证明教堂并无挖眼剖心之事。哪知当衙役送王三回教堂时，一出署门，百姓就争骂王三，并用砖石掷他。王三向神父哭诉，神父又转告丰大业，丰大业两次派人要三口通商大臣崇厚派兵镇压。后见崇厚先后只派两人，不肯应命捕人，丰大业怒不可遏，不仅鞭打来弁，而且还倒拖其发辫，赶往三口通商大臣衙门找崇厚算账。他脚揣仪门，打砸家具，接连两次向崇厚开枪，幸被推开，没有伤人。但枪声传出，引起误解，街市哄传中法开战，鸣锣聚众，拥往通商大臣衙门"帮打"。崇厚怕出事，劝丰大业等民众散去后再回领事馆。丰大业不听劝告，狂吼不怕中国百姓，气势汹汹冲出门外。人们见丰大业出来，自动让道。不料丰大业走到浮桥时，遇到天津知县刘杰。丰大业不分青红皂白，就向刘杰开枪。虽没有打中刘杰，却打伤了刘杰的家丁。丰大业的这一举动犯了众怒，百姓一拥而上，你一拳我一脚，将丰大业打死。发怒的民众索性一不做，二不休，赶到天主堂，烧毁望海楼教堂，杀死神父两名，还到仁慈堂，杀死修女十名，又去了法国领事馆，杀死两人。除此之外，还杀死法国商人两名和俄国人三名，信教的中国人三四十名，焚毁英国和美国教堂六座。这次事件中，先后计打死外国人二十人。这就是有名的"天津教案"。从事情的发展过程来看，"天津教案"是一次群众自发性的反帝斗争，其根源还在于帝国主义的压迫和侵略，是群众在忍无可忍的情况下被迫采取的自卫行动。

"天津教案"发生后，法、英、美等国一面向清政府提出抗议，一面调集军队进行威胁。清政府大恐，要各地严格保护教堂，弹压群众，避免类似事情再发生，并派直隶总督曾国藩前往天津查办。

曾国藩闻知"天津教案"后，十分惊恐。自从与洋人打交道以来，他深知中国远非外人对手，因此对外一直主张让步，避免同洋人开仗，通过维护洋人在华利益，换取中外所谓"和好"局面。他认为以往教案中，仅伤及教士，洋人就出动兵舰相威胁，不达目的不罢休。这次殴毙领事，为前所未有，法国必不肯罢休。洋人凶悍成性，天津民风好斗，双方各不相让，很可能构怨兴兵，酿成大变，自己也可能丧命。因此他写下遗嘱，告诉长子曾纪泽在他死后如何处理丧事和遗物等。基于这种估计，曾国藩只得硬着头皮前往天津。

在曾国藩到天津以前，当地官绅对他寄予厚望，认为他会秉公办事，不会像崇厚一样，一味"媚外"。他们通过阅读曾国藩的《讨粤匪檄》，认为他是反洋教的代表人物，而民众的这次反洋教，完全是忍无可忍之举，理在华人这一边。当地官绅的这种观点得到了朝廷的顽固派和清流派的支持，也代表了当时大多数中国人的心理。

当时，清廷内部围绕"天津教案"问题分成两派，分别是洋务派代表的"言势者"，顽固派和清流派代表的"言理者"。双方在处理"天津教案"事件上意见有三大分歧：

第一，关于天津教案发生的原因和性质。"言势者"认为愚民无知，遽启边衅，曲在津民，此刁风不可长；"言理者"则认为衅端由夷人所开，津民激于义愤，致成巨案，天津百姓只知畏官而不知畏夷，只知效忠国家而不自恤其罪戾，这正是夷务的一大转机，与刁民闹事不可同日而语。

第二，对参与反洋教斗争的群众的处理意见。"言势者"认为杀人偿命，天经地义，只有这样才能安抚洋人人心而消弭祸端；"言理者"认为应该安抚百姓,以激其忠义奋发之心,民心不可失,否则无以制夷人。

第三,对天津地方官的处理意见。"言势者"认为地方官失于防范,致酿巨祸,不严惩不能平洋人之气;"言理者"认为天津地方官不可更动,以此维系民心。

这两派意见,前者深合当时中国的形势,为清政府最高统治者所采纳;后者在舆论上占上风,为广大官绅民众反对洋务派媚外求和方针提供了合法性,在全国形成了强大的舆论压力,但并不能真正解决问题。

曾国藩是持洋务派的意见的。因此,公元1870年6月10日,曾国藩一到天津,就立即发布名为《谕天津士民》的告示,对天津人民的行动多方指责,诫其勿再挑起事端,引起天津绅民的不满;随后释放犯法教民和涉案拐犯,并在奏折中为洋人在中国的行为进行辩护和洗刷。该折传出后,全国舆论大哗,"自京师及各省皆斥为谬论,坚不肯信","议讥纷起","责问之书日数至"。曾国藩自己也承认,"敝处六月二十三日一疏,庇护天主教本乖正理","物论沸腾,至使人不忍闻"。

尽管如此,曾国藩仍然坚持己见,按照法国人的要求在天津大肆搜捕5月23日参加反洋教的群众,名曰"缉拿凶手"。但天津民众却把他们当成英雄,致使曾国藩虽然抓了八十多人,但其中供认不讳的所谓"真凶"只有七八人,其余都不肯吐供,也不愿指证。曾国藩认为只杀几人数目太少,难以使洋人满意,仍不能很快结案。于是一面对被捕群众严刑拷打,一面加紧搜捕,一定要凑够20人,为丰大业等20个洋人抵命。曾国藩认为,"在中国戕官毙命,尚当按名拟抵,况伤害外国多命,几开边衅,刁风不可长"。他的得意门生李鸿章也认为"冀终归于一命一抵了案"。曾国藩觉得只有这样才能使洋人满意,长保"和局"。他在给清廷的奏折中写道:"中国目前之力,断难遽启兵端,唯有委曲求全一法。"

宰相教科书:中国历史上最著名的10大宰相

曾国藩处理"天津教案"的结果是：判死刑20人，流放25人，天津知府、知县革职并流放黑龙江"效力赎罪"，支付抚恤费和赔偿财产损失银四十九万两，派崇厚作为中国特使到法国赔礼道歉。

"天津教案"办结之后，民众对曾国藩的遣责更甚，"诟詈之声大作，卖国贼之徽号竟加于国藩。京师湖南同乡尤引为乡人之大耻"，会馆中所悬曾国藩"官爵匾额"悉被击毁，并将名籍削去，即不再承认他是湖南籍人。曾国藩闻之引为大恨，中间经几许周折，财、力兼施，也只不过将难堪之处略为掩饰了一下。这样，曾国藩这位"中兴名将"、"旷代功臣"，转瞬之间就变成了"谤讥纷纷，举国欲杀"的汉奸、卖国贼，"积年清望几于扫地以尽矣"。这令曾国藩深感难堪，倍加寒心。

客观地讲，曾国藩只不过是秉承清王朝最高统治者的意志行事，接替曾国藩处理"天津教案"的李鸿章对最后判决并无多大改变，仅因俄国只索经济赔偿，不要中国人抵命，将原来二十名死刑改为十六名死刑、四名缓刑，其余无一更动。

公元1870年冬季，曾国藩在一片咒骂声中离开北京，回到南京，第三次就任两江总督。由于重病缠身，加上长期的精神抑郁，公元1872年3月12日，曾国藩病逝于两江总督衙门。

朝廷得知曾国藩病死任上，遂辍朝三月，追赠他为太傅，谥以文正，祀京城昭忠寺、贤良寺，并在原籍、南京等地建立专祠，将其生平事迹宣付国史馆，给予他汉族大臣中最高的礼遇。

5.历史功过及后人评说

梁启超对曾国藩倾心推崇,称"吾谓曾文正集,不可不日三复也。"梁启超在《曾文正公嘉言钞》序内指出,曾国藩"岂惟近代,盖有史以来不一二睹之大人也已;岂惟我国,抑全世界不一二睹之大人也已。然而文正固非有超群绝伦之天才,在并时诸贤杰中,称最钝拙;其所遭值事会,亦终生在指逆之中;然乃立德、立功、立言三不朽,所成就震古铄今而莫与京者,其一生得力在立志自拔于流俗,而困而知,而勉而行,历百千艰阻而不挫屈,不求近效,铢积寸累,受之以虚,将之以勤,植之以刚,贞之以恒,帅之以诚,勇猛精进,坚苦卓绝……"。

正如辛亥革命中的章炳麟对曾国藩的评价一样,近百年来仁者见仁,智者见智,对曾国藩褒扬者有之,斥骂者也不乏其人。早在曾国藩镇压太平天国时,即有人指责他杀人过多,送其绰号"曾剃头"。到了公元1870年"天津教案",不少人骂他是卖国贼,以致曾国藩也觉得"内咎神明,外咎清议",甚至有四面楚歌之虑。辛亥革命后,一些革命党人说他"开就地正法之先河",是遗臭万年的汉奸,建国后的史学界对他更是一骂到底,斥他为封建地主阶级的卫道士、地主买办阶级的偶像、汉奸、卖国贼,杀人不眨眼的刽子手,等等,予以全面否定。

民国著名的清史学家萧一山在《清代通史》中将曾国藩与左宗棠对比:"国藩以谨慎胜,宗棠以豪迈胜。"

中国现代史上两位著名人物毛泽东和蒋介石都高度评价过曾国藩。毛泽东青年时期,曾潜心研究曾国藩文集,得出了"愚于近人,独服曾文正"的结论。即使是在晚年,毛泽东还曾说:"曾国藩是地主阶级最厉害的人物。"

蒋介石对曾国藩更是顶礼膜拜，认为曾国藩为人之道，"足为吾人之师资"。他把《曾胡治兵语录》当作教导高级将领的教科书，自己又将《曾文正公全集》常置案旁，终生拜读不辍。据说，蒋介石点名的方式，静坐养生的方法，都一板一眼地模仿曾国藩。曾国藩的个人魅力，由此可见一斑。

蔡锷将军对曾国藩以爱兵来打造仁义之师的治兵思想推崇备至："带兵如带子弟一语，最为慈仁贴切。能以此存心，则古今带兵格言，千言万语皆付之一炬。"

左宗棠对曾国藩的挽联是："知人之明，谋国之忠，自愧不如元辅；同心若金，攻错若石，相期无负平生。"

曾国藩能独立于时代潮流，把握风云际会，并且汲取中国传统文化的精华，继承和发扬了林则徐、魏源的经世致用之学，大力倡导学习西方文明，开展自强新政运动，从而成为中国近代的风云人物。

：

巨蟒转世的出生神话

曾国藩是晚清重臣、湘军的创立者和统帅者。他以湖南双峰一个小山村里的书生身份入京赴考，中进士留京师后十年七迁，连升十级，37岁任礼部侍郎，官至二品。后因母丧返乡，恰逢太平天国巨澜横扫湘湖大地，他因势在家乡拉起了一支特别的民团湘军，后率领自己打造的湘军与太平军转战于武汉及沿江各地，最终攻克南京，打败了太平军，成为清朝的大功臣。因此，曾国藩被授武英殿大学士，封为一等勇毅侯，成为清代以文人身份封武侯的第一人。晚年则历任直隶总督、两江总督等要职，朝廷赠太傅，死后被谥"文正"。

人们总说，但凡历史上非同凡响的人，总是奇人自有异相。据说，曾国

藩出生的时候就有点与众不同，甚至还留下了一些匪夷所思的传说。

公元1811年11月，曾国藩出生于湖南长沙府湘乡荷叶塘白杨坪的一个豪门地主家庭。

曾国藩出生时，他的曾祖父曾竟希还健在，在曾国藩降世的前天夜间，他忽梦有巨虬(传说中的一种龙)自空中蜿蜒而下，直入曾宅，头悬于梁，尾盘于柱，鳞甲灿烂。第二天早起，曾竟希坐在屋檐下，想着昨夜的奇梦，百思不解。正静思中，忽听隔室"哇"的一声，曾竟希知道这是孙媳临盆了，接着家人来报添个曾孙。曾竟希顿有所悟，招来曾国藩生父曾麟书，告知昨晚异梦，说："此子有些来历，要好生养育，将来必光大我曾家门楣。"曾麟书唯诺说是。说来也巧，就在曾国藩出世的当日，曾家屋后长出苍藤，缠绕于树，树死而藤日益苍翠繁茂，垂荫一亩，世所罕见。这一巨藤，乡人称之为"蟒蛇藤"，其形状恰似曾竟希梦中所见巨虬。据野史说，家人观藤之枯荣，可知曾国藩境遇如何，如果曾国藩加官晋职，事业顺遂，则巨藤枝叶茂盛，反之则形容枯槁。巨藤似乎成了曾国藩的化身。

关于蟒蛇转世的传说，故事也有很多版本。据说某一年，曾国藩入塾读书。他整天埋头在"子曰"、"诗云"里，感到十分烦闷。一月十六到了，按风俗乡下出嫁的女儿要回娘家，母亲带他去外婆家。一大早，舅舅就划了船来接，于是曾国藩就和母亲、妹妹上了小船。小船慢悠悠地在涓水上划行。江水清澈见底，游鱼可数，曾国藩时而看着远去的山峦，时而伏在船边数着游鱼。突然，母亲一声尖叫："蛇！"小船随着母亲的叫声一个歪斜，曾国藩"扑通"一声掉进了江水里。母亲和舅舅大惊失色，急得要跳水救人，却见他抱着一根木头稳稳地浮在水上。舅舅把船轻轻划过去，伸过船桨把曾国藩拉到船上。母亲睁大眼睛说："刚才明明是一条大蟒蛇游过来的，怎么会是一根木棒？"这事传开，便又成了曾国藩"巨蟒转世"的根据。

然而更奇的是，曾国藩生来就患着类似"牛皮癣"的皮肤病，浑身上下都是像蛇的鳞片一样的癣,经常把他折腾得坐卧不安。怪癣发作时,痛痒难耐,双手抓搔的姿态,又似虬龙张牙舞爪。后来,精于观人面相的饶州知府张丰翰为曾国藩看相说:"曾国藩是龙之癞者。从他端坐的姿势、注视时的神情和用手捻须的动作,就可以看出他是条转世的癞龙。"

再有就是,曾国藩最爱吃鸡,却又莫名其妙地最怕鸡毛。当时的紧急公文,信封口处往往要粘上鸡毛,俗称"鸡毛信"。曾国藩在见到这种信时,总是毛骨悚然,如见蛇蝎,必须要别人帮他取掉鸡毛,才敢拆读。有一次,他到上海阅兵,当他登上阅兵台,猛然看见台上有一把鸡毛掸子时,吓得直往后退,差一点摔下台去。在旧社会曾有这样的说法:"焚烧鸡毛,毒蛇闻气就死了,龙蛇之类,也畏惧这种气味。"曾国藩对鸡毛如此害怕,难免也被人理解为他是蟒蛇转世。